教育部 2022 年度高校思想政治理论课教师研究专项——"……思想政课"数字化教学资源建设与应用研究"项目（编号：22JDSZK075）阶段性成果

广东省高职思政课智慧课堂创新与实践项目——"基于 OBE 的高职思政课智慧课堂创新与实践"项目（编号：GDJG2021279）阶段性成果

广东省教育科学规划 2021 年度研究项目（德育专项）课题"人工智能时代高职思政课数字化教学资源开发与应用研究"（编号：JKDY058）阶段性成果

"思想道德与法治"一体化
教学设计

蒋家胜　　吴雪逸　　张秀英　　仇授书　　胡　琴 ◎ 著

西南交通大学出版社

·成　都·

图书在版编目（CIP）数据

"思想道德与法治"一体化教学设计 / 蒋家胜等著
. -- 成都：西南交通大学出版社，2024.1
ISBN 978-7-5643-9586-5

Ⅰ. ①思… Ⅱ. ①蒋… Ⅲ. ①思想修养 – 教学设计 –
高等学校②法律 – 中国 – 教学设计 – 高等学校　Ⅳ.
①G641.6②D920.4

中国国家版本馆 CIP 数据核字（2023）第 229773 号

"Sixiang Daode yu Fazhi" Yitihua Jiaoxue Sheji
"思想道德与法治"一体化教学设计

蒋家胜　吴雪逸　张秀英　仇授书　胡　琴　**著**

责 任 编 辑	郭发仔
助 理 编 辑	杨　倩
封 面 设 计	墨创文化

出 版 发 行	西南交通大学出版社
	（四川省成都市金牛区二环路北一段 111 号
	西南交通大学创新大厦 21 楼）
营销部电话	028-87600564　028-87600533
邮 政 编 码	610031
网　　　址	http://www.xnjdcbs.com
印　　　刷	成都中永印务有限责任公司
成 品 尺 寸	170 mm × 230 mm
印　　　张	18.25
字　　　数	307 千
版　　　次	2024 年 1 月第 1 版
印　　　次	2024 年 1 月第 1 次
书　　　号	ISBN 978-7-5643-9586-5
定　　　价	88.00 元

　　教育关乎国家未来，关乎民族未来，是国之大计，党之大计，承担着立德树人的根本任务。思想政治理论课是落实立德树人根本任务的关键课程，发挥着不可替代的作用。要建设好思想政治理论课，就要将其放在党和国家事业发展全局和世界百年未有之大变局中来看待，要从坚持和发展中国特色社会主义、全面建成社会主义现代化强国、实现中华民族伟大复兴的战略高度来看待。新时代，高校思想政治理论课建设只能加强，不能削弱。思想政治理论课的本质是讲道理，要坚持以学生为中心，围绕学生、关照学生、服务学生，因事而化、因时而进、因事而新，把道理讲清楚讲明白，不断推进思想政治理论课改革创新，解决好"培养什么人、怎样培养人、为谁培养人"这一根本性问题，坚持不懈地用习近平新时代中国特色社会主义思想铸魂育人，更好地培养为实现第二个百年奋斗目标、全面建成社会主义现代化强国而奋斗的追梦人。

　　"思想道德与法治"是一门融思想性、政治性、科学性、理论性、实践性于一体的思想政治理论课。本课程针对大学生成长成才过程中面临的思想道德与法治问题，开展马克思主义的人生观、价值观、道德观、法治观教育，帮助大学生提升思想道德素质和法治素养，成长为心怀"国之大者"，自觉担当民族复兴大任的时代新人。

　　为进一步贯彻落实习近平总书记关于教育的重要论述精神，尤其是关于思想政治理论课建设的系列讲话、指示精神，广州番禺职业技术学院针对职业院校学生实际，以教材创优、资源创优、教学创优为着眼点，坚持"价值引领、能力本位、智慧赋能"的理念，对高职院校"思想道德与法治"课进行一体化教学设计，守正创新推动教学改革和课程建设。项目组自 2021 年年初就开始启动课程一体化教学设计的研究，由于当时 2023 版的《思想道德与法治》还未出版，因此项目组只能以 2021 版的教材作为教学改革的基本依据。教学设计是遵循课程教学规律，针对学生的实际需求，运用系统论、协同论的观点，有机整合并善用"大思政课"教学资源，序化组合相关教学要素，剖析教学过程存在的问题，寻求最佳解决方案的系统化过程。教学设计是提高教学质量和教学效率，达成教学目标，完成教学任务的重要前提。思想政治理论课要坚持理论性和实践性相统一，坚持知识性和价值性相统一等原则，单纯的理论阐释是不够的，必须通过实践环节来内化理论，并用理论来指导实践，促进知行合一。因此，要实现思想政治理论课的教学目标，需要对理论教学和实践教学进行一体化的教学设计，促进教材体系向教学体系转化、认知体系向信仰体系转化，促进思想性、理论性、针对性和亲和力的统一。为此，我们从课程的价值属性和功能、课程一体化教学的设计理念、课程一体化教学的设计体系和课程一体化教学的质量保障几个维度，对"思想道德与法治"课的一体化教学设计进行理论探索，同时结合马克思主义学院"大思政课"数字化教学资源、思政智慧课堂教学流程再造和实践教学创新等，对"思想道德与法治"课一体化教学进行系统设计和谋划，着力体现时代特色、职教特色和校本特色，更好地培养改革开放前沿阵地的社会主义建设者和接班人，培养高素质、创新型、复合型技术技能型人才。

　　本书是教育部 2022 年度高校思想政治理论课教师研究专项——"'大思政课'数字化教学资源建设与应用研究"项目（编号：22JDSZK075）、广东省高职思政课智慧课堂创新与实践项目——"基于 OBE 的高职思政课智慧课堂创新与实践"项目（编号：GDJG2021279）、广东省教育科学规划 2021 年度研究项目（德育专项）课题"人工智能时代高职思政课数字化教学资源开发与应用研究"（编号：JKDY058）的阶段性成果。本书分为理论探索篇和实践推进篇，理论探索篇共四章，实践推进篇共有五个模块二十三个教学专题，系统阐释"思想道德与法治"课一体化教学设计的理论与实践。本书由广州番禺职业技术学院马克思主义学院蒋家胜教授进行总体设计和提纲编写，广州番禺职业技术学院蒋家胜、吴雪逸、张秀英、仇授书和胡琴完成书稿的撰写，蒋家胜、张秀英、吴雪逸统稿，最后由蒋家胜审定。第一章"'思想道德与法治'课的课程价值属性和功能"、第二章"'思想道德与法治'课一体化教学的设计理念"、第三章"'思想道德与法治'课一体化教学的设计体系"由蒋家胜撰写。第四章"'思想道德与法治'课一体化教学的设计保障"由蒋家胜、吴雪逸撰写，模块三的专题七"坚定理想信念　补足精神之钙"、专题八"树立崇高理想　坚定信仰之基"、专题九"放飞青春梦想　实现复兴之梦"、专题十"学习中国精神　弘扬兴国之魂"、专题十一"弘扬民族精神　践行爱国之责"、专题十二"坚持时代精神　迸发创新之力"由吴雪逸撰写。专题一"迈进新时代　肩负新使命"、专题二"把握人生要义　领悟人生真谛"、专题三"追求正确人生　避免人生误区"、专题四"创造人生价值　成就出彩人生"、专题五"明确价值要求　树立价值自信"、专题六"扣好人生扣子　做可靠接班人"由张秀英撰写。专题十三"学习道德理论　倡导传统美德"、专题十四"传承革命道德　弘扬社会主义道德"、专题十五"遵守社会公德　争做合格公民"、专题十六"恪守职业道德　争做优秀员工"、专题十七"弘扬家庭美德　经营幸福人生"、专题十八"锤炼个人品德　提升道德修养"由仇授书撰写。专题十九"揭秘法的本质　掌握社会主义法"、专题二十"学习法治思想　坚持法治道路"、专题二十一"维护宪法权威　弘扬宪法精神"、专题二十二"培养法治思维　提升法治素养"、专题二十三"行使法律权利　履行法律义务"由胡琴撰写。

思想政治理论课的教学设计是永远在路上的教学活动，需要不断探索创新。我们采用专题化教学、问题化讲授、专题化拓展的理念，对"思想道德与法治"课教学进行一体化教学设计，开展理论专题问题化、实践主题沉浸化、网络体验拓展化、数字资源融入化的新尝试。既然是尝试，就意味着存在不太完善的地方，有待进一步探索和实践，敬请同行和专家们不吝赐教。在编写过程中，我们参考借鉴了同行们的前期探索成果，在此表示深深的谢意！有些资料由于疏漏可能未能一一列明，特此致歉。由于笔者的视野、能力和水平有限，书中难免有疏漏和不当之处，敬请读者批评指正。

蒋家胜

2023 年 3 月

CONTENTS

目　录

下篇 实践设计篇

上 篇

理论探索篇

第一章

"思想道德与法治"课的课程价值属性和功能

　　教育是国之大计、党之大计，关乎国家未来、关乎民族未来。思想政治理论课是立德树人的关键课程，是对大学生进行思想政治教育的主渠道，是办好社会主义大学的重要抓手。中共中央办公厅、国务院办公厅印发的《关于深化新时代学校思想政治理论课改革创新的若干意见》强调，思政课是落实立德树人根本任务的关键课程，发挥着不可替代的作用。中央宣传部、教育部印发的《普通高校思想政治理论课建设体系创新计划》认为，思想政治理论课是巩固马克思主义在高校意识形态领域指导地位，坚持社会主义办学方向的重要阵地，主要为培养社会主义合格建设者和可靠接班人服务。"思想道德与法治"课作为高校思想政治理论课的重要课程，是一门融思想性、政治性、科学性、理论性、实践性于一体的思想政治理论课，具有深厚的理论学科属性，具有鲜明的意识形态属性，还具有知行合一的实践属性，可以帮助学生打好一生健康成长的政治底色，具有价值塑造和政治引领等功能。

第一节　"思想道德与法治"课的时代要求

　　思想政治工作要与时俱进，要因事而化、因时而进、因事而新。我们所处的时代、教育的对象、面临的教育环境、可用的教育手段都发生着深刻的变化，但我们立德树人的宗旨没有改变。中国特色社会主义进入新时代，思想政治理论课面临新形势、新要求和新任务。当前进行"思想道德与法治"课建设和改革，必须深刻把握课程建设的时代要求，要善用大思政课，利用好新一代信息技术，为课程建设与改革插上腾飞的翅膀，讲深、讲好、讲活课程，进一步增强思政课的思想性、理论性和亲和力、针对性，用习近平新时代中国特色社会主义思想铸魂育人。

要准确把握"思想道德与法治"课的时代要求，我们得先了解高校思想政治理论课开设与发展的历程。中华人民共和国成立70多年来，对高校思想政治理论课进行了多次调整和完善，经历了从"高校马克思主义政治理论课""高校思想品德课"，到"高校两课"，再到"高校思想政治理论课"的演变过程。在基本建设上，它经历了由不成熟、不规范到比较成熟、规范，再到在深化改革中发展，又到在创新中发展的演变过程，形成了不同时期、不同特点的课程设置。

一、初步探索时期思政课的要求（1949—1956年）

1949年到1956年，是我国思想政治理论课建设初步探索时期。中华人民共和国成立初期，根据新民主主义社会建设和坚持中国共产党领导的需要，在老解放区教育的基础上，我国学习苏联的高等教育模式，创建了中华人民共和国成立初期的思想政治课。1951年9月10日，教育部颁布《关于各高等学校1951年度上学期进行"辩证唯物论与历史唯物论"等课程教学工作的指示》，规定："为了纠正政治课与业务课对立的错误认识和只有政治课才是进行思想政治教育的科目的不正确看法，'政治课'一名称应予取消，'社会发展史'一课目应增授'辩证唯物论与历史唯物论'部分，改为'辩证唯物论与历史唯物论'与'新民主主义'及'政治经济学'同为独立的科目。"1953年中央人民政府高等教育部下发了关于"新民主主义论"改为"中国革命历史"及"中国革命历史"的教学目的和重点的通知。决定自1953年度起，将高等学校一年级开设的"新民主主义论"改为"中国革命历史"，以历史的实际来说明毛泽东思想。经过3年的试用后，为了提高教学质量，克服学生学习负担过重，更好地与专业结合，教育部又颁布了《关于高等学校政治理论课的规定（试行方案）》，对各系科政治课课程开设的门数和学时、顺序、讲授讨论的学时比例进行修订，正式将高校思想政治理论课规定为四门即马列主义基础、中国革命史、政治经济学和辩证唯物主义与历史唯物主义。至此，高校思想政治理论课课程体系初步形成，并具有了相对统一的教学时间安排和课堂学时要求。这是一个创建、摸索和学习的过程。

二、曲折前进时期思政课的要求（1956—1976年）

1956年到1976年，是我国思想政治理论课建设曲折前进时期。如何培养社会主义建设所需要的各类人才，是摆在我们党面前的一项重要任务。1957年2月，毛泽东在《关于正确处理人民内部矛盾的问题》的讲话中，提出了教育方针，并且指出"现在需要加强思想政治工作"和"要学会正确处理人民内部矛盾"。1957年12月，中华人民共和国高等教育部、教育部出台了《关于在全国高等学校开设社会主义教育课程的指示》。规定在全国高等学校各年级普遍开设"社会主义教育"课程，学习时间暂定为一学年，课程期间，原应开的四门政治课一律停开，全体学生和研究生必须无例外地参加学习。高校思想政治理论课实际处于停滞状态，蜕变成以进行反右派斗争为中心的政治化教育。1958年下半年，中共中央开始纠正"左"的思想倾向，紧抓教学秩序的整顿，思想政治理论课也暂时稳定下来，于是中华人民共和国教育部发布了《关于1961—1962学年度上学期高等学校共同政治理论课安排的几点意见》。鉴于高等学校政治理论课的部分教材尚不能编出的情况，采取了一些过渡办法，如，哲学和政治经济学用中央宣传部或中央局宣传部编写的教材；中共党史和中国现代革命史在教材未出版前可先选读毛泽东、刘少奇同志的有关著作；文科各系的政治学，在教材未出版前，最好暂缓开设。1964年10月，中共中央宣传部、高等教育部党组、教育部临时党组联合制定了《关于改进高等学校、中等学校政治理论课的意见》，提出改进课程和教材，突出思想政治理论课的政治功能，强调思想政治理论课必须同国内国际的阶级斗争保持密切联系。1966年至1976年，是"文化大革命"的十年，中国高等教育遭受到极大的破坏，各地高校的正常教学秩序被打破。1966至1970年，高校完全停课并停止了招生。1970年6月，中共中央批示了北京大学、清华大学招生（试点）的请示报告，高等学校开始复课。复课后，设置以毛主席著作为基本教材的政治课，实行教学、科研、生产三结合的业务课和以备战为内容的军事体育课。1971年8月13日，《全国教育工作会议纪要》提出，"教育必须突出无产阶级政治，用政治统领业务，把转变学生的思想放在首位"。由此，高校思想政治理论课失去了本来的教育目标和体系，成为政治运动和政治斗争的工具。

三、恢复发展时期思政课的要求（1976—1985年）

1976年到1985年，是我国思想政治理论课建设的恢复发展时期。"文化大革命"结束以后，拨乱反正的工作大规模地展开，思想政治理论课也开始恢复和重建。1977年是中国高等教育十分重要的一年，在邓小平同志的倡导下，全国高考制度得以恢复，思想政治理论课又回到了20世纪60年代初的课程设置。1978年4月教育部办公厅下发了《关于加强高等学校马列主义理论教育的意见》，强调高等学校的马列主义理论课程，一般开设辩证唯物主义与历史唯物主义、政治经济学、中国共产党党史和国际共产主义运动史等四门课，主要系统讲清马列主义三个组成部分的基本原理及其运用，并选读必要的经典著作。1978年12月，党的十一届三中全会开启了我国改革开放历史新时期。伴随着党的指导思想的重新确立和工作重心的转移，以及真理标准的大讨论和拨乱反正的全面开展，思想政治理论课得到了高度重视。教育部1980年7月又印发了《改进和加强高等学校马列主义课的试行办法》，进一步要求在全国高校本科开设中共党史、政治经济学、哲学。文科专业加开国际共产主义运动史，也可试开科学社会主义。两年制专科开设一至二门马列主义课，三年制专科开设二至三门马列主义课。1984年9月，教育部印发了《关于高等学校开设共产主义思想品德课的若干规定》，并制定颁布了《共产主义思想品德教学大纲（试用本）》，十分明确地规定："共产主义思想品德课的任务是对学生进行共产主义人生观和共产主义道德教育，针对学生普遍关心的有关人生、理想、道德等方面的问题，给予有说服力的回答，帮助学生逐步树立共产主义人生观，培养共产主义道德品质。"从此，思想品德课在教材建设上走向规范，在称谓上走向统一，在课时安排上纳入教学计划，在教学机构上成立共产主义思想品德教研室（不称德育教研室），在教师编制、队伍建设等方面，都有了基本的政策依据。自此，马克思主义理论课和思想品德课组成的"两课"课程体系基本上形成，高校的思想政治理论课建设开始走向正规化。

四、提升发展时期思政课的要求（1985—2004年）

1985年到2004年，是我国思想政治理论课建设的提升发展时期。随着改革开放的全面展开，我国经济、政治、文化、社会等各方面建设得到迅速发展，高校思想政治理论课也进入了一个调整、改革和全面发展的新时期，先后形成了"85方案"和"98方案"。1985年8月，中共中央颁发了《关于改革思想品德和政治理论课教学的通知》，要求高等学校思想政治理论课进行以中国革命史为中心的历史教育，马克思主义基本理论教育，中国社会主义建设和改革的理论、政策和实际知识的教育，以及时事教育和介绍当代世界政治经济的基本状况、国际关系的基本知识等。这就是20世纪80年代中期党和国家对高校思想政治理论课提出的重要指导思想之一，即"85方案"。1986年7月，中共中央宣传部、国家教育委员会印发了《关于对高等学校学生深入进行形势与政策教育的通知》，为形势与政策教育走进课堂，纳入教学计划准备了条件。1986年9月，国家教育委员会下发了《关于在高等学校开设"法律基础课"的通知》，由此，高校思想政治教育在教学途径上又增设了一门新课"法律基础"。1987年3月，国家教育委员会下发了《关于在高等学校马克思主义理论课（公共课）教学中旗帜鲜明地坚持四项基本原则反对资产阶级自由化的通知》。"85方案"得到了进一步充实和发展，以"形势与政策""法律基础""大学生思想修养""人生哲理"为教学内容的思想品德课课程体系逐渐形成，与马列主义理论课共同组成了高校思想政治理论课的教学体系。1995年10月，为贯彻落实中共中央颁发的《关于进一步加强和改进学校德育工作的若干意见》，国家教育委员会印发《关于高等学校马克思主义理论课和思想品德课教学改革的若干意见》，提出了"通过教学改革逐步形成结构合理、功能互补的'两课'课程体系"。1997年9月，党的十五大召开后，把邓小平理论编成教材、进入课堂，成为"两课"课程体系和教学内容改革的迫切任务。1998年6月10日，中宣部、教育部印发了《关于普通高等学校"两课"课程设置的规定及其实施工作的意见》即"98方案"。该方案将本科马克思主义理论课调整为"马克思主义哲学原理""毛泽东思想概论""邓小平理论概论""当代世界经济与政治"（文科开设），思想品德课调整为"思想道德修养""法律基础"和"形势与政策"。2002年11月，党的十六大把"三个代表"重要思想确立为党的指导思想，对高校特别是"两课"教育教学用科学理论武装大学生头脑提出了新的更高要求。2003年2月，为在高校"两课"教育教学中全面贯彻党的十六大精神，教育部发布了《普通高等学校"两课"教学基本要求》，对"两课"教学的目的、任务和内容作了新的全面修订，"邓小平理论"调整为"邓小平理论和'三个代表'重要思想概论"，为"两课"建设提供了新的基本规范和依据，推动了高校思想品德课建设在深化改革中提升发展。

五、创新发展时期思政课的要求（2004—2022 年）

2004 年到 2022 年，是我国思想政治理论课建设的创新发展时期。进入 21 世纪以来，我国社会发展加快，大学生在许多方面都呈现出新的特点，它要求思想政治教育工作必须遵循党的思想路线"与时俱进"，富有创新性地开展。因此，2004 年 10 月，中共中央、国务院下发了《关于进一步加强和改进大学生思想政治教育的意见》（中发〔2004〕16 号），该文件不再以"两课"的通俗称谓来表征"马克思主义理论课和思想品德课"，首次使用了"思想政治理论课"的称谓，并就加强和改进课程建设提出了原则性意见。为贯彻该文件精神，中共中央宣传部、教育部于 2005 年 2 月 7 日联合下发了《关于进一步加强和改进高等学校思想政治理论课的意见》（教社政〔2005〕5 号），明确指出要设立马克思主义一级学科，大力推进高等学校思想政治理论课的学科建设，并就课程设置（本科）做出了新的方案：4 门必修课，即"马克思主义基本原理""毛泽东思想、邓小平理论和'三个代表'重要思想概论""中国近现代史纲要""思想道德修养与法律基础"，同时开设"形势与政策"课，另外开设"当代世界经济与政治"等选修课。为落实课程新方案，中共中央宣传部、教育部于 2005 年 3 月 9 日又联合下发了《〈中共中央宣传部、教育部关于进一步加强和改进高等学校思想政治理论课的意见〉实施方案》（教社政〔2005〕9 号），即"05 方案"。"05 方案"保留了"98 方案"的优点，注重体现马克思主义的整体性及其与时俱进的理论品格，突出了以马克思主义中国化的理论为中心的教育主题。首先，对每一门必修课的学分和基本内容作了原则规定。"思想道德修养与法律基础"规定为 3 学分，教学基本内容为：主要进行社会主义道德教育和法制教育，帮助学生增强社会主义法制观念，提高思想道德素质，解决成长过程中遇到的实际问题。其次，对课程设置实施工作提出了基本要求，在时间安排上也作了原则规定。最后，对教材编写、教学研究、教师培训和学科建设等问题都提出了创新性建设的要求。中共中央宣传部、教育部的这两份文件（5 号和 9 号文件），标志着思想政治理论课建设进入了创新发展的新阶段。2007 年 10 月，党的十七大提出了中国特色社会主义理论体系的重大命题。2008 年 8 月，"毛泽东思想、邓小平理论和'三个代表'重要思想概论"调整为"毛泽东思想和中国特色社会主义理论体系概论"。2008 年 9 月，中共中央宣传部、教育部颁发《关于进一步加强高等学校思想政治理论课教师队伍建设的意见》（教社科〔2008〕5 号），对高校思想政治理论课教师队伍建设提出总体要求和建设意见，并强调要充分发挥思想政治理论课作为大学生思想政治教育主渠道的作用，进一步推动中国特色社会主义理论体系进教材、进课堂、进学生头脑工作，提出要以教材为教学的基本遵循，在教材体系向教学体系转化上下功夫，真正做到融会贯通、熟练驾驭、精辟讲解。2015年9月，教育部印发《高等学校思想政治理论课建设标准》，强调高校要严格按照思想政治理论课"05方案"，根据学校培养人才层次、落实课程和学分及对应的课堂教学学时，不准挪用或减少课时，实践教学纳入教学计划，统筹思想政治理论课各门课的实践教学、落实学分（本科2学分，专科1学分）、教学内容、指导教师和专项经费。实践教学覆盖全体学生，建立相对稳定的校外实践教学基地。2018年4月，为深入贯彻落实习近平新时代中国特色社会主义思想和党的十九大精神，进一步巩固马克思主义在高校意识形态领域的指导地位，坚持社会主义办学方向，全面贯彻党的教育方针，加强新时代高校思想政治理论课建设，全面推动习近平新时代中国特色社会主义思想进教材进课堂进学生头脑，培养担当民族复兴大任的时代新人，教育部印发《新时代高校思想政治理论课教学工作基本要求》，对本专科、硕士、博士各阶段的课程设置、学分、开课顺序等提出要求。本科生"马克思主义基本原理概论"（以下简称"原理"）课3学分、"毛泽东思想和中国特色社会主义理论体系概论"（以下简称"概论"）课5学分、"中国近现代史纲要"（以下简称"纲要"）课3学分、"思想道德修养与法律基础"（以下简称"基础"）课3学分、"形势与政策"课2学分。专科生"概论"课4学分、"基础"课3学分、"形势与政策"课1学分；硕士研究生"中国特色社会主义理论与实践研究"课2学分，同时须从"自然辩证法概论"课和"马克思主义与社会科学方法论"课中选择1门作为选修课程，占1学分；博士研究生"中国马克思主义与当代"课2学分，同时可开设"马克思恩格斯列宁经典著作选读"课（列入学校博士生公共选修课）。鼓励各地各高校结合实际开设思想政治理论课选修课。从本科思想政治理论课现有学分中划出2个学分、从专科思想政治理论课现有学分中划出1个学分，开展本专科思想政治理论课实践教学。学生既可通过参加教师统一组织的实践教学获得相应学分，也可通过提交与思想政治理论课学习相关的实践成果申请获得相应学分。网络教学作为思想政治理论课辅助手段，不得挤占课堂教学时数。2019年8月，中共中央办公厅、国务院办公厅印发了《关于深化新时代学校思想政治理论课改革创新的若干意见》，强调思想政治理论课是落实立德树人的关键课程，发挥着不可替代的作用。强调办好思政课要放在世界百年未有之大变局、党和国家事业发展全局中来看待，要从坚持和发展中国特色社会主义、建设社会主义现代化强国、实现中华民族伟大复兴的高度来对待。对调整创新思政课课程体系作出具体部署，要求加强以习近平新时代中国特色社会主义思想为核心内容的思政课课程群建设。在保持思政课必修课程设置相对稳定基础上，结合大中小学各学段特点构建形成必修课+选修课的课程体系。全国重点马克思主义学院率先全面开设"习近平新时代中国特色社会主义思想概论"课。博士阶段开设"中国马克思主义与当代"，硕士阶段开设"中国特色社会主义理论与实践研究"，本科阶段开设"马克思主义基本原理概论""毛泽东思想和中国特色社会主义理论体系概论""中国近现代史纲要""思想道德修养与法律基础""形势与政策"，专科阶段开设"毛泽东思想和中国特色社会主义理论体系概论""思想道德修养与法律基础""形势与政策"等必修课。各高校要重点围绕习近平新时代中国特色社会主义思想，党史、国史、改革开放史、社会主义发展史，宪法法律，中华优秀传统文化等设定课程模块，开设系列选择性必修课程。2021年，教育部对思想政治理论课的教材进行了新修订，"思想道德修养与法律基础"课程改为"思想道德与法治"课程，"毛泽东思想和中国特色社会主义理论体系概论"课程也启用新版教材。2022年，中共中央宣传部、教育部要求在2022年秋季高校全面开设"习近平新时代中国特色社会主义思想概论"课，学分为3学分。

中华人民共和国成立70多年来，高职院校思想政治理论课建设和改革，围绕"培养什么人、如何培养人、为谁培养人"这一根本任务，聚焦培养社会主义建设者和接班人教育目标，理解并贯彻党的教育方针，坚持社会主义办学方向，课程建设和改革与时俱进。在对大学生坚持进行以马克思主义基本原理和中国化的马克思主义为根本内容的思想政治理论教育过程中，始终坚持以马克思主义为指导，始终坚持培养社会主义事业建设者和接班人的育人宗旨，始终坚持理论联系实际的根本原则，立足高等职业教育的培养规格，为社会主义事业培养了一批又一批合格建设者和可靠接班人。今天，我们进行"思想道德与法治"课的建设，必须立足"两个大局"，要通过课程教学，让学生充分认识我们所处的新时代是中国特色社会主义新时代，是当代青年成长成才、成就事业的好时代，要立大志、明大德、成大才，努力为新时代贡献青春力量。

第二节 "思想道德与法治"课的课程属性

价值的实现过程就是主体与客体相互作用的过程，即高校思政课这个客体与大学生、社会和大学生这个主体之间不断发生客体主体化和主体客体化动态发展的过程，也是高校思想政治理论课的教学实施不断满足大学生成长成才和社会发展内在需要的过程。要把握"思想道德与法治"课的价值和意义，首先得理解"思想道德和法治"课程的课程属性，而要准确把握"思想道德与法治"课的课程属性，则首先要理解思想政治理论课的一般属性。思想政治理论课的课程属性是对思想政治理论课的课程性质、特征及其功能的明确定位，是思想政治理论课教学设计的前提。要厘清高职院校思想政治理论课的课程属性，既需要把握思想政治理论课的性质，又需要抓住高职教育的本质和特征，只有把握住这两个关键环节，并从二者结合的角度方能把握住高职院校思想政治理论课的课程属性。

一、高职院校思想政治理论课的性质探析

（一）高等职业教育是另一种类型的高等教育，具有同等重要的地位

职业教育是与普通教育具有同等重要地位的教育类型，是国民教育体系和人力资源开发的重要组成部分，是培养多样化人才、传承技术技能、促进就业创业的重要途径。高等职业教育具有以下特点：一是以培养适应生产、建设、管理、服务一线的高素质技术技能人才为根本任务，以服务区域社会经济发展，重点服务企业特别是中小微企业的技术研发和产品升级，促进行业发展；二是以社会需求为目标、岗位技术要求为主线设计学生的知识、能力、素质结构和培养方案；三是以培养学生的技术应用能力为核心构建课程和教学内容体系，基础理论教学一般以"必需""够用"为度，专业课加强针对性、实用性，实践教学在教学计划中占有较大比例；四是推行"1+X"证书制度，以学生"双证书"为培养目标，以"双师型"师资队伍的建设为关键；五是以产教融合、校企合作、工学结合为育人模式。改革开放以来，职业教育为我国经济社会发展提供

了有力的人才和智力支撑，服务经济社会发展能力和社会吸引力不断增强，具备了基本实现现代化的诸多有利条件和良好工作基础。随着我国进入新的发展阶段，产业升级和经济结构调整不断加快，各行各业对技术技能人才的需求越来越紧迫，职业教育的重要地位和作用越来越凸显。

（二）高职院校思想政治理论课与普通高校思想政治理论课既相关，又有区别

从二者的联系上看，他们是同一性质的同类课程，具有相同的本质、地位和作用。高职院校思想政治理论课是普通高等学校思想政治理论课的一部分。随着高等职业教育规模不断扩大，高职学生数量不断增加，高职教育已经占据了高等教育的半壁江山。高职院校思想政治理论课与普通高等学校思想政治理论课都是落实立德树人根本任务的关键课程，是培养社会主义事业建设者和接班人的主阵地，高职院校思想政治理论课已经成为普通高等学校思想政治理论课的重要组成部分。从区别上看，学制的差异导致高职院校思想政治理论课与普通高等学校思想政治理论课在课程设置门数、学分、课时上存在差异，根据"05方案"，高职院校思想政治理论课比普通高等学校本科的思想政治理论课少两门课程，且学分和课时也少一些；办学模式和学生的思维特征、学习方式的差异导致高职思想政治理论课的教学模式和教学方法也有一定差异。

（三）高职院校思想政治理论课与普通高校思想政治理论课的性质是一致的

高职院校思想政治理论课是高校思想政治理论课的重要组成部分，二者虽然有联系有区别，但二者的性质是高度一致的。分析高职院校思想政治理论课的性质就是分析高校思想政治理论课的性质。但目前关于高校思想政治理论课的性质，仁者见仁，智者见智，尚无统一权威的结论和阐释。目前，学者对高校思想政治理论课性质的研究，大致从四种视角展开。一是从国家性质、社会制度的视角来确定其性质。中华人民共和国成立初期，党和国家文件指出，高校思想政治理论课的性质是"新民主主义的"[①]。1950年8月，《关于实施高等学校课程改革的决定》明确指出："废除政治上的反动课程，开设新民主主义的

---

① 教育部社会科学司组编. 普通高校思想政治理论课文献选编（1949—2008）[M]. 北京：中国人民大学出版社，2008：1.

革命政治课程，借以肃清封建的、买办的、法西斯主义的思想，发展为人民服务的思想。"这明确了思想政治理论课程的性质和任务，为当时的高等学校思想政治理论课的发展指明了方向。在社会主义改造完成以后，党和国家的文件反复强调思想政治理论课是"社会主义高等学校区别于资本主义高等学校的一个重要标志"①。可见，中华人民共和国成立初期，高校思政课的设置有鲜明的政治性和阶级性，体现了我国的国家性质，反映了党和国家事业发展的需要。二是从思想政治理论课的功能作用的视角来确定其性质。比如1991年国家教委提出的马克思主义理论教育是"高校思想政治教育的主要阵地和主要渠道"②。再如2019年8月中共中央办公厅、国务院办公厅印发的《关于新时代学校思想政治理论课改革创新的若干意见》提出办好思想政治理论课要贯彻落实党的教育方针，坚持马克思主义指导地位，贯彻落实习近平新时代中国特色社会主义思想，落实立德树人根本任务，坚持教育为人民，为中国共产党治国理政服务、为巩固和发展中国特色社会主义制度服务、为改革开放和社会主义现代化建设服务，努力培养担当民族复兴大任的时代新人，培养德智体美劳全面发展的社会主义建设者和接班人。三是从思想政治理论课实施有效性的视角来确定其性质。1950年10月，教育部明确规定，高校思想政治教育，应"用系统的理论知识联系实际，实事求是地正确解决问题"③。"文化大革命"结束后，为了提高思想政治理论课的有效性，政治理论教育司明确肯定"每门政治理论课是一门科学"④，也就是说思想政治理论课有政治性的同时，还要有科学性和理论性，强调以理服人。四是专家学者从学科属性与特点的视角来确定其性质。比如王美清认为，高校思想政治理论课是知识性和意识形态的辩证统一；叶秀球、方同义认为思想政治理论课是"科学理论和意识形态的辩证统一"⑤；谢曼认为"高校思想政治理论课是全面、系统地传播马克思主义理论知识的课程，是为青年学生健康成长、成才奠定科学思想基础的课程，是对青年学生进行思想政

---

① 教育部社会科学司组编. 普通高校思想政治理论课文献选编（1949—2008）[M]. 北京：中国人民大学出版社，2008：4.

② 教育部社会科学司组编. 普通高校思想政治理论课文献选编（1949—2008）[M]. 北京：中国人民大学出版社，2008：7.

③ 吴小妮. 新中国成立初期的思想政治理论课建设[N]. 光明日报. 2019-09-06（11）.

④ 教育部社会科学司组编. 普通高校思想政治理论课文献选编（1949—2008）[M]. 北京：中国人民大学出版社，2008：11.

⑤ 叶秀球，方同义. 两课性质功能和改革发展的理论思考[J]. 宁波大学学报（教育科学版），2002（8）：90-92.

治教育的'主渠道'。我们只有深刻认识、全面提升高校思想政治理论课的'思想性''政治性'和'理论性'才能真正搞好思想政治理论课教育教学，实现教学目标"[①]。蒋家胜、贺继明、李丹认为"思想政治理论课具有鲜明的意识形态属性、深厚的理论学科属性和显著的知行合一属性，具有价值引领、素质提升和思维训练的价值与功能"[②]。由此可见，高职院校思想政治理论课的性质目前并没有统一权威的认识，但总结起来，大致有这样一些共识，一是高职院校思想政治理论课体现和执行党和国家意志，是一门必修课，具有鲜明的强制性、政权性；二是高职院校思想政治理论课体现意识形态的主导地位，是一门意识形态课程，具有鲜明的阶级性和政治性；三是高职院校思想政治理论课融汇了多学科知识，是一门理论学科课程，具有鲜明的知识性和理论性；四是高职院校思想政治理论课体现德性内化的特征，是一门知行合一课程，具有鲜明的内化性和实践性。

二、高职院校思想政治理论课的价值属性

高职院校思想政治理论课是对高职学生进行思想政治教育的主阵地、主渠道，体现社会主义大学的本质特征，是立德树人的关键课程、灵魂课程。根据中宣部、教育部印发的《普通高校思想政治理论课建设体系创新计划》，思想政治理论课是巩固马克思主义在高校意识形态领域的指导地位，主要为培养中国特色社会主义事业的合格建设者和可靠接班人服务。由此观之，思想政治理论课除具有深厚的理论学科属性外，还具有鲜明的意识形态属性。在教学实施中，必须发挥思想政治理论课引导高职学生健康成长的育人功能，促进高职学生知、情、意、行的统一，否则就无法完整地实现其价值目标。

（一）思想政治理论课具有鲜明的意识形态属性

意识形态总是与统治阶级的政治主张和利益诉求相关。马克思指出："统治阶级的思想在每一时代都是占统治地位的思想。这就是说，一个阶级是社会上占统治地位的物质力量，同时也是社会上占统治地位的精神力量。"[③]作为统治

---

① 谢曼. 论高校思想政治理论课的性质[J]. 学理论，2018（2）：200-201.
② 蒋家胜，贺继明，李丹. 简论高职院校思想政治理论课的价值存在与教学能力目标[J]. 思想理论教育导刊，2016（9）：129-132.
③ 马克思，恩格斯：马克思恩格斯文集：第1卷[M]. 北京：人民出版社，2009：550.

阶级的意识形态，就是在推动经济社会发展过程中，促进社会成员培育和自觉践行共同的认知体系与价值体系，凝聚力量，使社会沿着统治阶级希望的轨道前进。始终坚持马克思主义指导地位，是中国革命、建设、改革不断取得胜利的基本经验。毛泽东同志精辟地指出："领导我们事业的核心力量是中国共产党。指导我们思想的理论基础是马克思列宁主义。"①不断巩固马克思主义在高校的指导地位，是坚持社会主义办学方向的根本要求，是推进高等教育综合改革、科学发展，办好世界一流大学的内在逻辑。在我国高校开设思想政治理论课，是党和国家意识形态在人才培养中的融入，是社会主义国家性质和中国共产党的价值追求在高等教育中的鲜明体现，要求人才培养按照统治阶级的目标，有意识、系统地培养统治阶级需要的现代公民。思想政治理论课是向大学生灌输国家意识形态和社会主义核心价值观的主干渠道，在面对各种社会思潮和复杂社会现象中，深化大学生对中国特色社会主义道路、理论与制度的政治认同，增强"四个意识"，坚定"四个自信"，凝聚社会共识，重铸信仰家园。

（二）思想政治理论课具有深厚的理论学科属性

思想政治理论课的主要目的是对大学生进行政治引导和价值引领，但绝不是空洞的说教，而是要以理服人。思想政治理论课的理论基础是马克思主义理论，马克思主义理论为思想政治理论课教学提供理论支撑。马克思主义理论由马克思主义哲学、马克思主义政治经济学和科学社会主义三个部分构成，科学地阐释了人类社会的发展规律，揭示了未来社会的发展方向，其严整的逻辑体系和深厚的学理渊源奠定了思想政治理论课的学理基础。理论只要说服人，就能掌握群众；理论只要透彻，就能说服人。深入研究坚持和发展中国特色社会主义的重大理论和实践问题，为增强思想政治理论课的思想性和理论性提供多角度学术支持。充分发挥马克思主义理论学科的领航作用，大力推进中国特色社会主义学科体系建设，深入理解习近平总书记最新讲话精神，全面理解和把握党中央重大决策部署，增加思想政治理论课的理论说服力和实践阐释力，将价值引领寓于知识传授之中。通过思想政治理论课的教学，让大学生掌握马克思主义的基本立场、观点和方法，去分析和解决理论与现实的重大困惑与疑难，解决成长成才中的困惑问题，在多元中确立主导，在多样中求得共识。

---

① 毛泽东：为建设一个伟大的社会主义国家而奋斗（1954年9月15日）[M]// 中共中央文献研究室. 毛泽东文集：第6卷. 北京：人民出版社，1999：350.

（三）思想政治理论课具有显著的知行合一属性

思想政治理论课虽然是逻辑严密的理论学科体系，但依然掩盖不了其蕴含其中显著的实践性价值取向。思想政治理论课是以马克思主义理论为其学科理论基础的，而马克思主义的根本理论特征就是以实践为基础的科学性和革命性的统一。实践性是马克思主义的基本特征，是马克思主义的出发点和归属。毛泽东在《实践论》中指出："只有人们的社会实践，才是人们对于外界认识的真理性的标准。"习近平总书记也提出，思想政治理论课要遵循"理论与实际相结合"的要求。如果要直接地认识某种或某些事物，只有亲身参加实践活动，才能通过那些事物的现象，抓住那些事物的本质而理解它们。这为高校的思想政治课改革指出了明确的方向。思想政治理论课绝不是空洞的理论说教，思想政治理论课是从实践中来、又回到实践中去的鲜活理论。"马克思主义基本原理概论"从"思与行"融合的角度，反映了马克思主义世界观与方法论的基本理论和观点，反映了对资本主义社会的基本判断与结论，反映了对社会主义和未来共产主义的基本设想和主张，是指导无产阶级和人民群众翻身求解放的强大思想武器，也是大学生认识世界、改造世界的方法论。"毛泽东思想和中国特色社会主义理论体系概论"和"中国近现代史纲要"，从"史与论"融合的角度，反映了中国人民如何选择马克思主义为指导、选择中国共产党的领导、选择社会主义道路的历史过程和历史规律，反映了中国人民如何在马克思主义指导下探索中国革命与建设发展道路和规律的理论知识体系，促进大学生对党的路线、方针与政策的政治认同，增强对社会主义理论、道路和制度的深沉自信，引导大学生在明得失、知兴替的基础上找准人生定位和努力方向；"思想道德与法治"则从"知与行"融合的角度，反映了培养社会主义现代化建设专门人才必须具备的以思想、政治、道德、法律素养为目标的理论知识体系，在大学生的理想信念、价值追求、道德养成、法律素质的养成教育方面发挥着重要作用。这四门思想政治理论课都具有鲜明的实践性，在教学中不仅要求学生掌握基本的理论知识，而且引导学生在灵魂深处认同、在实践中遵循、在生活中践行，促进知行统一。由于高职院校主要遵循以就业为导向、以能力为本位的教学理念，特别强调学生知行合一，注重能力的培养。高职院校开设"习近平新时代中国特色社会主义思想概论""思想道德与法治""毛泽东思想和中国特色社会主义理论体系概论"等课程，在教学中，要坚持"价值引领、能力本位"的思路，既要注重意识形态的灌输，加强学生对社会主义核心价值观的认同教育，对学生进行价值引领；又要以能力为本位，在学生把握基本理论的基础上，加强能力的培养，增强教学的针对性和实效性。

三、"思想道德与法治"课的内容属性

（一）"思想道德与法治"课的基本内容

"思想道德与法治"课是全校各专业开设的公共必修课，是一门融思想性、政治性、科学性、理论性、实践性于一体的思想政治理论课，是培养高职学生思想道德与法律基本素质的主干课程，也是培养学生职业核心能力的课程之一。本课程针对大学生成长过程中面临的思想道德和法治问题，开展马克思主义的人生观、价值观、道德观、法治观教育，帮助大学生提升思想道德素质和法治素养，成长为自觉担当民族复兴大任的时代新人。

马克思主义理论研究和建设工程重点教材《思想道德与法治》（2021版）是当前开展教学的基本依据。本教材的教学内容一共七章。绪论"担当复兴大任成就时代新人"主要阐述青年学生处在中国特色社会主义新时代、新时代呼唤担当民族复兴大任的时代新人和青年学生如何不断提升思想道德素质和法律素养。第一章"领悟人生真谛　把握人生方向"主要通过阐释人生观的主要内容、正确人生观的科学内涵，教育引导青年学生面对世界深刻复杂变化，面对纷繁多样的社会现象，面对各种社会思潮的相互激荡，面对学业、情感、职业选择等多方面考量，如何树立正确人生观，创造有意义的人生。第二章"追求远大理想　坚定崇高信念"，主要通过阐述理想信念的科学内涵以及坚定信仰信念信心的重要性，教育引导学生追求远大理想，坚定崇高信念，要在为实现中国特色社会主义共同理想而奋斗的过程中实现个人理想。第三章"继承优良传统　弘扬中国精神"，主要通过阐述中国精神的丰富内涵和重要意义，教育引导青年学生做新时代的忠诚爱国者和改革创新的生力军和奋进者，用实际行动展现中国精神的青春风采。第四章"明确价值要求　践行价值准则"，主要阐述社会主义核心价值观的科学内涵和重要意义，教育引导青年学生弘扬和践行社会主义核心价值观，扣好认识的扣子，从日常点滴做起，从细微之处着手，成为社会主义核心价值观的坚定信仰者、积极传播者、模范践行者。第五章"遵守道德规范　锤炼道德品格"，主要阐述社会主义道德的核心和原则，教育引导青年学生

树立马克思主义道德观，弘扬社会主义道德，自觉传承中华传统美德和中国革命道德，积极借鉴人类优秀道德成果，在崇德向善的实践中不断锤炼道德品格、提升懂得境界。第六章"学习法治思想　提升法治素养"，主要阐述法律的内涵和社会主义法律的本质特征，教育引导青年学生学习习近平法治思想，深刻理解社会主义法律的本质特征和运行机制，整体把握中国特色社会主义法治道路、法治体系的精髓，尊重和维护宪法法律权威，不断提升法治素养，做尊法守法用法的模范。

（二）"思想道德与法治"课的教学目的

本课程坚持马克思主义的立场、观点和方法，以人生观、价值观、道德观和法治观教育为基本内容，综合运用相关学科知识，依据大学生成长的基本规律，有针对性地教育引导大学生培养良好的思想道德素质和法律素质，帮助学生明白自己的历史使命和成才目标，沿着正确的方向和道路健康成长，成长为自觉担当民族复兴大任的时代新人。学习本课程有助于青年学生领悟人生真谛、把握人生方向，追求远大理想、坚定崇高信念，继承优良传统、弘扬中国精神，培育和践行社会主义核心价值观；有助于大学生遵守道德规范、锤炼道德品格，把正确的道德认知、自觉的道德养成和积极的道德实践紧密结合起来，引领良好的社会风尚；有助于大学生学习法治思想、养成法治思维，自觉尊法学法守法用法，从而具备优秀的思想道德素质和法治素养。我们从知识目标、能力目标和素质目标三个维度来分析。

知识目标：（1）理解和掌握当前大学生所处的时代状况和新时代对大学生提出的要求；（2）理解人生目的和人生态度、人生价值的内涵及评价标准，树立正确的人生观；（3）明确理想信念对大学生成长成才的意义作用；（4）明确中国精神是兴国强国之魂，理解和掌握做新时代的忠诚爱国者和改革创新生力军是大学生的最基本要求；（5）理解掌握社会主义核心价值观的基本内容和重大意义，进而坚定价值观自信，自觉做社会主义核心价值观的践行者；（6）明确道德的功能与作用，吸收借鉴优秀道德成果，掌握公民道德准则和道德践行的基本途径；（7）了解法律的本质，学习法律知识的意义，理解社会主义法律的本质特征和运行机制，掌握中国特色社会主义法律体系的内容和宪法的发展历史、基本特征和宪法规定的公民基本权利和基本义务。

能力目标：（1）能科学认清自身承担的社会责任和家庭责任；（2）能用

科学的人生观认真思考人生和正确选择人生活动，能用正确的人生价值标准客观评价社会成员与其实践活动，能正确对待人生矛盾；（3）能用辩证的观点看待理想与现实的矛盾，能树立与社会理想相统一的个人理想，能合理规划大学生活；（4）能用正确的爱国观来辨析自己和他人的言行，能在学习和工作中自觉训练创新思维；（5）能用正确的是非观和良好的道德标准判断、约束自己和他人的言行，能正确评价社会成员在公共生活中的道德行为，能正确处理学习与恋爱的关系，能善待家庭成员，营造良好家风；（6）通过对热点法律问题的讨论，能用法治思维分析法律现象，初步具备以案说法的分析能力和评判能力。

素质目标：（1）培养大学生坚定的思想政治素质；（2）培养大学生良好的道德素质；（3）培养大学生健全和完善的人格；（4）培养大学生优秀的法治素养和科学的法治思维。

（三）"思想道德与法治"课的基本属性

"思想道德与法治"课是一门融思想性、政治性、科学性、理论性和实践性于一体的思想政治理论课，具有显著鲜明的思想性、政治性、科学性、理论性和实践性。

1. 思想性

"思想道德与法治"课可以锤炼学生高尚品格、崇德修身，启润青春。通过课程教学，引导青年学生将正确的道德认知、自觉的道德养成和积极的道德实践结合起来，自觉树立和践行社会主义核心价值观，夯基固本，崇德修身，努力成为品德高尚的人。通过课程教学，引导青年学生明辨是非、恪守规范，能够经受得住外界诱惑，保持定力，不失本心，找到人生真谛、生命价值和事业方向。

2. 政治性

青年兴，则国家兴；青年强，则国家强，青年一代有理想、有本领、有担当，国家就有前途，民族就有希望。"思想道德与法治"课可以引导青年学生立大志、明大德、成大才、担大任，自觉成为堪当民族复兴大任的时代新人，让青春在为祖国、为人民、为人类的不懈奋斗中绽放绚丽之花，让青年学生在承担实现中华民族伟大复兴中国梦的历史使命中实现人生价值。

3. 科学性

真理的力量体现在它揭示客观事物的本质，反映事物发展的必然规律，因而能够引导人们沿着它指出的方向进行实践，推动社会的发展。"思想道德与法治"课要说服学生，成功引导学生，要在科学阐释思想、道德与法治现象背后的规律上下功夫，要在增强理论的解释力、说服力上下功夫，以透彻的学理分析回应学生，以彻底的思想理论说服学生，用真理的强大力量引导学生，寓价值观引导于知识传授之中，传导主流意识形态，并敢于直面各种错误观点和思潮，在激浊扬清中教会学生明辨是非，在批判错误思潮中找寻事物发展的真理。

4. 理论性

"理论只要说服人，就能掌握群众；而理论只要彻底，就能说服人。""思想道德与法治"课"以理服人"，就是要把马克思主义的基本原理、基本方法讲清楚，把科学的世界观、人生观、价值观讲清楚，把以爱国主义为核心的民族精神和改革创新为核心的时代精神讲清楚，把社会主义核心价值观的科学内涵和显著特征讲清楚，把社会主义道德的核心与原则讲清楚，把社会主义法律本质特征和中国特色社会主义法治道路的科学性讲清楚，坚定青年学生的理想信念，引导青年学生听党话、跟党走。

5. 实践性

实践性是马克思主义的出发点和归宿，是"思想道德与法治"课的重要特征。"思想道德与法治"课不仅仅是阐释思想道德与法治知识的课程，教师要通过讲授知识，引导学生内化知识，提升素质，指导实践。在教学中，必须注重价值引领与知识传授、能力培养的有机统一，不仅要学生掌握基本的理论知识，而且要引导学生在灵魂深处认同、在实践中遵循、在生活中践行，促进知行合一，注重能力的培养，注重素质的提升。在教学中要善用"大思政课"教学资源，采取"走出去，请进来"的方法，把冬奥精神、脱贫攻坚等体现中华传统美德和时代精神的鲜活素材引入教学环节，教育引导青年学生立大志、明大德、担大任、成大才。

第三节 "思想道德与法治"课的课程价值

"思想道德与法治"课的课程属性是针对大学生成长过程中面临的思想道德与法治问题，开展马克思主义的人生观、价值观、道德观、法治观教育，是帮助大学生提升思想道德素质和法律素养的重要课程。"思想道德与法治"课的价值存在是基本属性的外在表现，是其在教学实施中对社会发展和大学生成长成才需求的满足程度。

一、提升道德与法治素养

思想道德素质是人们的思想意识状态和行为规范，按现存社会的主流价值观和社会规范的要求所应该达到的水准。法治素养是教育引导学生按照社会主义法律规范，尊重维护宪法法律权威，做尊法学法守法用法的模范。大学之道，在明明德，在亲民，在止于至善。"思想道德与法治"课的教学，就在于提高青年学生的思想道德素质与法治素养。一是要通过教学，教育引导青年学生立大志，教育引导青年学生心怀"国之大者"，不断增强做中国人的志气、骨气、底气，树立正确的政治方向和远大的政治志向，坚定中国特色社会主义的道路自信、理论自信、制度自信、文化自信，将实现中华民族伟大复兴的中国梦的历史使命内化为担当的自觉，并外化为实际的行动。二是要通过教学，教育引导青年学生明大德，教育引导青年学生崇德修身，在日常生活中，用真善美来雕琢自己，面对诱惑，能恪守正道，不失初心；面对幸福生活中，能饮水思源，懂得感恩；面对使命，能敢于担当、善于作为。三是要通过教学，教育引导青年学生成大才，教育引导学生身处日新月异的新时代，面对世界百年未有之大变局，要有本领不够的危机感、能力不足的紧迫感，勤奋学习，勇于探索，不断增强本领才干，做可靠的接班人和合格的建设者。四是要通过教学，教育引导青年学生担大任，教育引导青年学生自觉树立国家意识、民族意识、责任意识，把个人的前途命运和国家、民族的前途命运紧紧联系在一起，在尽责集体、服务社会、奉献国家中实现人生理想和人生价值，做实现国家富强、民族复兴中国梦的奋斗者。

二、实施价值引领与塑造

思想政治理论课的教学活动，将课程知识内化为内心信念，转化为强大的精神力量，来提高学生的思想政治素质，来调控社会秩序，推动社会经济发展，培养社会主义事业的合格建设者和可靠接班人，这一功能主要体现为思想政治理论课对国家和社会需要的满足，侧重于为国家和社会服务。社会成员如果缺少政治素养，政治意识淡漠，政治敏感度不高，政治鉴别能力低下，社会成员的价值判断与抉择系统就会出问题，人生的理想信念和宏大抱负就无法产生，社会求真向善的动力就会缺乏，社会正能量无法聚合，社会公正良序无法形成，国家富强、民族复兴的中国梦难以实现。"思想道德与法治"课从思行相融、知行合一的视角，立足中国特色社会主义实践，阐释道德与法治的科学理论与运行规律，教育引导学生树立使命在肩、强国有我的精神，不断增强做中国人的志气、骨气、底气，增强"四个意识"，坚定"四个自信"，不断提高社会道德判断和抉择的能力，立大志、明大德、成大才、担大任，在为实现全面建设社会主义现代化国家、向第二个百年奋斗目标迈进的过程中砥砺奋斗，书写无愧于时代的青春诗篇。

三、提升人文与职业素养

思想政治理论课具有显著的知行合一的属性，既要提升学生认识世界的能力，更要传授学生改造世界的本领。促进人的全面而自由的发展既是马克思主义的追求目标，也是思想政治理论课教学实施的价值追求。思想政治理论课是"落实立德树人根本任务的主干渠道，是进行社会主义核心价值观教育、帮助大学生树立正确世界观人生观价值观的核心课程"[①]，具有显著的人文素养培育的功能，这主要体现为思想政治理论课对学生个人发展需求的满足，侧重于为学生成长成才服务。道德和法律都是调节人民思想行为、协调人际关系、维护社会秩序的重要手段，对个人、国家、社会都十分重要。"思想道德与法治"课主要针对大学生成长过程中面临的思想道德和法治问题，开展人生观、价值观、道德观、法治观教育，引导青年学生正确处理人与自然、人与集体、人与社会、

---

① 中央宣传部、教育部关于印发《普通高等学校思想政治理论课建设体系创新计划》的通知[EB/OL].（2015-07-30）[2023-03-13]. http://www.moe.gov.cn/srcsite/A13/moe_772/201508/t20150811_199379.html.

人与人的基本关系，这些基本关系的处理，也是彰显一个人的人文素养和职业素质的重要指标，反映人们的思想观念、政治立场、价值取向、道德情操和行为习惯等方面品质和能力的综合体现，反映出一个人的人文素养、思想境界、道德风貌和核心职业能力，是促进个体健康成长、生涯发展的重要保障。通过课程教学，可以逐渐培养起学生对美好事物的不懈追求与创造，对事物价值的正确评判，对社会责任的敢于担当，对生态环境的爱护保护，对多元文化的理解包容，对国家法律的内心敬畏，对生命的终极关怀，对他人的尊重关爱等，逐步提高学生的科学素质与人文素养，为学生的成长护航，为学生的发展助力。

四、训练思维与表达能力

思想政治理论课的教学，既要授人以鱼又要授人以渔，既教知识又教方法，是对学生思维品质的训练。马克思主义理论是世界观的学说，又是方法论的学说。通过思想政治理论课的教学实施，传授学生认识世界、改造世界的根本方法，提高大学生的理论思维能力，拓宽学生的理论视野和思维空间，提高大学生透过现象把握本质、通过偶然现象揭示事物内在规律的能力，帮助学生辩证、历史、客观地看待事物，树立正确的世界观、人生观和价值观，更好地认识世界、参与实践、规划人生，科学看待经济社会发展的新常态，在错综复杂的社会中把握人生航向，身处逆境而百折不挠，身在顺境但不沾沾自喜。"思想道德与法治"课是高校思想政治理论课的重要组成部分，思想性、政治性和理论性都非常强，要求学生理论联系实际来学习领会，对学生的思维品质和表达能力要求很高。推进"思想道德与法治"课的专题化设计、问题化讲授、主题式实践，打造理论互动课堂、实践沉浸课堂、网络体验课堂，让学生善于思考、善于表达、善于行动，实现思想的启迪和智慧的启示。教学中，学生在教师的引导下，紧密联系党史、新中国史、改革开放史、社会主义发展史、中华民族发展史，紧密结合全面建设社会主义现代化国家的实际，教育引导学生带着思考学、带着问题学、带着智慧行，教育引导学生正确认识世界和中国发展大势、正确认识中国特色和国际比较、正确认识时代责任和历史使命、正确认识远大抱负和脚踏实地，努力做到学有所思、学有所悟、学有所获，不断锤炼学生的辩证思维品质和准确表达的能力。

第四节 "思想道德与法治"课的主要功能

高校要全面贯彻党的教育方针，坚持马克思主义指导地位，贯彻落实习近平新时代中国特色社会主义思想，坚持社会主义办学方向，落实立德树人根本任务，坚持教育为人民服务、为中国共产党治国理政服务、为巩固和发展中国特色社会主义制度服务、为改革开放和社会主义现代化建设服务，加快推进教育现代化、建设教育强国、办好人民满意的教育，努力培养担当民族复兴大任的时代新人，培养德智体美劳全面发展的社会主义建设者和接班人。思想政治理论课是落实立德树人根本任务的关键课程，在培养高素质技术技能型人才中发挥着不可替代的作用。"思想道德与法治"课是一门融思想性、政治性、科学性、理论性和实践性于一体的思想政治理论课，针对青年学生成长过程中面临的思想道德与法治问题，开展马克思主义的人生观、价值观、道德观和法治观教育，引导学生崇德向善、立志成才，树立正确的世界观、人生观、价值观，坚定对马克思主义的信仰，坚定对社会主义和共产主义的信念，增强中国特色社会主义道路自信、理论自信、制度自信、文化自信，厚植爱国主义情怀，把爱国情、强国志、报国行自觉融入坚持和发展中国特色社会主义事业、建设社会主义现代化强国、实现中华民族伟大复兴的奋斗之中，成为自觉担当民族复兴大任的时代新人。

一、巩固马克思主义在意识形态领域的指导地位

始终坚持马克思主义指导地位，是中国革命、建设、改革取得不断胜利的基本经验。中共中央宣传部、教育部在《关于进一步加强和改进高等学校思想政治理论课的意见》中指出，马克思主义是我们立党立国的根本指导思想，是全党全国人民团结奋斗的共同思想基础。中共中央办公厅、国务院办公厅印发的《关于进一步加强和改进新形势下高校宣传思想工作的意见》（中办发〔2014〕59号）指出，意识形态工作是党和国家一项极端重要的工作，高校作为意识形态工作的前沿阵地，肩负着学习研究宣传马克思主义、培育和弘扬社会主义核

心价值观，为实现中华民族伟大复兴的中国梦提供人才保障和智力支持的重要任务。2019年3月18日，习近平总书记在北京主持召开全国学校思想政治理论课教师座谈会，在会上强调办好思想政治理论课，最根本的是要全面贯彻党的教育方针，解决好培养什么人、怎样培养人、为谁培养人这个根本问题。2019年8月，中共中央宣传部、教育部印发的《关于深化新时代学校思想政治理论课改革创新的若干意见》强调"办好思政课，要放在世界百年未有之大变局、党和国家事业发展全局中来看待，要从坚持和发展中国特色社会主义、建设社会主义现代化强国、实现中华民族伟大复兴的高度来对待"。新时代贯彻党的教育方针，要坚持马克思主义指导地位，贯彻习近平新时代中国特色社会主义思想，坚持社会主义办学方向，落实立德树人根本任务，坚持教育为人民服务、为中国共产党治国理政服务、为发展中国特色社会主义制度服务、为改革开放和社会主义现代化建设服务，努力培养担当民族复兴大任的时代新人。当前，我国已迈上全面建设社会主义现代化国家新征程，伴随改革的全面深化和社会快速转型，深层次的社会矛盾和问题日益显露，代表各种利益诉求的社会思潮也十分活跃。再加上当今世界面临百年未有之大变局，中国逐渐由国际政治舞台的边缘逐渐走向中心，西方主流意识形态对社会主义核心价值体系的冲击日益加大，西方敌对势力实施西化、分化中国的图谋愈加明显，加快扶持国内一些政治异见人士而刻意制造错误思潮，妄图使中国改革开放事业要么走改旗易帜的邪路、要么回到封闭僵化的老路，意识形态领域的斗争异常复杂而激烈。

当前，我们面临的社会思潮主要有新自由主义、民主社会主义、普世价值、历史虚无主义等。一是新自由主义思潮。新自由主义是一种经济和政治学思潮，在经济理论方面反对国家和政府对经济的不必要干预，强调自由市场的重要性，主张"最大程度地自由化""尽可能快地市场化、私有化"；在政治理论方面否定社会主义，否定国家干预、公有制，主张实行西方的"宪政民主"；在战略和政策方面，着力强调要推行以超级大国为主导的全球经济、政治、文化一体化，即全球资本主义化。二是民主社会主义。民主社会主义是英国工党和其他国家的右翼社会党理论家所宣扬的一种现代改良主义思潮，它反对以马克思主义为指导，主张指导思想多元化，把社会主义仅看成是一种道德需要、道德抗议，否认其历史必然性，主张"通过民主改革和经济改良的手段"使资本主义和平进入社会主义，与科学社会主义和中国特色社会主义有本质的区别。三是"普世价值"论。20 世纪 90 年代初，美国学者弗朗西斯·福山（Francis Fukuyama）在《历史的终结及最后之人》一书中把西方的自由民主称为"普世的和有方向性的历史概念"，认为"这种理念已作为社会进步的常识而为世人所普遍接受"。"普世价值"思潮在中国的传播有其特定的指向性，在于聚焦西方宪改制度，即国家根本制度的变革。一些人宣称自由、平等、人权是人类共同的普世价值，民主、共和、宪政是现代政治的基本制度架构，抽离这些普世价值和基本政制架构的"现代化"，是剥夺人的权利、腐蚀人性、摧毁人的尊严的灾难过程，其矛头直指我国根本国家制度，企图以此扭转中国改革开放的方向，颠覆中国共产党领导的中国特色社会主义制度。正因为如此，中共中央宣传部理论局组织编写的《"六个为什么"——对几个重大问题的回答》一书中特别指出："西方把他们的'民主、自由、人权'等美化为所谓'普世价值'使许多人上当，并成为策动一些国家'颜色革命'和一些地区动乱的思想武器，成为西方发达国家干涉别国内政、实现自己战略图谋的工具。"[1]四是历史虚无主义思潮。历史虚无主义，把历史视为一种无主体的偶然结果，否定历史唯物主义与历史决定论，这种"虚无主义"就是历史虚无主义，其根本就是历史唯心主义。历史虚无主义所散布的种种言论，以经济、政治、思想和文化渗透为主要形式，诋毁和否定我国社会发展的社会主义取向，企图从根本上动摇社会主义中国的立国之本和强国之路。另外还有质疑、否定改革开放的后现代主义、个人主义等社会思潮。

　　发挥"思想道德与法治"课的主渠道作用，加强马克思主义指导思想教育，做好引领社会思潮工作十分重要。青年大学生正处于世界观、人生观、价值观形成的关键时期，他们思想活跃、视野开阔，容易受这些社会思潮影响。需要抓住这"拔节孕穗"的关键期，在"思想道德与法治"课的教学中，从大学生世界观、人生观和价值观的培养和提升素质的要求出发，对各种社会思潮的来源、内容、危害等进行辩证分析，帮助学生学会分析和鉴别各种错误社会思潮，巩固马克思主义在意识形态领域的指导地位。通过"思想道德与法治"课的教学，充分发挥"思想道德与法治"课的功能，引导学生正确认识世界和中国发展大势，坚定理想信念；引导学生正确认识中国特色和国际比较，全面客观认

---

① 中共中央宣传部理论局. "六个为什么"—— 对几个重大问题的回答[M]. 北京：学习出版社. 2009：19.

识当代中国、看待外部世界；引导学生正确认识时代责任和历史使命，用中国梦激扬青春梦，点亮理想的灯、照亮前行的路，让青春在社会主义现代化国家的伟大实践中熠熠生辉；引导学生正确认识远大抱负和脚踏实地，把远大抱负落实到实际行动中，做有理想、敢担当、能吃苦、肯奋斗的新时代好青年。其中，教育引导学生正确认识"中国特色和国际比较"是关乎"培养什么人、如何培养人、为谁培养人"的根本问题，关乎"听谁话、跟谁走"的重要问题，关乎学生的政治立场和政治方向问题。通过"思想道德与法治"课的教学，不断坚定学生理想信念，树立共产主义远大理想和中国特色社会主义共同理想，不断增强"四个自信"，牢固树立"四个意识"，自觉做到"两个维护"。

二、落实"立德树人"根本任务的主干渠道

党的二十大报告明确提出要实施科教兴国战略，强化现代化建设的人才支撑；明确提出加快建设教育强国、办好人民满意教育的目标；明确提出"培养什么人、怎样培养人、为谁培养人是教育的根本问题。育人的根本在于立德。全面贯彻党的教育方针，落实立德树人根本任务，培养德智体美劳全面发展的社会主义建设者和接班人"①，对于厘清"思想道德与法治"课的功能、教学目标具有重要指导意义。

新时代将立德树人作为教育根本任务是高职教育的应有之义。在我国历代教育体系中，都高度重视"立德树人"工作，把"立德树人"作为共同遵循的教育理念。立德，就是坚持德育为先，通过正面教育来引导人、感化人、激励人；树人，就是坚持以人为本，通过合适的教育来塑造人、改变人、发展人。"立德"与"树人"密切联系，相辅相成。作为学校教育，办好人民满意的教育，意味着我们的教育要培育青少年学生健康的人格、美好的心灵，让学生拥有终身学习和成长所需的知识和能力；意味着学生毕业时，能够树立或是更加接近自己的理想，能够担当时代赋予的使命和责任。办好人民满意的教育，需要我们以立德树人为根本任务，坚持走内涵式发展道路，不断提高人才培养质量，教师要终身学习，为师者先善其德。坚持立德树人根本任务，就是指教育事业不仅要传授知识、培养能力，还要培育良好的思想政治素养、社会公德、职业

---

① 习近平. 高举中国特色社会主义伟大旗帜 为全面建设社会主义现代化国家而团结奋斗——在中国共产党第二十次全国代表大会上的报告[N]. 人民日报，2022-10-26（1）.

道德、家庭美德、个人修养，把社会主义核心价值观融入教育体系之中，引导学生明大德守公德严私德，树立正确的世界观、人生观、价值观、道德观和法治观。高等学校的基本任务是人才培养、科学研究、社会服务和文化传承创新，但这四项职能并非等量齐观，人才培养是最基本的职能，而人才培养工作必须坚持德才兼备，以德为先。有德有才是正品，有德无才是次品、有才无德是危险品、无德无才是废品。在高职院校人才培养中必须坚持把以德为先、育人为本作为根本遵循，培养德才兼备的高素质技术技能型人才。

新时代将立德树人作为教育根本任务是民族复兴的时代之需。当前，我们比历史上任何时期都更接近中华民族伟大复兴的目标，但行百里路半九十，面临着前所未有的挑战，培养什么人成为教育的首要问题，在新时代将立德树人作为教育根本任务在教学实施中具有现实依据，是民族复兴的时代之需。一方面可以确保党和国家事业发展后继有人。高校不是世外桃源，敌对势力与中国共产党和中国特色社会主义争夺下一代和接班人的斗争从来没有停止过，而且有不断加剧的趋势。敌对势力对高校干扰渗透手段多样且更加隐蔽，各种错误思潮在校园内暗流涌动，网络上各种有害信息对高校师生造成的影响也不容忽视[1]。高校一直是意识形态斗争的前沿阵地，敌对势力一直在与我们争夺青年学生，我们务必高度重视。另一方面可以夯实民族复兴的共同思想基础，提升民族国际竞争力。青年兴则民族兴，青年强则国家强。青年一代是国家和民族复兴的中坚力量，青年一代有希望则国家和民族才有未来。国家富强、民族复兴，需要一代又一代愿意为之接续奋斗的时代新人，中国梦方能实现。当前各种社会思潮纷至沓来，扰乱视听，严重影响民族复兴的思想基础，严重影响国家未来的国际竞争力。坚持以立德树人作为教育的根本任务，用中国特色社会主义共同理想凝聚力量，用以爱国主义为核心的民族精神和以改革创新为核心的时代精神鼓舞斗志，用社会主义荣辱观引领风尚，引导青年能够正确认识时代责任和历史使命，牢固树立为民族复兴、国家富强不懈奋斗的理想信念，通过培养一代又一代德才兼备的时代新人，筑牢民族复兴的精神之基、复兴之魂，从而在激烈的国与国的竞争中提升竞争力。

"思想道德与法治"课是高校思想政治理论课的重要组成部分，是一门以思想政治教育学科为支撑，对学生进行正确的政治观、人生观、价值观、道德观

---

[1] 邹宏秋. 高职院校思想政治理论课教学模式研究[M]. 北京：中国金融出版社，2016：26-27.

和法治观系统教育的课程。该课程以马克思主义、毛泽东思想、邓小平理论、"三个代表"重要思想、科学发展观和习近平新时代中国特色社会主义思想为指导，贯彻以德治国和依法治国的治国理念，以培育和践行社会主义核心价值观为主线，以理想信念教育为核心，以爱国主义教育为重点，引导青年学生在服务国家、奉献社会中成就个人出彩人生。"思想道德与法治"课教师要遵循"政治强、情怀深、视野广、思维新、人格正、自律严"的要求，以人为本，关注学生的全面发展、和谐发展和健康成长。坚持政治性和与学理性、坚持价值性和知识性、坚持建设性和批判性、理论性和实践性、统一性和多样性、主导性和主体性、灌输性和启发性、显性教育和隐性教育相统一的原则，创新思想政治理论课教学形式，不断增强教学的针对性和实效性，讲好中国好故事，传播中国好声音，培养德智体美劳全面发展的社会主义事业的建设者和接班人。

三、培养高素质技术技能型人才

高等职业教育是我国高等教育的一种类型，具有与普通教育不同的教育目标、不同的人才培养模式和不同的教学模式与教学方法。但无论哪种教育类型，何种人才培养模式，教育的本质不会变，那就是培养人。2018年，习近平总书记在全国教育大会上作了重要讲话，提出"五育并举""六个下功夫"，强调凡是不利于实现立德树人的做法都要坚决改过来①。教育部原部长陈宝生也提出要以凝聚人心、完善人格、开发人力、培育人才、造福人民为工作目标，朝着"改过来"的目标下功夫，重点针对长期以来疏于德、弱于体和美、缺于劳的问题，以新的方式推进立德树人工作②。教育部部长怀进鹏强调坚持用习近平新时代中国特色社会主义思想铸魂育人，持续推进党的创新理论进教材、进课堂、进头脑，大力办好思政课这一关键课程，不断增强课堂教学亲和力与吸引力③。高等职业教育一度过分重视专业理论和技能培养，而忽略素质教育，一度有"高职不高"的诟病。高等职业教育要实现培养"人"的目标，完成培养高素质技术技能型人才的培养任务，必须着力提高高职学生的素质，而"思想道德与法治"

---

① 习近平在全国教育大会上强调 坚持中国特色社会主义教育发展道路 培养德智体美劳全面发展的社会主义建设者和接班人[N]. 人民日报，2018-09-11（1）.
② 陈宝生. 落实 落实 再落实—— 在2019年全国教育工作会议上的讲话[EB/OL].（2019-01-18）[2023-02-25]. http://www.moe.gov.cn/jyb_xwfb/moe_176/201901/t20190129_368518.html.
③ 怀进鹏. 不断推动高校思想政治工作高质量发展[N]. 人民日报，2021-12-10（11）.

课在提高学生素质方面具有重要功能和作用。

高等职业教育亟待补齐素质教育的短板。高等职业教育是面向生产、建设、管理、服务一线培养高素质技术技能型人才，也是在培养社会主义合格的建设者和可靠的接班人。要成为合格的建设者和可靠的接班人，必须要具有坚定的理想信念、较高的思想觉悟和良好的人文素养，必须具备良好的职业操守、快速的岗位适应能力、优秀的团队协作精神和人际沟通能力等综合职业素质。经用人单位反馈，用人单位录用大学生最看重的条件并不是专业知识和技术能力，而是被经常忽略的职业态度、敬业意识、工匠精神、行为习惯、交流沟通能力、团队协作能力、创新能力等综合职业素养和人文素养。因此，要培养社会主义合格的建设者和可靠的接班人，必须加快补齐思想政治教育、人文素养和综合职业能力提升的短板。

素质教育发展与思政课实际地位呈正相关。党中央历来重视思想政治理论课建设，反复强调思想政治理论课是立德树人的关键课程、灵魂课程，是立德树人的主渠道。然而，理想与现实、政策与落实、应然与实然之间总存在距离。尽管近年来思想政治理论课的建设取得显著成绩和长足进步，但面对新形势新任务新挑战，有的地方和学校对思政课重要性认识还不够到位，课堂教学效果还需提升，教材内容不够鲜活，教师选配和培养工作存在短板，体制机制有待完善，评价和支持体系有待健全。其原因是多方面的，很多高职院校基于某种认识误区存在着重专业轻素质、重技能轻人文的现象。高等职业教育办学历史不长，兴起于20世纪八九十年代，高职教育在课程设置、教学内容、教学模式、教学方法一直沿用学科化培养模式，办成"本科压缩饼干"式，职业教育特色不鲜明，一直处于探索当中，对其发展规律把握不准，难免步入误区。进入21世纪后，各院校深化高职教育改革，全面提升人才培养质量，主张"以就业为导向""以能力为本位"的教育理念，初步形成"产教融合、校企合作、工学结合"的办学模式，强调岗位技能，突出职业教育特色。但随之而来的是两个较为显著的误区。一是重专业轻素质、重技能轻人文的理念误区。一些高职院校片面认为强调能力本位就是指专业知识和专业能力，为了强化专业知识和专业技能，大量压缩人文素质和专业基础理论知识的传授的现象，学生思想政治素质、综合职业能力等方面的培养被忽视。二是关于"产教融合、校企合作、工学结合"人才培养模式的误区。"产教融合、校企合作、工学结合"的育人模式强化了学生对专业知识和岗位技能的训练，可以增强学生顶岗上岗的能力，因此得以广泛推广和应用。但一些高职院校仅仅将其看成是提高学生岗位技能的教学环节和制度安排，对"产教融合、校企合作、工学结合"模式对学生思想政治素质的提升和综合职业能力的训练关注不够，对借此机会将优秀的行业文化和企业文化对学生的素质提升的资源挖掘利用不够。随着对高职教育规律的把握和反思，我国逐步认识到高职传统教育理念和人才培养模式的不足，素质教育逐渐得到重视，并提上改革的议事日程。从 2004 年中共中央国务院颁布《关于进一步加强和改进大学生思想政治教育的意见》到 2019 年《关于深化新时代思想政治理论课改革创新的若干意见》，从党的十八大报告到二十大报告，从习近平总书记在 2016 年全国高校思想政治工作会议上的讲话到 2018 年全国教育大会上的讲话，从 2019 年学校思想政治理论课教师座谈会上的讲话到 2022 年在中国共产党第二十次全国代表大会上的报告，素质教育受到越来越多的重视。随着高职院校办学理念的更新，用人单位不仅要求学生的专业理论基础要扎实，技能要娴熟，而且还要求学生具有良好的思想政治素质和良好的职业意识、职业道德、敬业精神和职业行为习惯等职业素养，"思想道德与法治"等思政课的地位逐渐提升。"思想道德与法治"课，既是一门思想政治理论课，又是一门素质提升、行为养成的课程，是"知"与"行"的统一，"思想道德与法治"课以促进大学生素质提升、促进人生发展为主线，以指导大学生成长、成才和帮助大学生解决实际问题为出发点，使大学生在实践中学会做事、学会做人，在实践中升华思想品德、锤炼意志、提升素养。

思想政治理论课素质教育的功能逐步彰显。高职院校思想政治理论课是融政治性、科学性、思想性、理论性和实践性于一体的公共必修课，在促进学生自由全面发展、提升学生职业素养方面具有重要功能。2020 年 12 月 18 日，《中共中央宣传部、教育部关于印发〈新时代学校思想政治理论课改革创新实施方案〉的通知》提出，职业院校开设"思想道德与法治""毛泽东思想和中国特色社会主义理论体系概论""形势与政策"三门课程，2022 年秋季，要求高校全面开设"习近平新时代中国特色社会主义思想概论"。"思想道德与法治"针对大学生成长过程中面临的思想道德和法律问题，开展马克思主义的世界观、人生观、价值观、道德观、法治观教育，引导大学生提高思想道德素质和法治素养，成为自觉担当民族复兴大任的时代新人，成为社会主义事业的建设者和接班人。在"思想道德与法治"课的教学实施中，坚持以学生为中心，强化"价值引领、能力本位、理实一体"的教学理念，注重现代信息技术的支撑，创新教学模式和教学方法，内化学生政治理念，提升学生政治素养。围绕高职教育培养高素质技术技能型人才的根本任务，遵循必需、够用的原则，以知识传授为载体、以能力培养为主线、以素质提升为目标，开展教学实施。其知识目标主要有"引导大学生深入理解新时代的内涵，把握时代新人的内涵""通过积极的生活实践和自身体验确立乐观向上、开拓进取的人生态度""树立崇高的理想信念，弘扬中国精神，做新时期坚定的爱国者""把握社会主义道德基本理论，掌握社会公德的主要内容，掌握择业与创业的方法""全面领会习近平新时代中国特色社会主义法治思想"。其能力目标主要有"政治鉴别与价值抉择能力：正确认识和鉴别各种政治思潮，用正确的三观指导和合理规划自己的人生""道德认知与道德践行能力：正确认识和处理人与社会、人与自然的关系，提升职业实践中德行规范的意识和能力""责任担当与社会参与能力，培养合理生存和社会参与的能力，提高参与国家民主政治生活的能力""理论思维与职业核心能力：能够用马克思主义基本原理分析问题、解决问题，形成良好人际沟通、逻辑思维、沟通表达能力"。其素质目标主要有"培养学生作为时代新人的主体意识和自主精神，引导学生树立远大理想和共同理想，增强'四个自信'，肩负民族复兴重任""厚植爱国主义情怀，让爱国主义精神扎根学生内心，听党话、跟党走、扎根人民、奉献国家""能够在复杂的社会现实中，能够辨别各种社会思潮，自觉践行社会主义核心价值观，踏实修德，培养良好道德人格，成为有大爱大德大情怀的人""培养学生热爱劳动、诚实守信、勇于创新的职业人格，历练敢于担当、不懈奋斗的精神，具有乐观向上的人生态度，刚健有为、自强不息""引导学生做新时代忠诚的爱国者，培养学生主动地参与社会政治生活的能力，使学生形成健康的政治人格""引导学生增进法治意识，养成法治思维，更好行使权利、履行法律义务，做到尊法学法守法用法"。

第二章

"思想道德与法治"课一体化教学的设计理念

教学设计是遵循课程教学规律，针对学生的实际需求，运用系统论的观点，有机整合课程教学资源，序化组合相关教学要素，剖析教学过程中存在的问题，寻求最佳解决方案的系统化过程。教学设计是提高教学质量和教学效率，完成教学目标，达成教学任务的重要前提。但不同类型的高校思想政治理论课的教学设计具有不同的特征，高职院校思想政治理论课的教学设计也有自己的规律和特色。高职院校"思想道德与法治"课的教学设计，要分析学生的学习诉求与学情，合理制定教学目标、寻求最优的教学策略、合理配置教学资源、设计信息化教学手段，优化教学程序，客观评价教学效果等，并按照教育教学规律，对教学流程进行再造和优化，达到最优教学效果。

第一节　价值引领是课程一体化教学设计的核心

"思想道德与法治"课是集思想性、政治性、科学性、理论性和实践性于一体的灵魂课程、关键课程，在立德树人中发挥着不可替代的作用。通过教学活动，将价值引领寓于知识传授和能力培养的过程中，让学生掌握基本政治理论，提升学生的思想道德素质和法治素养，在学生心里埋下真、善、美的种子，领悟人生真谛、把握人生方向，追求远大理想、坚定崇高信念，继承优良传统、弘扬中国精神，遵守道德规范、锤炼道德品格，学习法治思想、养成法治思维，帮助学生系好人生的第一粒扣子，引导学生走好走稳人生的路。可见，价值引领功能是"思想道德与法治"课教学设计的核心所在。

一、实现课程功能的必然要求

"思想道德与法治"课是集思想性、政治性、科学性、理论性和实践性于一体的关键课程和灵魂课程，具有显著的思想性、政治性、科学性、理论性、实践性特征。习近平总书记在学校思想政治理论课教师座谈会上提出要坚持"八个相统一"的原则，要求将价值引领寓于知识传授和能力培养当中，教师用透彻的理论阐释，把道理讲清楚、讲明白，为学生释疑解惑，对学生进行价值引领和思想引领，帮助学生行稳致远。

思想性指的是"人对更深的思想穿透、更宽的思想张力、更高的思想境界追求的性质。思想性往往与人类的智慧、崇高、意义、价值等词汇联系在一起"①。思想政治理论课的思想性，就是要帮助学生从整体上科学认识人与自然、社会和人自身的关系，帮助学生形成关于自然、社会和人生基本思想原则和根本思想方法，将马克思主义世界观和方法论传递给学生，让学生掌握马克思主义基本原理、观点和方法，并自觉将其当作思想武器和思维利器，自觉抵制唯心主义和形而上学的侵蚀，分析和解决生活、工作中遇到的问题。"思想道德与法治"课是运用马克思主义基本理论、基本原则和基本方法去分析和协调人与自然、人与社会、人与集体、人与国家、人与自身的关系，提升自己的思想境界和道德水准，符合一定时代国家所倡导的主流意识形态和价值追求。

政治性是指人解决自己社会性存在、社会性冲突和社会性发展的基本性质，往往和人类的群居性、社会性、互助性、合作性、妥协性等词汇联系在一起的。高职院校思想政治理论课政治性主要表现在以下两个方面。一是要在教学中通过教学解释社会政治现象，揭示社会现象背后的政治本质，引导学生探索人类社会政治发展规律，树立正确的政治评价标准；二是要在教学中，引导学生学会运用科学的政治学理论，分析政治现实，提高政治鉴别能力，认清自身肩负的政治使命，坚持马克思主义基本立场，坚决抵制政治立场模糊、政治价值中立的观点。"思想道德与法治"课运用辩证唯物主义和历史唯物主义基本观点，系统阐释在社会主义社会，尤其是在中国特色社会主义新时代，人应该如何处

---

① 曾获，黄齐.论高校思想政治理论课的基本性质[J].思想政治教育研究，2015（2）：43-46.

理人与自然、人与社会、人与集体、人与国家、人与自身的关系，从实现中华民族伟大复兴中国梦出发，引导大学生树立远大理想，确立正确的政治方向，把握人生航向，成为堪当民族复兴大任的时代新人，让青春在为国家、为民族、为人民、为人类的不懈奋斗中绽放风采。

科学性就是主观符合客观实际的真实属性，是主观认识与客观实际能够实现具体统一的属性。"思想道德与法治"课主要阐释进入中国特色社会主义新时代，人们应该如何处理人与自然、人与社会、人与集体、人与国家、人与世界、人与自身的关系的科学理论，从而引导青年学生形成科学的世界观、人生观和价值观，把理想信念建立在对思想道德和法治理论的科学认知和理性认同上，建立在对历史规律的正确认识上，建立在对基本国情的准确把握上。唯有如此，青年学生才能对理想信念、道德追求和法治素养等保持激情和执着，才能将实现中华民族伟大复兴的中国梦这一历史使命内化为担当的自觉，外化为实际的行动。

理论性是指"人在认识活动中所具有的以概念、判断、推理等逻辑形式，对认识对象进行本质性、规律性、系统性的反映，对认识对象进行深入探究的性质"[①]，往往与理性、逻辑、研究、理性等词汇联系在一起。思想政治理论课理论性要求主要表现在以下两个方面：一是对大学生进行学科意识、学科方法等思维方式的训练和课程观的培养，形成马克思主义理论和思想政治教育学科的思维方式。二是对学生进行基本的哲学社会科学基本理论的教育，阐释思想政治教育领域基本的学科概念和学科理论，引导学生掌握人类思想政治现象内在本质和内在规律。"思想道德与法治"课具有深厚的理论学科属性，是政治学、伦理学、教育学、法学、社会学、哲学等学科的综合运用，是运用马克思主义基本立场、观点和方法在思想道德和法治教育领域的运用，具有深厚的理论学科属性。

实践性是马克思主义的鲜明属性，而思想政治理论课在本质上实践的。马克思主义唯物史观强调理论来源于实践，在实践中得以检验和发展。而理论创造是为了服务于现实，是为了解决和回应现实。"思想道德与法治"课不仅向学生阐释思想道德和法治现象，解决学生在思想道德和法治领域的困惑问题，而且引导学生运用马克思主义关于思想道德和法治领域的科学理论，武装头脑，

---

① 曾荻，黄齐. 论高校思想政治理论课的基本性质[J]. 思想政治教育研究，2015（2）：43-46.

指导思想道德和法治领域的实践，在改造主观世界的同时要改造客观世界，在改造客观世界的同时又改造主观世界，循环往复，不断提高自己的思想道德素质和法治素养。

"思想道德与法治"课具有思想性、政治性、科学性、理论性和实践性五种基本属性，在教学中必须处理好五者的关系，才能充分发挥课程在人才培养中的应有功能。"思想道德与法治"课是思想性、政治性、科学性、理论性和实践性的有机统一，但五者并不是等量齐观、平起平坐的关系。首先，从思想性和理论性的关系看，理论性居于从属地位，思想性处于主导地位。师者，传道、授业、解惑也，"思想道德与法治"课教学主要要解的学生之惑，并非知识之惑，而是成长道路上的思想之惑、政治之惑、法治之惑。理论知识是基础，但不能仅仅停留在知识传授之上，应该寓价值引领于知识传授之中。知识为思想服务，对学生思想道德教育高于理论知识的传授。其次，从政治性和理论性的关系看，政治是方向，理论是基础，实践是中介。理论性为政治性提供学术支撑，政治性为理论性把握方向，实践是中介和桥梁。只有在教学中注重理论性，才有学术底蕴，教学才有理论支撑，说服才有力量；只有在教学中注重了政治性，以正确的政治方向引领理论教学，教学才不会偏离正确的轨道而走到邪路上去，只有注重实践性，才能做到知行合一。最后，从实践性与思想性、政治性、科学性和理论性来看，实践性是中介，是桥梁，理论性和科学性是基础，思想性和政治性是目的。因此，教学中要处理好思想性、政治性和科学性、理论性的关系，而且要注重政治性和科学性、理论性的统一，价值引领和知识传授、能力培养的统一，在教学中将正确的思想道德素质和正确的政治素质寓于理论知识的传授和能力培养之中，注重对学生的价值引领，在潜移默化中实现政治教育、道德教化和人格塑造。

二、打好健康成长的政治底色

高等职业教育是高等教育发展中的一个类型，肩负着面向生产、建设、管理、服务一线的高素质高技能技术人才的使命。"高职教育如何不辱使命，按照社会经济发展的客观要求，真正培养出高素质的高技能人才，是高职教育发展到质量提升阶段急需解决的问题。高技能人才不仅仅在经济社会发展中具有重要作用，同时本身也是体现我国工人阶级先进性的中坚力量，培养高技能人才就具有强化党的阶级基础的政治作用"①，也是当前提高职业教育适应性、满足相关利益主体需要的重要抓手。高职思想政治理论课是培养学生思想政治素质的主渠道、主阵地，高职院校培养的人才必须是为中华民族伟大复兴努力奋斗的人才，是中国特色社会主义事业的建设者和接班人，这种培养人才的价值取向就决定了高职学生不仅仅要有够用的理论知识和过硬的专业技能，还应该具有坚定的政治方向，高尚的道德情操，崇高的民族责任感、使命感，立志为社会主义现代化事业奉献聪明才智，挥洒青春热血。因此，高职院校在人才培养过程中，应该注重对学生的价值引领，引导学生听党话、跟党走，做时代新人，有效解决"培养什么人、如何培养人和为谁培养人"的根本问题。

习近平总书记在学校思想政治理论课教师座谈会上反复强调，"培养什么人、如何培养人、为谁培养人"是教育的根本任务，"培养什么人"是教育的首要问题。社会主义大学绝不能培养"长着中国脸、不是中国心、没有中国情、缺少中国味"的人，绝不能培养社会主义事业的掘墓人，绝不能培养没有担当精神的精致利己主义者。高职院校大学生自身的成长成才也需要将个人的前途命运同国家和民族前途、命运紧密结合起来，在为国家和民族的前途和命运的奋斗和奉献中建功立业。高职院校思想政治理论课在推动马克思主义大众化进程中对大学生起着价值引领作用，引导大学生用中国化的马克思主义，尤其是用习近平新时代中国特色社会主义思想武装自己头脑，自觉培育和践行社会主义核心价值观，树立科学的世界观、人生观和价值观，明是非，知荣辱，做为社会主义事业不断奉献的奋斗者。

欲成才，先成人，立德树人最首要的就是培养有德之人。爱因斯坦曾说："用专业知识教育人是不够的，通过专业教育，他可以成为一个有用的机器，但是不能成为一个和谐发展的人。"②无才无德是废品，有德无才是半成品，有才无德是危险品，有德有才是精品。民族复兴、国家富强，需要的是一大批德才兼备的人。在思想政治理论课教育教学中，运用马克思主义来分析社会现状，旗帜鲜明地表明我们提倡什么、反对什么，用科学的世界观、人生观和价值观来引导高职大学生，满足高职大学生的精神需求，丰富当代大学生的精神世界，在多元多样多变的纷繁复杂的社会中，不迷失前进的方向，找准自己前行的路。

---

① 王学利. 高职思想政治理论课专题化教学新论[M]. 北京：光明日报出版社，2013：18.
② 何群. 重读爱因斯坦教育声明[N]. 中国教育报，2019-09-12（5）.

教学中引导学生自觉践行社会主义核心价值观，倡导富强、民主、文明、和谐，倡导自由、平等、公正、法治，倡导爱国、敬业、诚信、友善，弘扬中华传统美德，引领全体学生树立正确的世界观、人生观和价值观。教学中可以用马克思主义中国化最新理论成果和中国特色社会主义事业取得的丰硕成果，引导学生对中国特色社会主义的理论认同、道路认同和制度认同，用中国梦激励学生，引导学生自觉担当民族复兴大任，进一步坚定走中国特色社会主义道路、实现民族复兴的理想和信念。

"思想道德与法治"课的教学内容主要是以培育和践行社会主义核心价值观为主线，系统阐释人与自然、人与社会、人与集体、人与国家、人与世界、人与自身关系问题，解决青年学生成长过程中的思想道德和法治问题，对青年学生开展马克思主义的人生观、价值观、道德观、法治观教育，不断提升青年学生的思想道德素质和法治素养。通过"思想道德与法治"课的教学，打好助力青年行稳致远、健康成长的政治底色，引导当代青年增强做中国人的志气、骨气、底气，立大志、明大德、成大才、担大任，自觉认识到自己肩负的历史使命，不做中国特色社会主义事业的观望者、懈怠者、软弱者，而要做中国特色社会主义事业的建设者、奋斗者、拼搏者，不负时代、不负韶华，听党话、跟党走，在全面建设社会主义现代化国家的新征程中，努力成为堪当民族大任的时代新人，以青春之我、奋斗之我，为民族复兴铺路架桥，为祖国建设添砖加瓦，在开拓人生、奉献社会的进程中书写无愧于时代的壮丽篇章。

第二节 能力本位是课程一体化教学设计的关键

习近平总书记强调："推动思想政治理论课改革创新，要不断增强思政课的思想性、理论性、亲和力和针对性。"[①]而要提高高职院校学生对思想政治理论课的亲和力和针对性，必须关注高职学生的生涯发展需要，遵循高职教育的内

---

① 习近平主持召开学校思想政治理论课教师座谈会强调 用新时代中国特色社会主义思想铸魂育人 贯彻党的教育方针落实立德树人根本任务[N]. 人民日报，2019-03-18（1）.

在规律，提高教学的针对性和实效性。为此，高职院校思想政治理论课进行教学设计时，要关注以能力为本位的教育理念。

能力本位的教育思想形成于 20 世纪六七十年代的美国，20 世纪八九十年代逐渐推广到欧洲和澳大利亚，20 世纪 90 年代初期由加拿大引荐登陆中国。同时期我国职业教育也借鉴德国的"双元制"、模块式技能培训（MES）等，这些职业教育理论都强调以能力的培养作为教学的中心或者最基本的归宿。于是国内把国外这些教学模式或者理论统称为"能力本位"。能力本位教育教学设计是对教什么（课程、内容等）和如何教（组织、方法、教学媒体的使用等）的一种操作方案，是以从事某一具体职业所必须具备的能力为出发点来确定培养目标，设计教学内容、方法和过程，评估教学效果的一种教学思想与实践模式。由于能力本位职业教育理论显著的优越性以及与高职院校办学定位与人才培养规格的适切性，引发广泛关注，逐渐成为引领高职教育课程改革的主要思潮。借鉴能力本位的教学理念，进行高职院校思想政治理论课教学设计，有助于增强教学的针对性和实效性。

一、突出能力本位，是适应高等职业教育规律的要求

思想政治理论课是大学生的必修课，是帮助大学生树立正确的世界观、人生观和价值观的重要途径，担负着培养社会主义事业接班人和建设者的重任，具有共同性和要求。但"实践证明，不把握同一课程在不同类型、不同层次院校的具体定位和具体要求，简单地追求统一要求和千篇一律，课程建设与改革将毫无特色，也收效甚微"[①]。社会主义事业接班人和建设者的内涵，在不同层次和类型的学校是不同的。

高职院校思想政治理论课是根植于职业教育这片沃土之中，为培养高素质技术技能型人才服务的，必然要遵循职业教育发展规律，彰显职业教育特色。高职教育强调以服务为宗旨，以就业为导向、以能力为本位的办学方针，主要面向生产、建设、管理、服务一线，培养服务区域发展的高素质技术技能人才，重点服务企业特别是中小微企业的技术研发和产品升级。以服务为

---

① 陈春莲. 关于高职院校"基础"课改革与建设若干问题的思考[J]. 思想理论教育导刊，2010（4）：59-63.

宗旨，就是强调职业教育通过培养地方和企业需要的合格人才，提升学生职业能力，来服务区域经济社会发展或者产业、企业的发展。以就业为导向，就是要求职业教育要对接产业发展，根据行业企业的要求，校企共同研究制定人才培养方案，及时将新技术、新工艺、新规范纳入教学标准和教学内容，切实提高学生素质和能力，培养"下得去、留得住、上得来"的高素质技术技能人才。以能力为本位，就是围绕职业活动中需要的实际能力，以职业分析为基础组织课程、开展教学、进行评价的教育理念，以全面分析职业活动中从业者的活动内容、素质要求为出发点，以提高学生完成工作任务所需要的能力为基本原则，强调学生在学习过程中的主体地位，使学生具备从事某一种职业所必需的实际能力。

职业教育突出能力本位，就是在教育教学中要强调学生完成某种职业活动必须具备的能力，一般包括专业能力、方法能力、社会能力。专业能力是指具备从事职业活动所需要的技能与其相应的知识，包括单项的技能与知识，综合的技能与知识。专业能力是基础生存能力，它是劳动者胜任职业工作、赖以生存的核心本领，对专业能力的要求是合理的知能结构，强调专业的应用性、针对性。方法能力是指具备从事职业活动所需要的工作方法和学习方法，包括制定工作计划的步骤、解决实际问题的思路、独立学习新技术的方法、评估工作结果的方式等，要求学生要学会学习、学会工作，养成科学的思维习惯。社会能力主要是指一个人的团队协作能力、人际交往和善于沟通的能力。在工作中能够协同他人共同完成工作，对他人公正宽容，具有准确裁定事物的判断力和自律能力等，这是岗位胜任和在工作中开拓进取的重要条件。方法能力和社会能力又称为通用职业能力或者关键能力，它超越职业技能和职业知识的范畴，是一种可以迁移的、对劳动者的未来发展起关键作用的能力，与纯粹的专业职业技能和职业知识没有直接关系，是从业者不管从事什么行业、什么岗位都要求具备的能力素质。

一门课程的教学脱离人才培养规格和培养目标来进行教学设计、组织教学实施，都是没有生命力的。基于高职院校人才培养目标和办学理念，强调理论够用、知识必需，在有限的时间内，进行更多的岗位实习和项目实践，强调做中学、学中做，把零散的知识、技术转化为实践操作能力。在高职院校，"思想道德与法治"课的教学目标，不能脱离高职人才培养规格，否则教学将成为空中楼阁，不符合高职人才培养实际。"思想道德与法治"课的教学实施，必须契合高职办学理念与教学模式，立足能力本位，让思想政治理论课具有高职的特点，符合学生的思维特征，创新教学模式和教学方法，使教学更加贴近学生，更加具有亲和力。在"思想道德与法治"课的教学中，既要讲清楚马克思主义相关知识，又要提高学生运用马克思主义相关理论分析问题、解决问题的能力。

二、突出能力本位，是提高高职院校思政课实效性的需要

"因事而化、因时而进、因势而新"是思想政治教育工作的时代要求，"贴近学生、贴近社会、贴近生活"是提升高职院校思想政治理论课实效性的神兵利器。新时代职业教育承担新的使命，对高职院校思想政治理论课也提出新的期待。如何遵循高职教育规律，贴近高职学生实际开展教学设计，进行教学实施，可以有效提升思想政治理论课教学的亲和力和实效性。

习近平总书记多次强调，思想政治理论课要在改革中加强，创新中提高，不断提升思想政治理论课的思想性、理论性和亲和力、实效性，让学生对思想政治理论课真心喜欢和终身受益。《中共中央宣传部　教育部关于进一步加强和改进高等学校思想政治理论课的意见》（教社政〔2005〕5号）实施以来，各高校从课程建设的顶层设计到教师队伍的素质提升，从教学配方的科学创新到教学手段的工艺创新，进行了大量的实践探索，积累了大量行之有效的教学经验。高职院校思想政治理论课课程建设取得巨大进展的同时，我们依然发现部分高职院校思想政治理论课教学效果不是非常理想，很多高职学生觉得思想政治理论课对自己帮助不大，枯燥无趣，严重影响了高职思想政治理论课的教学实效。在日益激烈的竞争压力下，高职学生在一定程度上存在"对我有没有用"的功利之心。

在高职院校"思想道德与法治"课的教学中如何突出能力本位理念，以提升学生职业素养、增强学生就业竞争力为着力点，既要通过"思想道德与法治"课的教学对学生实施价值引领，提升高职学生的思想政治素质、道德素质和法治素养，又要通过"思想道德与法治"课的教学贯彻能力本位理念，提升学生思想道德和法治的践行能力和核心职业素养。所以，要从教学目标、内容体系、教学策略、质量评价等维度对"思想道德与法治"课进行教学设计和改革创新，

切实提高"思想道德与法治"课教学的针对性和实效性，让高职学生切实感受到思想政治理论课对自己健康发展和生涯发展的有用性。

教学目标是教学设计系列活动的起点，也是教学设计活动的目的和归宿。高职院校思想政治理论课既要对大学生进行系统的马克思主义理论教育，用习近平新时代中国特色社会主义思想武装头脑，积极践行社会主义核心价值观，倡导富强、民主、文明、和谐，倡导自由、平等、公正、法治，倡导爱国、敬业、诚信、友善，为学生提供正确的价值导向，弘扬以爱国主义为核心的民族精神和以改革创新为核心的时代精神为内核的中国精神，提高高职学生的思想政治素质；又要以政治成长引领知识增长，通过"思想道德与法治"课的教学，引导学生立大志、明大德、成大才、担大任，增强学生为实现民族复兴和国家富强中国梦努力奋斗的使命感和责任感，懂得个人的前途命运和国家的前途命运是紧密相连的。所以高职院校思想政治理论课还需要通过教学着力培养以爱岗敬业、诚实守信为主要内容的职业道德，着力培养以乐于奉献、团结协作为主要特征的职业意识，着力培养以善于沟通、敢于担当为主要内涵的职业行为习惯，从职业理想、职业规范和工作价值观等方面对学生进行职前培育，让他们明白自己未来在社会上和企业中应承担的角色、应负的责任和应尽的义务，使他们具备诚实守信的品质、爱岗敬业的精神、良好的责任意识和遵纪守法意识，以满足经济社会发展的需要。

合理安排教学内容是教学设计的中心环节，是开展教学实施的配方。高职院校"思想道德与法治"课教学应该本着掌握基本理论、突出职业性特点、教学做合一的原则，将教材重点教学内容与贴近学生实际、充满高职特色、时代气息、贴近本土文化的鲜活教学素材有机整合起来，促进教材体系向教学体系转化，力求体现科学性与创新性、理性思辨与感性体悟相结合，实现理论教学与实践教学的一体化，充分彰显高职院校"思想道德与法治"课的时代性、职业性特征，是提高课程教学实效的科学配方。

精心选择教学策略是教学设计的工艺系统，是关乎课程"口感"的关键。完成教学任务，实现教学目标可以看成是"过河"，而完成任务的方法路径则可以看成是"造船"或者"搭桥"的过程。"思想道德与法治"课的教材内容大多是通过文件化语言来表述的，尽管准确，但与学生习惯的接受方式相去甚远，难以引起学生共鸣。精心选择教学策略和教学手段，可以让课程工艺精湛、包装时尚，"口感"良好。因此，在教学实施中，一要有问题意识，准确把握学生思想的困惑点，提高学生运用马克思主义基本立场、观点、方法分析问题、解决问题的能力。在教学中，设计问题以贯穿授课过程的始终，以问题的解决来推动教学过程，实现教学目标。采用发问式、对话式、启发式等教学方法，在师生互动中展开教学，精心选择各种事例来阐释理论，运用理论来解决现实问题。二要充分满足学生就业的优势需求，提升职业素养，弥补就业竞争、职场发展的短板。可以采用任务驱动式、情景模拟等教学方法，营造生动的教学情境，形成自我学习、团队协作、与人沟通、信息处理、发现问题、分析问题和处理问题的能力。

科学的教学质量评价是教学设计的反馈保障系统。教学质量评价是教学设计的重要组成部分，是利用科学的评价方法和技术对教学过程和效果给予的实态把握和价值判断。教学质量评价的结果与教学目标对照，可以找到成功和不足之处，反馈给内容体系和教学策略设计环节，并加以改进，形成教学设计的闭环系统，有助于保障教学的方向性，提高教学质量。评价以职业素养为导向的思想政治理论课教学设计的效果如何，应该从学生的"学"、教师的"教"和学校的"管"三个维度进行考量。学生的"学"主要从知识掌握、能力提高（诸如思想政治素质、环境适应能力、学习创新能力、职业道德、敬业精神、人际沟通能力等）、学生品德的养成和行为的表现进行综合评判；从课堂教学、课外辅导和为人师表三个方面对教师的"教"进行评价，重点考核教师的教学态度是否端正、教学基本功是否扎实、教学内容的取舍是否可行、教学方法是否科学、课后辅导是否负责，考核教师的教学设计是否有利于学生的职业核心能力的训练等内容；从对教师的教学设计理念、集体备课的组织等方面考核学校的"管"是否科学有效。这三者构成了思想政治理论课教学设计的三维客体评价指标体系，力争全息、多维地反映应用型高校思想政治理论课的教学设计是否科学，运转是否顺畅，是否有助于"提高学生的职业素养，培养社会主义事业的建设者和接班人"的课程宗旨的实现。

三、突出能力本位，是满足高职学生生涯发展的需要

提到高等职业教育，大家首先就会想到服务经济社会发展的功能，但高等教育的首要目的是培养人。其实服务经济社会发展，往往也是通过培养高素质技术技能性人才来实现的。"高等职业教育要实现培养'人'的目标，而不是塑

造完成某个项目或任务的工具，就要回归教育的本质，实施素质教育，培养高素质的技能型人才"①。其实，促进学生的生涯发展，培养优秀校友，是衡量一所高校办学质量高低的重要指标。高等职业院校在办学过程中，要突出能力本位，提升学生的职业素养，考虑高职生的全面可持续发展，促进其生涯发展。但"当前的高职教学无论从课程目标的确立到课程内容的选择再到课程价值的取向，无不体现着局限于人的就业能力的培养，局限于人的生产、工作所需要的技能，表现出强烈的工具主义倾向"②。从每年的学生座谈中可以得知，学生对"思想道德与法治"课教学最大的期望是学习后能否给自己带来实实在在的收获，既希望能给自己的健康成长打好政治底色，又希望能够对自己的就业、创业、生活等方面有切实的指导和帮助。为此，开展"思想道德与法治"课教学必须克服工具主义的倾向，注重学生综合职业能力的培养。用人单位不仅要求学生的专业理论基础要扎实，技能要娴熟，而且还要求学生具有良好的思想政治素质和良好的职业意识、职业道德、敬业精神和职业行为习惯等职业素养。因此，思想政治理论课作为对大学生实行思想政治教育的主渠道，既要培养学生运用马克思主义基本立场、观点、方法分析和解决实际问题的能力；又要从高职高专院校的教育对象实际出发，以职业素养为导向来开展教学设计，突出能力本位，提高学生的政策领悟能力、辩证思考的能力、口头表达沟通、书面表达能力等，逐渐提升其职场核心竞争力，弥补职业素养的短板，使其能够在激烈竞争的职场中"下得去、留得住、上得去"，促进学生生涯发展。

关注学生生涯发展需要，就应该突出能力本位，以学生发展为中心，全面提升学生的综合素质。高职院校坚持以就业为导向的教育类型，能力本位的教育理念是其课程建设的基本遵循。以能力本位理念对思想政治理论课的教学内容进行转化，其难点和关键就是确定科学的能力目标，然后进行高质量的教学实施。如"思想道德与法治"课，按照能力本位理念进行教学实施，就是从国家、社会对高职学生的要求出发，着眼学生的成长成才，聚焦学生的政治鉴别与政治抉择能力、道德认知与道德践行能力、责任担当与社会参与能力、理论思维与职业核心能力四大能力的培养，提高学生发现问题、分析问题、解决问

---

① 邹宏秋. 高职院校思想政治理论课教学模式研究[M]. 北京：中国金融出版社，2016：36.
② 魏启晋. 基于"能力本位"的高职思想政治理论课教学创新研究[M]. 北京：北京时代华文书局，2015：5.

题的能力，培养学生的理论思维品质，引导学生把握历史规律，准确认识社会与自我，培养积极乐观的人生态度，运用道德和法律规范调控自己的行为，逐渐成长为社会主义事业的合格建设者和可靠接班人。

促进学生生涯发展，需要提升政治鉴别与价值抉择能力。政治鉴别与价值抉择能力是指在重大政治方向、重大政治原则问题上能够明辨是非、科学抉择，自觉与党中央保持一致的能力和水平。当代高职学生思想政治素质总体状况是积极健康的，对主流思想价值文化具有高度思想认同，对中国特色社会主义道路、共同理想和基本政治制度也高度认同，对中国特色社会主义形成广泛的政治共识。但是当前世界处于大发展大变革大调整时期，我国全面深化改革也步入了深水区，深层次的社会矛盾和问题日益暴露，代表各种利益诉求的社会思潮空前活跃，西方敌对势力也加紧实施西化、分化的图谋，新自由主义、民主社会主义、普世价值论、历史虚无主义等错误思潮交互激荡，意识形态领域的斗争复杂而激烈。高等学校又是思想较为活跃，各种社会思潮交互碰撞较为集中的地方，高职学生涉世未深，缺乏科学理性的辨别能力，容易成为社会思潮的易感人群，造成他们诸多的理论理解困惑、思想道德困惑和价值抉择困惑。为此，在"思想道德与法治"课的教学中，要积极面对改革开放和社会主义市场经济条件下思想意识多元多样多变的新特点，要积极面对世界范围内思想文化交流交融交锋下价值观较量的新态势，要锚定中华民族伟大复兴的目标，立足"百年未有之大变局"的现实，坚定政治立场，保持政治定力，深刻理解中国梦是国家的、民族的梦，也是每一个中国人自己的梦，要教育引导青年学生，心怀"国之大者"，在中国特色社会主义新时代，接过历史的接力棒，踔厉奋发，勇毅前行，为实现民族复兴的历史宏愿矢志不渝，用臂膀扛起如山的责任，用青春和汗水创造新的奇迹。

促进学生生涯发展，需要提升道德认知与道德践行能力。道德认知与道德践行能力是运用马克思主义的立场、观点和方法，分析纷繁复杂的道德现象，并把学习与践履结合起来，把学习规范与遵守规范结合起来，在道德践行中不断提高思想道德素质。道德是处理个人与他人、个人与社会之间关系的行为规范及实现自律完善的一种重要的精神力量，对社会意识形态的发展、社会秩序的维护、促进人的全面发展具有重要的意义。当前，高职学生自觉践行社会主义核心价值观，思想道德水平较高，道德行为表现良好。但面对西方文化和道德观念的侵袭，部分学生缺乏正确判断，茫然无措，对奉献与索取、拼搏与享受的认知不太清晰，个人本位主义倾向明显，部分学生缺乏艰苦奋斗精神，存在"精致的利己主义"意识。"思想道德与法治"课具有深厚的理论学科属性和显著的知行合一属性等重要特征，具有人文素养的提升功能，能够让学生学习道德理论，继承和弘扬中华优秀传统美德和中国革命道德，培养正确的道德判断能力，增强道德责任感，提高道德践行能力，锤炼良好的道德品质。通过将"思想道德与法治"课的教学和日常的思想政治教育相结合，引导学生通过个人主观努力和亲身实践，在学中做，在做中学，学以致用，掌握基本的道德理论，确立爱国、敬业、诚信、友善的价值取向，在社会公德、职业道德、家庭美德和个人品德等方面树立基本的道德规范和价值追求，加强自我教育和自我约束，防微杜渐，不断提高道德认知与道德践行的能力，不断提高思想道德素质。

促进学生生涯发展，需要提升责任担当与社会参与能力。天下兴亡、匹夫有责。责任担当与社会参与能力主要指是大学生对社会责任的深刻认知和特殊情感认同，自觉参与凝聚社会正能量、促进社会发展活动的坚决态度及履职尽责能力。大学生担当意识，关乎国家和民族的未来。2014年，习近平总书记在北京大学师生座谈会上说"建设富强民主文明和谐的社会主义现代化国家，是我们的目标，也是我们的责任，是我们对中华民族的责任，对前人的责任，对后人的责任"[①]。综观当前大学生的责任担当与社会参与能力，主流现状是积极向上的，政治主体意识日益增强，展现出的强烈社会责任担当意识，符合社会主流价值期待，他们高度关注时政发展和国家社会的发展，关注国家大政方针的走向，政治参与政治表达意愿强烈，积极参加诸如疫情防控、乡村振兴、抗震救灾、山区支教、社区治理、生态保护、文明劝导等相关志愿活动，但不可忽略的是仍有部分青年学生对社会责任感意识模糊，公民意识缺乏，社会参与意愿不强，也有一部分青年学生对社会责任感的理解比较模糊，想付诸行动，却无从入手，知道应该履行社会责任，但对自己的权利、义务认识模糊。通过"思想道德与法治"课的教学，强化学生责任担当意识，引导大学生联系国家和社会日新月异的深刻变化，加强大学生的理想和信仰教育，引导大学生深刻体会个人在社会发展中的责任和使命，明确自己享有的权利和承担的义务。遵循大学生身心发展规律，释疑解惑，准确定位和规划人生，积极参与社会活动，

---

① 习近平. 青年要自觉践行社会主义核心价值观——在北京大学师生座谈会上的讲话[M]. 北京：人民出版社，2014：6.

自觉履行社会责任。

促进学生生涯发展，需要提升理论思维与职业核心能力。高等职业教育以服务为宗旨，以就业为导向，以能力为本位，面向生产、服务、建设、管理一线培养高素质高技术的应用型人才。其中的"高素质"不仅体现在专业知识和专业技能上，还应该体现在理论思维和职业核心能力上，以服务于学生未来长远发展。理论思维与职业核心能力是高职学生顺利入职，在职场站稳脚跟、取得发展的关键能力。在产业转型升级、职业不断变换的背景下，高职学生不仅要具备当前就业上岗的基本理论知识、基本技能，还要具有适应日后劳动力结构重新调整而引发的岗位变更的迁移能力、职业岗位内涵升级的自我更新能力、适应未来社会发展的创业能力以及基本的逻辑思维能力。在"思想道德与法治"课的教学中，借鉴能力本位的职业教育理念，遵循产教融合、工学结合路径，创新"做中学""学中做""做中教"的教学体系，采用行动导向、任务驱动、翻转课堂、项目教学、问题互动探究等教学模式和教学方法，让学生不再是教学的观众，而是演员，成为学习的主体，让学生开动脑筋，组成团队，合作完成相应的学习任务，在行动中训练思维，提高综合职业能力，为生涯发展奠定坚实基础。

第三节　智慧思政是课程一体化教学设计的路径

新一代信息技术尤其是人工智能技术的发展，不仅深刻影响了人们的生活方式和思维方式，而且对教育产生了革命性的影响。为增强高职院校思想政治理论课的时代感、吸引力和实效性，推动思想政治理论课教育教学与现代信息技术高度融合创新势在必行。现代信息技术尤其是人工智能技术与思想政治理论课教学的融合创新，既可充分发挥现代信息技术在思想政治教育中的引领作用，又可推动思想政治理论教育教学传统优势实现迭代升级。因此，在"思想道德与法治"课的教育教学中，要注重现代信息技术尤其是人工智能技术的有效支撑和驱动赋能的功能，来提升教学的亲和力、针对性、实效性，提高思想政治理论课的教学质量。

一、现代信息技术驱动课程建设

1. 人工智能时代给课程建设提出新要求

人类社会正在进入智能时代。人工智能的提出最早可以追溯到 1956 年的达特茅斯会议，会上对人工智能进行了界定，提出人工智能就是要让机器的行为看起来就像是人所表现出来的行为一样。在人工智能时代来临的深刻背景下，新一代信息技术的发展不仅影响着人类的生活方式，也为中国教育带来了新的发展契机。近年来，随着《国务院关于印发新一代人工智能发展规划的通知》《高等学校人工智能创新行动计划》《中国教育现代化 2035》等系列文件的相继颁布，人工智能与教育领域的结合也日益紧密，以教育信息化支撑和引领教育现代化成为必然趋势，对各高校能否紧跟技术发展前沿、提高科技创新能力和人才培养质量提出了新的要求。

习近平总书记在 2019 年学校思想政治理论课教师座谈会上指出，思政课是落实立德树人根本任务的关键课程，思政课作用不可替代，思政课教师责任重大[①]。同时反复强调思政课建设要因事而化、因时而进、因势而新，不断增强思政课的思想性、理论性和亲和力、针对性的统一。人工智能时代的到来，使思想政治教育的发展范式和创新路径受到技术化的制约和选择，数字化、网络化、智能化不仅是新一轮科技革命的突出特征，而且为加强和改进思想政治教育开启了重大的时代课题，即通过"人—机—环境"交互设计，创设不同话语场域的教学情境，实现从"被动学习、权威认同"向"协同创新、交互认同"转型，打造智慧课堂，实现教育方式的迭代升级。"大、智、物、云"等新一代信息技术给"思想道德与法治"课插上智慧思政和教学改革的翅膀，推动"思想道德与法治"课的信息化改革。

2. 新一代信息技术推动"思想道德与法治"课教学改革

思想政治工作要因事而化、因时而进、因势而新，要运用新媒体新技术使工作"活"起来，推动思想政治工作传统优势同信息技术高度融合，增强时代感和吸引力，增强教学的亲和力、针对性的统一，不断提高教学的实效性和学生的获得感。教育部颁布的《职业教育提质培优行动计划（2020—2023 年）》提

---

① 习近平. 思政课是落实立德树人根本任务的关键课程[J]. 求是，2020（17）.

出，要育人为本、质量为先，要推动信息技术与教育教学深度融合，创新职业学校思想政治教育模式，提升课程教学质量和职业教育信息化建设水平。中共中央办公厅、国务院办公厅印发的《关于深化新时代学校思想政治理论课改革创新的若干意见》明确提出，要坚持问题导向和目标导向相结合，注重推动思政课建设内涵发展，全面提升学生身心素质，注重理论素养，实现知、情、意、行的统一；要大力推进思政课教学方法改革，提升思政课教师信息化能力素养，推动人工智能等现代信息技术在思政课教学中应用，建设一批国家级虚拟仿真思政课体验教学中心。"思想道德与法治"课智慧课堂与传统课堂的教学相比，具有以下的特点：信息共享的程度高，实时性好；数字化的保存方式，方便快捷，连续性强，储存量大；信息流动性比较好，可以双向交互，完整性好；能系统、全面地、准确地反映信息全过程。

3. 新一代信息技术改变"思想道德与法治"课传统印象

长期以来，思想政治理论课存在艰涩深奥和严肃无趣等"刻板印象"，人到心不到成为思政课"难以言说的痛点"。"思想道德与法治"课内容多、理论性强，比较抽象，在讲准知识的基础上要讲深讲透讲活，很难，而要让学生饶有兴趣的主动学习、准确把握也有难度。根据"00后"学生的学习方式和学习规律，采用数字化、网络化、智能化、个性化技术让学生积极参与思政课教学，在智慧课堂上积极思考、主动参与，课后可以在网络上自主地进行智慧学习，充分发挥MOOCs、SPOCs、微课在改革课堂教学模式、突破教学时空限制、实现优质资源共享方面的作用，让思政教育入耳入脑入心。扫除大学生成长成才过程中的烦恼，培养充满正能量的高技能应用型人才，是高职教育的目标。高职院校"思想道德与法治课融入信息化教学，可以克服传统思政课的刻板印象，在有亲和力的引导中"润物有声"，潜移默化地影响学生的思维方式，提升其是非判断能力。

二、新一代信息技术在课程建设中的运用

1. 创新智慧思政教学新模式

习近平总书记强调，"大思政课"我们要善用之[①]。如何以"大思政课"建

---

① 杜尚泽. "'大思政课'我们要善用之"[N]. 人民日报·海外版，2021-03-07（1）.

设的视野，运用现代信息技术，将鲜活、丰富、亲和的红色育人资源引入教学，有效推动智慧思政教学模式的创新和"思想道德与法治"课的信息化教学改革，一直是我们思考的问题。从教学环境、教学方法、教师信息素养、教学评价等方面协同创新，整体创新"思想道德与法治"课智慧课堂教学模式，构建"一线穿、巧设计"的教学体系（"一线穿"是指教学内容、教学资源要和智慧教学空间相适配的一线贯穿），探索线上与线下"两面引、妙引线"的混合式教学方法（"两面引"是指线上与线下两面引导师生进行智慧教学和智慧学习），创新"教师讲授+虚拟仿真技术+交互体验+任务考核"的"四联动"智慧教学流程，打造"三课堂、精育人"的理论智慧课堂、实践行走课堂和虚拟沉浸课堂，以此打通教育场域、串联教育内容，将"大思政课"鲜活、生动、丰富、亲和的教学资源引入校内思政小课堂，增加"思想道德与法治"课教学资源的有效供给，讲好中国共产党治国理政好故事，传播好中国好声音，推动思政课小课堂与社会大课堂相衔接、校园生活与社会生活相融合、教师主导与学生主体相联动，打造职业教育特色、内容新、课堂活、效果好的思政课。

2. 提升教师信息化教学能力

"培养什么人、如何培养人、为谁培养人"是教育的根本问题，但关键是"谁来培养人"。讲好思政课，关键在教师。思政课教师的教学能力的高低是影响思政课教学质量的重要因素，数字化教学资源的开发与建设，智慧思政教学模式和教学方法的创新都离不开教师的信息化能力和水平。近年来，思政课教师的教学能力有长足进步，但依然存在短板，尤其是教师的信息化教学能力。思政课教师整体发展状况离教育现代化和教育信息化仍有一定距离，教师信息化素养还有待提升。一是部分思政课教师提升自身信息化教学能力的主观动力不足。由于没有认识到思政课信息化教学的优势及对传统教学的颠覆，导致部分教师对智慧思政教学改革认识不足，参与教学改革的热情不高，也有部分教师限于固化的教学模式，不愿意主动改革，制约了信息化教学能力的提升。因此，要加强教师的信息化专题培训，把握智慧思政教学的基本原则和规范。

3. 建设数字化思政育人资源

提升"思想道德与法治"课的教学质量，需要鲜活丰富的教学资源尤其数字化教学资源。而建设数字化思政育人资源，要围绕"建设什么，如何建设"

的问题来思考。一是要厘清数字化资源的特征，以此建设高端资源库。从功能特征、技术特征、呈现样态等角度探索"大思政课"数字化教学资源的特征，解决"建设什么"的问题。数字化资源是经过数字化处理，可在网络环境下运行的多媒体教学材料，包括声音、文本、图形、图像、动画、音频、视频、VR/AR资源等颗粒化积件资源，以满足不同课程教学为需求而序化组合为课程教学组件资源。"大思政课"数字化教学资源具有网络化、智能化、数字化驱动的技术特征和颗粒化积件、结构化组件的样态特征，满足移动泛在学习要求，引导青年学生立大志、明大德、成大才、担大任，增强做中国人的志气、骨气、底气，铸就青年学生为实现中华民族伟大复兴中国梦的奋斗之魂，激发青年学生成为胸怀祖国、服务人民的时代新人的内驱力，引导青年学生成为"第二个百年奋斗目标"的追梦人。二是要推动数字化思政育人资源的建设。按照"颗粒化资源、结构化课程、系统化设计"的理念，推动信息技术与教育教学深度融合，以VR、AR等现代信息技术为表现方式，以颗粒化积件和结构化组件为呈现样态，建设具有地区特色、职教特色、时代特征、数字化特征的数字化教学资源库，解决"如何建设"的问题。以围绕习近平新时代中国特色社会主义思想"三进"为核心，以爱党、爱国、爱社会主义、爱人民、爱集体为主线，以中国共产党人精神谱系、红色文化资源、改革开放精神、爱国华侨华人爱乡报国、职业理想和职业道德五大数字化资源为主要内容，构建"一个核心、一条主线、五大内容供给"的"115""大思政课"数字化教学资源库的内容体系，把思政小课堂与社会大课堂结合起来，善用历史长河、时代大潮、全球风云中的鲜活素材、生动故事讲好"大思政课"，引导学生深刻理解中国共产党为什么"能"、马克思主义为什么"行"、中国特色社会主义为什么"好"，成为担当民族复兴大任的时代新人。

4. 打造数字马院教学平台

数字化教学资源要赋能"思想道德与法治"课教学，需要网络平台来运行，数字马院就应运而生了。一般说来，数字马院是高校马克思主义学院教学科研管理数字化信息平台的简称，对思想政治理论课课程建设、教学改革和教师成长至关重要。一般包括数字马院门户网站、实践教学管理平台、教师科研发展平台、思政资源中心功能模块。思想政治理论课政治性强、教学内容更新快、教学资源要求鲜活典型、上级要求和学生期待都很高，讲好思政课非常不容易。

因此，为推动思想政治理论课信息化教学改革，需要有丰富的数字化教学资源来支撑，而且还需要一个平台来承载功能化、模块化、条目化的数字化资源，便于教师根据教学科研的需要而快捷提取，也便于学生进行灵活方便的智慧学习。比如广州番禺职业技术学院数字马院是按照"资源集成+平台驱动"来构建的。近年来广州番禺职业技术学院马克思主义学院主要开发和建设了"职业理想和职业道德教育""爱国华侨华人文化虚拟仿真""广州红色文化资源""大湾区改革开放资源""长征虚拟仿真资源""习近平新时代中国特色社会主义思想教学资源""工匠精神虚拟仿真资源""中国共产党人精神谱系"等数字化资源，同时按照课程将资源功能化条目化，构成教学资源库，然后集成在线上云端，形成数字马院线上平台。通过虚拟仿真教学中心平台和智慧教室，把资源拷贝到教学计算机，打造线下沉浸式数字马院教学平台，推动"思想道德与法治"课智慧思政教学改革。

第四节　理实一体是课程一体化教学设计的特征

思想政治理论课教学，不仅要求学生掌握理论知识，而且要求知行合一。通过"思想道德与法治"课的教学，学生不仅要掌握思想政治与法律的基本理论，而且要让青年学生在实践中升华思想境界，铸造优良思想品德，教育引导学生成为有大爱、大德，大情怀的人。要达成这些目标，应该采用理实一体的教学模式，对其进行理论和实践一体化的教学设计。

一、理实一体教学设计的基本原则

1. 在课程定位上体现养成性

在"思想道德与法治"课的教学改革实践中，要始终遵循学生思想政治素养养成和学生成长成才的基本规律，提高学生的思想道德素质和法治素养。首先，通过理论教学，让学生掌握基本的政治理论知识和马克思主义中国化理论成果，提升理论素养。其次，要通过实践教学环节，让学生做中学、学中做，运用所学的政治理论知识分析问题、解决问题，在实践中感悟"四个自信"，强化"四个意识"，切实做到"两个维护"。同时，引导学生领悟人生真谛、把稳人生航向，追求远大理想、坚定崇高信念，继承优良传统、弘扬中国精神，遵守道德规范、锤炼道德品格，养成法治思维，自觉尊法守法用法。

2. 在内容设计上体现职业性

为提高教学的针对性和实效性，"思想道德与法治"课的内容设计上要充分考虑学生的诉求，职业院校的学生希望课程学习对自己一生的健康成长和生涯发展有切实帮助。因此在内容设计上要结合职业院校办学模式、教学模式来谋划，要与学生不同阶段的专业教学、学习环境和实践场所相吻合。针对具体的职业岗位，开展思想政治教育，更有利于培养高职院校学生的政治素养，提高学生的政治能力，树立良好的人生价值观和职业观。

3. 在教育方式上体现实践性

要突出社会实践教育，善用"大思政课"，采用数字化、智能化技术手段，将"大思政课"资源引进来，进教材、进课堂、进头脑；同时也创造条件，让学生走出校园，走进社会，增加社会阅历，增见识长才干，体现实践性。"思想道德与法治"课中的不同教学专题要通过"实践探究""行动体验""走进企业""走进生活""走进社会""劳动教育""求职面试"等教育活动形式，把课堂延伸到社会，做到课内课外相结合，校内校外相结合，品德养成和职业教育相结合，做到知行统一，体现了贴近生活、贴近学生情感、贴近高职学生思想实际、贴近职业教育实际的原则，使学生养成知行合一的品格。

4. 在教育过程中体现体验性

德育活动要注重在实践活动过程中强化学生的体验性教育，注重情感体验和道德体验的内化，让学生走出课堂，体验生活、体验社会、体验职业岗位，让学生在体验中受教育、感悟并养成优良品质。通过行动体验等教育形式，使学生体验到现实生活的真、善、美，假、恶、丑，体验到自己在社会中应担负的责任和使命，从而达到由感性到理性化认识的升华，培养学生的道德思维和价值判断能力。

二、理实一体教学设计的内容安排

"思想道德与法治"课以提升学生思想道德素质和法治素养为主题，以培育和践行社会主义核心价值观为主线，从理论与实践、认知与践行的统一的维度，将五个模块的教学内容整合为二十三个教学专题，系统开展马克思主义的人生观、价值观、道德观和法治观教育，帮助青年学生提升思想道德素质和法治素养，成长为自觉担当民族复兴大任的时代新人。为了有效达成课程教学目标，对教学内容进理论教学专题和实践教学专题进行设计。

1. 理论教学模块设计

在课堂教学模块中，将教材内容整合为"把握时代方位""人生价值教育""理想情操教育""道德品质教育""法治素养教育"五个教学模块，同时再进一步细分，将教学内容整合成"迈进新时代 肩负新使命""把握人生要义 领悟人生真谛""追求正确人生 避免人生误区""创造人生价值 成就出彩人生""明确价值要求 树立价值自信""扣好人生扣子 做可靠接班人""坚定理想信念 补足精神之钙""树立崇高理想 坚定信仰之基""放飞青春梦想 实现复兴之梦""学习中国精神 弘扬兴国之魂""弘扬民族精神 践行爱国之责""坚持时代精神 迸发创新之力""学习道德理论 倡导传统美德""传承革命道德 弘扬社会主义道德""遵守社会公德 争做合格公民""恪守职业道德 争做优秀员工""弘扬家庭美德 经营幸福人生""锤炼个人品德 提升道德修养""揭秘法的本质 掌握社会主义法""学习法治思想 坚持法治道路""维护宪法权威 弘扬宪法精神""培养法治思维 提升法治素养""行使法律权利 履行法律义务"共二十三个教学专题，创新教学模式，采用问题式讲授法、互动教学法、案例教学法、项目教学法等开展教学。

2. 实践教学主题设计

从课程教学的宗旨目标和高职学生的优势需求出发，贯彻"大思政课"要善用之的批示指示精神，结合学校育人载体和育人资源开展"思想道德与法治"课程的拓展式、体验式的实践教学主题设计。在实践教学模块中，由马克思主义学院牵头，整合校内外教学平台和教学资源，开展"铭记经典 传承红色文化——弘扬中国精神 坚定理想信念""博雅修身 规划职业生涯——适应大学生活 促进成长成才""服务社区 关心家乡建设——传承中华美德 践行核心价值""VR体验法治 提高法治素养——尊法守法用法 培养现代公民""根在番禺华人爱乡报国——沉浸体验华人华侨爱国主义教育基地"等主题实践活动，用好校内华人华侨爱国主义教育基地、思政课虚拟仿真教学中心和校外冼星海故居、广东革命博物馆、番禺博物馆等实践教学基地资源，开展体验式、沉浸式、拓展式等实践教学，将理论专题学习和校外实践拓展训练、网络 VR 虚拟沉浸体验和实践教学基地行走体验等方式，贯通课堂内外和学校内外，实现协同育人和实践育人。

三、理实一体教学设计的操作策略

理论教学专题化与实践教学社区化、网络化、体验化的操作策略，课堂教学始终是思想政治理论课教学的主要载体。课堂教学的质量高低关系到思想政治理论课的教学实效。课堂专题教学主要采用师生互动教学模式来进行，其操作策略的主要思想是：根据各章节的不同内容，结合学生的专业实际，秉承以教师为主导、学生为主体的教学理念，设计不同的教学方法，变传统的灌输式为参与式、体验式、讨论式的互动教学方法。如以学生为主体，开展演讲、课堂讨论、VR 体验、知识竞赛、视频观看等多形式的互动教学，采用多媒体课件、虚拟仿真技术，让贴近学生实际的鲜活内容进入课堂，在良性互动中领悟人生真谛，解决学生成长成才中遇到的问题。

在"思想道德与法治课"的教学中开展实践教学，符合思想政治理论课教学规律，是提高思想政治理论课的教学实效的重要途径，但让学生走出去，参与社会实践遭遇到实践教学基地建设不足、实践教学经费短缺、实践教学指导教师不足等"瓶颈"的制约，无法满足所有学生的教学需要。为此，要进行体制机制创新，广州番禺职业技术学院成立"领航学院"加大实践教学经费投入，运用现代信息技术，建立思政课虚拟仿真教学中心，聘请校外实践教学基地的相关专业人员为思政课校外指导教师。在实践教学中，将思想政治教育与学生的专业实践结合，加强职业素养训练，使思想政治教育与改善学业成绩、发展学生思维品质紧密联系，提高教学的针对性和实效性。

四、理实一体教学设计的注意事项

开展思政课理实一体教学设计，扩大了"思想道德与法治"课发挥作用的功能空间，突出了课程教学的职业性与时代性，提高了"思想道德与法治"课教育教学的针对性和实效性。

1. 成果导向，注意职业性和时代性

提高实效性，创新"思想道德与法治"课的教学模式，在安排实践教学模块时，要结合学生的专业特点进行设计，突出职业性特征，把服务、学习、教学结合起来，提高教学实效。同时设计实践教学主题时，要充分考虑教学主题的时代性和时政性，将党和国家当前关注的、实施的大政方针、重大项目与举措结合起来，让学生在冬奥精神、脱贫攻坚、乡村振兴中，感悟中国共产党的人民情怀和执政初心，不断培育和践行社会主义核心价值观，提升学生的思想道德与法律素养。

2. 统筹安排，兼顾教材的逻辑体系

"思想道德与法治"课是政治性和学理性的统一，有严密的逻辑体系。开展专题教学，优点是可以将知识点讲到讲透讲深，最大限度避免内容重复，缺点是容易忽略教材的整体逻辑性。理论专题教学内容既要根据"思想道德与法治"课的性质、任务及教材的基本内容，又要照顾学生的心理、专业实际，着眼于学生全面发展的需要。

3. 过程导向，完善教学考试评价机制

要以开放性、灵活性和实践性为标准，强调探索性、研究性、互动性学习，使知识的学习、技能的养成和素养的提高成为教师与学生共同参与、学校与社会互动解决问题的过程，其考核评价方式应注重过程性考核评价和增值性评价，体现开放性、互动性、多元性特点，对教学活动的各个环节都进行考核，引导学生在行动中成长，在反思中感悟。

附件：
1. 广州番禺职业技术学院"思想道德与法治"课程标准
2. 广州番禺职业技术学院"思想道德与法治"授课计划（2022—2023 学年第 1 学期）

附件1

广州番禺职业技术学院"思想道德与法治"
课程标准

课程名称：思想道德与法治　　课程代码：1100001G

开课部门：马克思主义学院　　适用对象（专业）：全校各专业通用

学时：54学时　　　　　　　　学分：3学分

参与制（修）企业：无　　　　课程类型：理实一体化

制（修）订人：×××　　　　制（修）订日期：××××年××月××日

审定人：×××　　　　　　　审定日期：××××年××月××日

一、课程定位

1. 课程性质

本课程是全校各专业开设的公共必修课，是一门融思想性、政治性、科学性、理论性、实践性于一体的思想政治理论课，是培养高职学生思想道德与法律基本素质的主干课程，也是学院培养学生职业核心能力的课程之一。

2. 课程作用

本课程坚持马克思主义的立场、观点和方法，以人生观、价值观、道德观和法治观教育为基本内容，综合运用相关学科知识，依据大学生成长的基本规律，有针对性地教育引导大学生培养良好的思想道德素质和法律素质，帮助学生明确自己的历史使命和成才目标，沿着正确的方向和道路健康成长，成长为自觉担当民族复兴大任的时代新人。

3. 课程衔接

本课程作为高职思想政治理论教育教学的第一门课程，为学生学习"毛泽东思想和中国特色社会主义理论体系概论""形势与政策""廉洁修身"等相关理论课程，奠定基本概念、理论和方法的基础。

二、教学设计思想

"思想道德与法治"的教学设计是贯彻落实教育部关于高校思想政治理论课"05方案"和《新时代高校思想政治理论课教学工作基本要求》的通知（教社科〔2018〕2号）文件的精神，结合学校中国特色高水平高职学校建设、专业和课程建设工作的要求进行课程设计的。本课程共 54 学时,共 3 学分,其中理论教学 46 学时,实践教学 8 学时。课程设计体现高校思想政治教育一般规律和高职教育特殊规律要求相结合的思想政治理论课教育思想,着眼高职人才培养目标和学生成为职业人才的发展需要,以分析解决学生成长成才过程中所遇到的问题、提升学生的思想政治、道德法律等人才必备素质为目的,推动大学生在职业劳动技能和职业劳动素质两个方面的全面均衡发展。

三、教学目标

"思想道德与法治"课程的总目标是立德树人,提高大学生的思想道德素质和法治素养。通过构建和实践"高职院校思想政治理论课致用模式",致力于以社会主义核心价值观为价值引领,在课堂内外,从内化于心、外化于行、互化于境、固化于文四个层次开展思政课教育,促成学生学以致用、明德致用,增强学生的获得感。通过"思想道德与法治"的系统教学,主要实现三大目标:

1. 知识目标

帮助学生领悟人生真谛,坚定理想信念,积极践行社会主义核心价值观,做新时代的忠诚爱国者和改革创新的生力军;有助于学生形成正确的道德认知,积极投身道德实践,做到明大德、守公德、严私德;有助于学生全面把握社会主义法律的本质、运行和体系,理解中国特色社会主义法治体系和法治道路的精髓,增进法治意识,养成法治思维方式。

2. 能力目标

帮助学生学会运用马克思主义的基本立场和方法,确立科学的世界观、人生观、价值观、道德观和法治观,将道德理论内化为自觉意识、形成为自身习惯、外化为自主行动,提高辨别、抵制各种错误思潮的能力,更好行使法律权利,履行法律义务,做到尊法学法守法用法。

3. 素质目标

培养学生的思想道德素质和法律素质,具备创新学习和终身学习的理念,使其成为优秀的职业劳动者,成为全面发展的中国特色社会主义事业的合格建设者和可靠接班人。

四、课程内容和教学安排

本课程教学内容和教学安排如表 1 所示。

表1 "思想道德与法治"课程内容和教学安排表

序号	教学内容	知识内容与要求	技能内容与要求	参考学时
1	第一专题：担当复兴大任成就时代新人	① 对大学、大学生活、高等职业技术教育进行科学分析，正确认识和把握大学的性质、任务和规律，为自己规划大学生活和完成学业提供思想认识支持； ② 按照对大学性质和规律的认识，确定需要发展的独立生活能力、不同于基础教育的新的学习理念、以及培养优良的学风； ③ 了解和认识社会对大学生社会责任、成才要求及其当今社会的人才标准，明确高职大学生成为合格职业劳动人才的成才目标	① 能够在学习和生活中体现大学生的身份角色和行为要求，具有科学安排学业、课余时间、参与实践的能力； ② 具有运用当今社会对职业劳动人才评价、要求的能力，在明确当代大学生的历史使命的基础上，来规划自己成长成才路径的能力	4学时
2	第二专题：领悟人生真谛把握人生方向	① 从世界观和人生观的内涵上，认识和分析追求高尚的人生目的，确立积极的人生态度和用科学高尚的人生观指引人生，对于高职大学生成长成才的深刻影响和重要作用； ② 分析拜金主义、享乐主义和个人主义的人生观的实质和危害，明晰对待生活的态度，树立正确的人生观； ③ 探讨创造有价值的人生的条件和方法，促使高职大学生在自己的职业生涯中创造有价值的人生； ④ 针对人生环境中面临的主要问题，分析协调好自我身心关系、个人与他人关系、个人与社会关系、个人与自然关系的原则和方法	① 学会运用马克思主义的基本立场和方法，确立科学的人生观，使高职大学生具有抵制各种错误人生观干扰的能力； ② 使大学生具有在不同人生发展阶段上特别是在职业发展的不同阶段上不断修正人生目标的能力； ③ 掌握科学的人生价值标准和评价方法，具有自主修正人生发展、职业发展的能力，树立正确的人生态度； ④ 能够运用科学有效的方法，处理好人生环境中个人与自己、个人与他人、个人与社会、个人与自然四种主要关系	6学时

续表

序号	教学内容	知识内容与要求	技能内容与要求	参考学时
3	第三专题：追求远大理想坚定崇高信念	① 把握理想信念的科学内涵和一般特征，明确树立科学的理想信念对高职大学生健康成长、职业发展所具有的价值； ② 高职大学生树立科学理想信念的内容和方法； ③ 分析高职大学生在实现自己职业理想目标过程中，可能遇到的共性问题，通过学习找到正确的解决方法； ④ 针对大学生的思想特点，着力分析理想与现实、理想与信念、个人理想与社会理想、顺境与逆境的关系	① 要帮助学生学会甄别、区分真假好坏理想信念的方法，树立科学的理想信念； ② 学生学会从理论和方法上，应对职业生涯可能出现的顺境和逆境，正确对待理想与现实的落差，培养处置问题的健康心态和意志力，在实践中体验追求理想的愉悦	6学时
4	第四专题：继承优良传统弘扬中国精神	① 适应高职大学生成才过程，正确认识和处理个人与国家关系，掌握中国精神的科学内涵，认识到实现中国梦必须弘扬中国精神； ② 从爱国主义优良传统和时代价值两个方面建立思想认识基础，明确新时代爱国主义的基本要求，增强职业劳动者的爱国情感、理论认知和行为规范； ③ 学会从历史和现状去分析改革创新是中华民族最深沉的民族禀赋，是新时代的要求	① 能够从理论和实践两个维度，区分出真正的爱国主义； ② 明确新时代爱国主义的基本要求，引导学生弘扬爱国主义精神； ③ 能够发扬改革创新精神，在自己的职业劳动中做改革创新的生力军	6学时
5	实践课（上）	① 开展一次志愿服务实践活动； ② 参观爱国主义教育基地； ③ 结合自己专业，完成中国精神主题海报设计作品	培养学生树立正确的人生观，坚定理想信念，自觉弘扬中国精神，创造有意义的人生	4学时

序号	教学内容	知识内容与要求	技能内容与要求	参考学时
6	第五专题：明确价值要求 践行价值准则	① 了解社会主义核心价值观的基本内容； ② 理解社会主义核心价值观的历史底蕴、现实基础和道义力量； ③ 从职业劳动人才必备的思想道德素质要求出发，学习和践行社会主义核心价值观	① 具有在多种多样的价值观中，正确选择科学价值观的能力； ② 积极做社会主义核心价值观的践行者，扣好人生的第一个扣子	4学时
7	第六专题：遵守道德规范 锤炼道德品格	① 道德的产生、本质和作用机制； ② 吸收借鉴人类文明优秀道德成果； ③ 社会主义道德的核心和原则； ④ 在社会公共生活的层面上，认识和了解体现社会公共生活发展规律性要求的道德规范和法律规范的本质、内容和具体要求； ⑤ 了解社会公共生活中的道德规范的主要内容、发展要求，确定作为职业劳动者的高职大学生培养和提高公共道德意识过程中的主要途径和方法； ⑥ 从职业生活发展的一般规律角度，认识和了解职业道德对于职业和职业劳动者发展的影响；从职业道德的特征上，认识作为职业人才必备素质的职业道德的内容和要求； ⑦ 讨论恋爱、婚姻和家庭生活中的一般规律性要求，分析恋爱、婚姻、家庭生活中的道德要求	① 具有依据社会基本规范的要求，确定和修正自身职业发展和参与社会生活的能力； ② 掌握依照社会公共生活的发展规律，选择加强社会公共意识、提升公共道德的方法； ③ 具有主动适应社会公共生活变化、职业的社会环境条件变化，自觉完善和提高自身社会公德的能力； ④ 能够从职业道德层面上认识和理解职业精神，具有自觉修正职业精神状态以应对职业发展变化的能力； ⑤ 具有作为大学生应有的理性对待恋爱、婚姻和家庭生活的素养与能力； ⑥ 具有在自己的家庭生活中构建美德、打造和谐生活的能力	10学时

续表

序号	教学内容	知识内容与要求	技能内容与要求	参考学时
8	第七专题：学习法治思想提升法治素养	① 了解法律的概念与历史发展，掌握社会主义法律的本质特征； ② 了解我国宪法规定的基本制度，掌握宪法法律规定的权利和义务； ③ 了解中国特色社会主义法治体系的主要内容，以及走中国特色社会主义法治道路的路径； ④ 理解社会主义法治观念的主要内容，社会主义法治思维方式的基本含义和特征； ⑤ 了解法律权利与义务以及二者的关系，学会如何依法行使权利和履行义务	① 具有运用我国法律体系的立法精神和规律性，推论陌生领域、事件的法律认识和解释的能力； ② 培养运用法律维护职业劳动权益、处理劳动纠纷的意识和能力； ③ 培养依法办事的能力和维护法律权威的能力； ④ 针对学校实际，培养学生在择业、就业过程中维护自身权益的意识与能力	10学时
9	实践课（下）	① 开展有关社会公德的调查； ② 开展有关个人品德的调查； ③ 开展有关职业道德的调查； ④ 开展有关家庭美德的调查； ⑤ 开展有关法治思维的调查	① 使学生具有良好的社会公德、个人品德、职业道德和家庭美德； ② 使学生树立正确的法治思维	4学时

五、教学策略

1. 教学模式

在教学模式上，采用"明德致用"的教学模式，以"合作学习小组"为载体，围绕学生学习过程中的难点、痛点、困惑点和发展点发力，通过专题化教学、问题式讲授、项目化训练的方式开展理实一体的教学，让学生在学以致用中达成教学目的，获得成长。

2. 教学方法

在教学方法上，主要采用体现思想政治理论课教育教学性质、规律要求的，有利于实现教学目的和任务的理论讲授法，结合不同专业的特点以及高职大学生的认知特点，辅助以案例教学法、课堂讨论法、混合式教学法、思维导图法、项目教学法等富有启发、互动特点的教学方法。紧密围绕国家教学改革的方针与原则，鼓励教师进行教改探索，在传统教学方法的基础上，与时俱进，开拓创新。

3. 教学手段

在教学手段上，借助现代信息技术赋能，依托智慧课室、VR 体验中心、学习通、课堂派等教学平台，使用多媒体电子教学课件开展教学。但在使用的过程中应当坚持技术为教师教学、学生学习服务的原则，绝不允许单纯为使用技术而滥用电子课件、网络资源，干扰学生理论学习与思考。要强调思想政治理论教育必须坚持的主流思想主导原则，教师在实施理论教育过程中也必须发挥主导作用。

六、教材及课程资源

1. 教材及教学参考书

（1）按照教育部关于高校思想政治理论课"05 方案"实施的要求，使用教材为教育部组织的、高校思想政治理论课教材编写组统一编写的、高等教育出版社出版的马克思主义理论研究和建设工程重点教材《思想道德与法治》（2021 版）。

（2）罗国杰主编，《中国传统道德》（理论卷、规范卷、德行卷、教育修养卷），中国人民大学出版社，1995 年出版。

（3）中国传统文化典籍系列：《大学》《中庸》《论语》《孟子》《礼记》《庄子》《荀子》《韩非子》。

2. 教学资源

为确保本课程目标的有效达成，学校开发建设了"平台+基地+资源库"的立体式资源体系。平台类资源包括超星学习通、课堂派、智慧课室、VR 体验中心等；基地类资源包括博物馆、纪念馆等校内外思政课实践教学基地等；资源库类资源包括广东省高等职业教育精品资源共享课"思想道德与法治"、广东省微课资源库、思政天地等资源库。

3. 教学实施条件

依托思政课信息化智慧课室，充分应用信息环境、信息技术和信息资源等现代信息手段对重点、难点、热点问题有针对地开展教学，引导学生理论与实践相结合，在学中研、研中思、思中行。采用中班教学（两个自然班，100 人左右），如条件允许，可尝试小班教学。此外，充分发挥学校思想政治理论课校外实践基地的作用，定期组织学生开展参观学习、志愿服务等活动，增强学生关心社会、服务社会的主人翁意识；通过指导学生社团——明德青年社、手语协会、有情泉义工团、辩论队、醒狮社开展丰富多彩的实践活动，培养学生组织协调、沟通策划活动的能力，并进一步扩大思想政治理论课的影响力，提高学生的学习积极性和主动性。

七、课程评价

教学评价是巩固与提升教学效果的重要方式，本课程建设大数据支撑下的一体化、动态化、多元化和数据化的思政课综合评价体系，即理论评价与实践评价相结合，终结性评价与过程性评价并用，评价主体由思政课教师扩充为"思政课教师+专业课教师+学生互评"，实现评价方式的多元化和多样化；逐步由在学期末的一次性考评，转变为在学生的学习过程中多次性的、持续性的考评。总评=平时成绩 40%+实践课成绩 20%+期末考试 40%，具体如表 2 所示。

表 2 "思想道德与法治"课程综合评价体系

考核方式	考核项目	具体项目	鉴定标准	百分比
终结性评价与过程性评价相结合	平时成绩	出勤情况（10%）	不迟到、不早退、不旷课，如迟到、早退、缺课累计超过 10 次本课程学期总评成绩不合格	40%
		课堂表现（10%）	遵守课堂纪律、认真听讲、积极发言	
		项目任务（10%）	由任课教师根据各学生或各团队的具体表现酌情给分	
		学生综合测评（10%）	由班级学生成立的考评小组参照学生日常表现如遵纪守法、学习态度、道德礼仪等方面考评	
	社会实践成绩	第一学期社会实践成绩（10%）第二学期社会实践成绩（10%）	本模块内容由各任课教师根据"德法课社会实践方案"的内容和要求实施	20%

续表

考核方式	考核项目	具体项目	鉴定标准	百分比
	期末考试	无纸化考试（40%）	期末考试应覆盖本教材中绝大多数的重难点	40%
总分		100分		

附件 2

广州番禺职业技术学院"思想道德与法治"

授课计划

（2022—2023 学年 第 1 学期）

课程名称 _____ 思想道德与法治 _____

使用班级 _____ 2022 级各专业班级（专） _____

教 研 室 _____ 思想道德与法治教研室 _____

系（院、部） _____ 马克思主义学院 _____

编制日期 _____ 2022 年 8 月 31 日 _____

广州番禺职业技术学院教务处制

授课计划编制提纲

总学时	54	开设学期数	2	本学期计划完成学时数		26
授课班级	教学周数	周学时	理论学时	实践学时	习题课学时	复习课学时	机动学时
2022级各专业	12	2	22	4	0	0	0
教材名称	思想道德与法治	版本	2021年版	编者		本书编写组

出版社	高等教育出版社	教材性质	是否高职高专教材 是□ 否☑
			教育部规划教材☑ 教育部精品教材□ 自编教材□ 讲义□ 其他□

编制说明	（内容包括计划编制的依据，对课程标准中教学内容、教材的调整及依据、计划执行过程中需注意的问题以及其他需说明的问题等） 　　1. 本课程依据"05方案"开设。依据"'思想道德与法治'课课程标准"安排教学，本课程共3学分，54学时，其中理论教学48学时，实践教学6学时，本学期理论授课22学时，实践授课4学时。本学期教学内容为教材中绪论部分和第一、二、三章。 　　2. 依据教育部《新时代高校思想政治理论课教学工作基本要求》和教育部社会科学司"高校思想政治理论课贯彻落实党的十九大精神教学建议"确定教学内容和重点。 　　3. 依据思想政治理论教育本质和特点，结合我校人才培养方案、"一技之长+综合素质"的人才培养目标和学生的实际确定本课程具体的教学内容与教学方式，采用"致用德育"的教育模式开展本课程教学
重点与难点	1. 重点： （1）树立科学的理想信念；（2）弘扬中国精神；（3）创造有价值的人生。 　　2. 难点： （1）认识中国特色社会主义新时代；（2）树立科学理想信念；（3）弘扬中国精神；（4）创造有价值的人生
教学方法与手段	1. 采用"明德致用"的教学模式，以学生"合作学习小组"为载体，采用综合的教学方法（讲授法、互动教学法、案例教学法、项目教学法），课堂理论讲授与思维的实践性训练项目相结合的方式完成教学任务。 　　2. 充分应用信息环境、信息技术和信息资源等现代信息手段对重点、难点、热点问题有针对地开展教学，引导学生理论与实践相结合，在做中学、学中做
考核方式	（内容包括课程形成性考核的内容和终结性考核的方式，以及课程考核成绩的评定标准） 　　考试方式：总评=平时成绩40%+实践教学作业20%+期末考试40%

授课计划表

周次	内 容 （章节号、课题名称、实训项目名称）	课时数	授课方式	教学场所
4	第一专题：担当复兴大任 成就时代新人（一）（绪论）	2	教师讲授答疑 学生讨论分享	多媒体课室/虚拟仿真实训室
5	第一专题：担当复兴大任 成就时代新人（二）（绪论）	1	教师指导 学生小组活动	多媒体课室/虚拟仿真实训室
	训练项目一：组建合作学习小组	1	教师讲授答疑 学生讨论分享	
7	第二专题：创造有价值的人生（一） （第一章 领悟人生真谛 把握人生方向）	2	教师讲授答疑 学生讨论分享	多媒体课室/虚拟仿真实训室
8	第二专题：创造有价值的人生（二） （第一章 领悟人生真谛 把握人生方向）	2	教师讲授答疑 学生讨论分享	多媒体课室/虚拟仿真实训室
9	训练项目之二：人生价值论坛	2	教师指导 学生小组活动	多媒体课室/虚拟仿真实训室
10	第三专题：为梦想而奋斗（一） （第二章 追求远大理想 坚定崇高信念）	2	教师讲授答疑 学生讨论分享	多媒体课室/虚拟仿真实训室
11	第三专题：为梦想而奋斗（二） （第二章 追求远大理想 坚定崇高信念）	2	教师讲授答疑 学生讨论分享	多媒体课室/虚拟仿真实训室
12	训练项目三：行动给梦想一个机会	2	教师指导 学生小组活动	多媒体课室/虚拟仿真实训室
13	实践教学成果展示	4	教师指导 学生成果展示	多媒体课室/虚拟仿真实训室
14	第四专题：做坚定的爱国者（一） （第三章 继承优良传统 弘扬中国精神）	2	教师讲授答疑 学生讨论分享	多媒体课室/虚拟仿真实训室
15	第四专题：做坚定的爱国者（二） （第三章 继承优良传统 弘扬中国精神）	2	教师讲授答疑 学生讨论分享	多媒体课室/虚拟仿真实训室
16	训练项目之四：爱国主义活动展示	2	教师指导 学生小组活动	多媒体课室/虚拟仿真实训室
说明	1. 授课教师可根据学生专业和教师专长等具体情况对本授课计划微调。 2. 实践教学安排具体见实践教学方案。 3. 将安排学生到虚拟仿真实训室学习一次			

注：1. 本授课计划一式四份，教务处、系（院）、教研室、指导老师各一份。

不够可另加页。

2. 本授课计划应在开学第一周报送教务处。

经费预算表

	类别	预算支出（元）	经费使用说明
经费预算	交通费	7 000	用于开展实践教学活动
	资料打印、复印费	200	训练项目发生的打印复印费
	校外指导教师指导费	—	—
	其他费用	1 500	其他用于训练项目的费用
	合　计	8 700 元	
教研室 审核	教研室主任签字：　　　　　　　　　　　　　　　年　　月　　日		
系(院、部) 审定	负责人签字：　　　　　　　　　　　　　　　　年　　月　　日		
备注			

第三章

"思想道德与法治"课一体化教学的设计体系

教学设计是遵循课程教学规律，针对学生的实际需求，运用系统论的观点，有机整合课程教学资源，序化组合相关教学要素，剖析教学过程中存在的问题，寻求最佳解决方案的系统化过程。教学设计是提高教学效果，完成教学目标，达成教学任务的重要前提。教学设计一般包括教学目标、教学内容、教学手段等方面的设计。我们根据党和国家对"思想道德与法治"课的教学要求，同时结合高职院校尤其是广州番禺职业技术学院"思想道德与法治"课课程建设和教学改革的实际，对"思想道德与法治"课教学体系进行一体化统筹设计。

第一节　"思想道德与法治"课一体化教学目标设计

教学目标是教学活动的出发点和归宿，是教师对学生达到的学习效果或最终行为的明确阐述和要求，一切教学活动都要围绕教学目标来展开。教学目标的设计是高职思想政治理论课教学活动开展的逻辑起点，是教学活动的出发点和必然归宿。开展"思想道德与法治"课一体化教学目标设计非常重要，关系到这门课程的教学方向是否正确，教学活动是否合理。

一、"思想道德与法治"课教学目标的逻辑起点

教学目标是任何一门课程教学的起点和归属，而要科学设计一门课程的教

学目标，首先必须厘清课程教学的逻辑起点。逻辑起点问题是关于一门学科理论范畴体系的根本问题，其准确定位是科学理论形成的基础逻辑起点问题，是理论体系得以建立的前提和基础，对学科的成熟和发展具有重要的理论价值，直接影响这一门学科范畴体系的构建及其科学性。作为思想政治教育学科的基础问题，它的科学性影响着学科理论体系的发展和实践活动的效果。

1. 科学确定"思想道德与法治"课教学逻辑起点的重要意义

厘清教学逻辑起点具有重要的理论意义。弄清楚课程教学的逻辑起点关乎课程教学的方向是否准确，进行思想政治教育学逻辑起点研究，具有重要的理论意义。黑格尔指出："要导出哲学中的开端是一桩困难的事。"①起点范畴是整个体系得以开展的根据，是整个体系内部各理论之间彼此运行的基础和源头。马克思在《资本论》中把商品确定为逻辑起点，他对逻辑起点的特点做了如下规定：一是起点是最抽象的东西，也就是说起点是从具体事物中抽取出来的，相对独立的各个方面属性关系等；二是起点是最简单的物质，既具有不可再分割性；三是起点是构成某理论体系最初的、元素的形式；四是逻辑起点和终点，构成辩证统一的关系；五是起点符合逻辑和历史的统一。因此，一个恰当的逻辑起点，可以从抽象的现象一步步推演出具有丰富内涵的具体内容，而且具有连续性、稳定性、延续性，从而形成一个科学的理论体系。一门学科的理论体系是由这门学科特有的概念范畴和术语，以及由它们组织起来的基本理论和研究方法所构成的知识体系，逻辑起点作为学科理论体系的起始范畴，是构建学科理论体系的前提。逻辑起点是否科学，是否准确，直接影响着学科理论体系的形成和发展，直接关系着学科基本理论的定位，如果逻辑起点无法准确定位，那么其理论体系无法有效构建，其理论育人的效果就无法有效达成。所以立足于逻辑起点的内涵本身，研究和设计高职院校思想政治理论课教学的目标，有助于思想政治理论教育的有效开展。"思想道德与法治"课是一门融思想性、政治性、科学性、理论性和实践性于一体的思想政治理论课，对大学生开展马克思主义的人生观、价值观、道德观、法治观教育，旨在解决大学生在成长过程中面临的思想困惑和法治困惑，旨在提高大学生思想道德素质和法治素养，引导青年学生立大志、明大德、成大才、担大任，成为自觉担当民族复兴大任的时代新人。弄清楚"思想道德与法治"课的性质和功能，是科学拟定其教学目

---

① 黑格尔. 逻辑学：上卷[M]. 杨一之，译. 北京：商务印书馆，1982：151.

标、开展教学活动的逻辑起点。

厘清教学逻辑起点具有重要的实践意义。科学的实践需要科学理论的指导，思想政治教育实践活动需要有科学的思想政治教育理论来指导。高职院校思想政治理论教育作为一项客观存在的社会实践活动，它所作用的对象是主观意识形态中动态的人。"教育的本质是培养人的社会实践活动，教育作为人类社会的特有活动，其最本质的特点就是对社会知识、文化的传递和在此基础上对人的培养，并通过培养人来维持人的生存、发展和为社会服务。这一特点贯穿于古今中外一切教育活动之中。"[1]思想政治教育活动效果的好坏，直接影响到作为教育对象的人，所以思想政治教育活动更加需要科学理论的指导，否则将会对人本身造成无法预计的伤害，无法有效指引人的健康成长。所以科学理论对实践活动来说至关重要，实践活动必须要以科学理论为指导。深入研究"思想道德与法治"课教学活动的逻辑起点，有助于增强教学实践活动的科学性与实践性的统一，有助于提高"思想道德与法治"课教学活动的实效性和针对性，达到启智润心的目的。

2. 当前把握"思想道德与法治"课教学逻辑起点的研究现状

在前期对"思想政治教育学逻辑起点"的相关查询当中，我们发现学术界对"思想政治教育学逻辑起点"的研究水平整体偏低，对"思想政治教育学逻辑起点"的相关问题虽有一定的研究和讨论，但是相关研究成果仍然比较少，整体质量不高，不够系统深入。因此，对于高职院校思想政治理论课教学的逻辑起点，学界对此的研究不深入，成果也不多，还没有形成一致的认识，不同的学者从不同的角度和认识方面进行研究，形成了以下几种观点。

"思想"说。姚书志和张文婷在论文中，提出思想政治教育学逻辑起点必须坚持一元论，并将思想作为思想政治教育学的逻辑起点[2]。付艳和徐建军则从网络思想政治教育学的视角出发，根据逻辑起点的规定性，在厘定思想政治教育学逻辑起点概念的基础上，将"'基于网络的现实人的思想'作为网络思想政治教育学最常见、最抽象的范畴"[3]。

"利益"说。部分学者认为，作为思想政治教育的思想，是有条件性的思想，

---

[1] 顾明远. 教育大辞典（增订合编本）[M]. 上海：上海教育出版社，1998.
[2] 姚书志，张文婷. 论思想是思想政治教育学的逻辑起点[J]. 思想教育研究，2016（1）：7-10.
[3] 付艳，徐建军. 网络思想政治教育学的逻辑起点[J]. 思想教育研究，2017（8）：95-99.

或者说是"符合一定社会要求、一定阶级所需要的"思想。"所需要的"这一用语所指的就是利益，思想政治教育所要灌输的思想，背后反映和代表着一定的利益，他们认为利益是一切历史现象形成和发展的终极原因①。

"思想与行为"说。徐志远在文中从逻辑起点的四个基本要求出发，提出"思想与行为是思想政治教育学的逻辑起点"②，并阐述将其作为逻辑起点的理论意义和实践意义。也有学者认为，"原始的基本的关系"这一对关系范畴应是逻辑起点，而思想政治教育活动归根结底就是协调个人需要和社会需要③，将社会需要内化为个人需要，或者至少使个人需要符合社会需要，"个人需要和社会需要"是"原始的基本的关系"，是思想政治教育存在和发展的依据。

"思想道德与法治"课是重要的思想政治理论课，是对学生进行思想引领和价值塑造的重要渠道。当前对"思想道德与法治"课教学逻辑起点是大致从"思想""利益"和"思想与行为"三个维度展开的。我们把握"思想道德与法治"课逻辑起点时，可以从以上三个维度进行思考和谋划。

二、"思想道德与法治"课教学目标的合理定位

在高职院校开展"思想道德与法治"课的教学，要从高等职业教育的人才培养规格和目标入手。高职院校教育人才培养目标是培养德智体美劳全面发展的高素质技术技能型人才，这种人才是从事专业技能并拥有健康身心的社会人，站在社会人的角度让其具备人的解放、发展和生存的能力；站在职业人的角度让具备良好的职业意识、职业态度、职业责任和义务、职业纪律、职业作风。在此可以看出，无论是社会人的需求，还是职业人的需求，都是通过教育使学生的人性得到提升、能力得到发展、技能得到培养，其中思想上的教育尤其重要。高职院校"思想道德与法治"课就是为了促进学生综合素质、身心健康和专业技能等各方面都得到发展而存在的，它的目标是要实现思想教育、道德教育、政治教育、人文教育、法治教育四位一体，把思想素养、政治素养、道德素养、职业素养、法治素养等内化到学生的思想世界中，并落实到实际生活中，从而教育引导学生提高各方面的综合素养。

① 张旸. 从需要的视角反思教育——论"教育需要"的内涵及其研究的意义[J]. 教育科学研究，2011
（8）：10-15.
② 徐志远. 思想与行为：思想政治教育学的逻辑起点[J]. 中国青年政治学院学报，2004（2）：41-46.
③ 赵勇，王金情. 思想政治教育的逻辑起点新探[J]. 思想政治教育研究，2010（5）：44-46.

1."思想道德与法治"课教学的目标定位由职业教育的目的决定

我国职业教育的奠基人黄炎培曾对职业教育目的有比较完备的阐述:职业教育的目的,一是谋个性之发展;二是为个人谋生之准备;三为个人服务社会之准备;四为国家及世界增进生产力之准备[①]。通过黄炎培对职业教育目的的阐述,我们可以知道职业教育的目的首先是人的个性的发展,其次是能力的发展。由此可见,职业教育的目标是对学生人性及能力的提升。因此,职业教育要发展,首先就要对职业教育有一个科学、准确的理解,就要为其目标定位选准方向,同时为保证这一方向不偏离正确的运行轨道,各级高职院校内部的每一课程都应该围绕这一总体目标操作和运转。其中,高职院校开展"思想道德与法治"课的教学应该成为实现职业教育目标的一个主阵地,因为"思想道德与法治"课的教学之目标与职业教育之目标应该是一致而吻合的。

2."思想道德与法治"课教学的目标定位是实现教学任务的内在要求

思想政治理论课是立德树人的关键课程,发挥着不可替代的重要作用。目前高职院校思想政治理论课主要开设了"思想道德与法治""毛泽东思想和中国特色社会主义理论概论""习近平新时代中国特色社会主义思想概论"和"形势与政策"四门课程。"思想道德与法治"课是一门融思想性、政治性、科学性、理论性、实践性于一体的思想政治理论课。主要针对青年学生在成长过程中面临的思想道德与法治问题,开展马克思主义的人生观、价值观、道德观和法治观的教育,树立体现中华民族优秀传统和时代精神的价值标准和行为规范,引导学生树立高尚的理想情操、养成良好的道德品质和法治素养,成长为自觉担当民族复兴大任的时代新人。学习本课程,有助于青年学生领悟人生真谛、把握人生航向,追求远大理想、坚定崇高信念,继承优良传统、弘扬中国精神,广泛践行社会主义核心价值观;有助于大学生遵守道德规范、锤炼道德品格,把正确的道德认知、自觉的道德养成和积极的道德实践结合起来,引领良好的社会风尚;有助于青年学生学习法治思想、培养法治思维,自觉尊法学法守法用法,提升思想道德素质和法治素养。

---

① 谢丽娟,林雄辉.论高职院校思想政治理论课实践教学的目标定位[J]. 教育与职业,2009(23):146-147.

三、"思想道德与法治"课教学目标的系统设计

1. 准确把握新时代高校思想政治理论课教学工作的基本要求

为深入贯彻落实习近平新时代中国特色社会主义思想，进一步巩固马克思主义在高校意识形态领域的指导地位，坚持社会主义办学方向，全面贯彻党的教育方针，加强新时代高校思想政治理论课建设，全面推进习近平新时代中国特色社会主义思想进教材进课堂进学生头脑，培养担当民族复兴大任的时代新人，教育部印发了《新时代高校思想政治理论课教学工作基本要求》，系统阐明党的十八大以来，以习近平同志为核心的党中央高度重视思想政治理论课建设，作出一系列重大决策部署，思想政治理论课建设在改进中不断加强，课堂教学状况显著改善，大学生学习思想政治理论课的获得感明显增强。中国特色社会主义进入新时代，对高校思想政治理论课发挥育人主渠道作用提出了新的更高要求，继续打好提高思想政治理论课质量和水平的攻坚战，坚持不懈传播马克思主义理论，讲清讲透习近平新时代中国特色社会主义思想的时代背景、重大意义、科学体系、精神实质、实践要求，全面推动习近平新时代中国特色社会主义思想进教材进课堂进学生头脑，打牢大学生成长成才的科学思想基础，引导大学生树立正确的世界观、人生观、价值观，不断提高大学生对思想政治理论课的获得感。新时代高校思想政治理论课教学工作的基本要求有以下几点：一是要坚持正确政治方向，强化思想政治理论课价值引领功能；二是要坚持全流程管理，贯穿思想政治理论课课前课中课后各环节；三是要坚持规范化建设，不断健全思想政治理论课教学工作制度；四是要坚持增强获得感，促进思想政治理论课教学有虚有实，有棱有角，有情有义，有滋有味。"思想道德与法治"课教学工作的开展，要遵循党和国家对思想政治理论课教学的最新要求，要以立足"两个大局"、做到"两个确立"的高度来思考"思想道德与法治"课的教学目标、开展教学活动，才能把思政课讲明白，才能把思政课讲准、讲深、讲透、讲活。

2. 影响"思想道德与法治"课教学目标有效实现的因素

《教育部关于印发〈新时代高校思想政治理论课教学工作基本要求〉的通知》明确指出，要全面贯彻党的教育方针，落实立德树人，把高校思想政治理论课教学工作摆在更加突出的位置，更加重视加强和改进教学管理，更加重视提升

教学质量，不断提升思想政治理论课的亲和力和针对性。但由于思想政治理论课理论性太强，学生认为与专业技能关联度不大，往往觉得学习这门课用处不大。在"思想道德与法治"的学习过程中，由于学生的学习态度和动机功利化、教师确定课程目标时空洞片面、教学方法简单等，课程教学的目标无法一一有效实现。

学生学习动机多元功利。当前大学生学习动机复杂多样。特别是针对思想政治理论课的学习，有些为及格而学，有些为升本考研而学，等等。不同学习动机导致学习态度不同，进而在学习目标的达成度上有很大差别。而教师在制订教学目标、设计教学方法等时对学生研究不深不透，没有因材施教，进行个性化的引导，往往不太契合自己的教育对象，没有针对性，学生不喜欢；往往自说自话，难以吸引学生。

教育教学目标空洞虚化。教学目标的拟订，要从课程属性和课程功能入手，同时也要加强教育对象的研究。个别教师因为能力、素质和阅历等，没有充分认识到思想政治理论课的意识形态属性，将"思想道德与法治"课仅仅作为一门文化基础课或者作为通识教育课程来看待，对其政治性认识不到位，没有讲价值引领和知识传授、能力培养有机结合。部分教师没有深入研究学生学习基础、学习需求和学习动机，在拟订"思想道德与法治"课程的教学目标时，只是把党和国家对思想政治理论课的要求照搬过来，既没有考虑到不同思想政治理论课的课程差异，又没有考虑到不同类型学生的学习需求和学生的学习动机，导致课程教学目标过于宏观、不明确具体且空洞虚化，往往成为应付各种检查的工具而流于形式，千篇一律，没有生命力。

教师教学方式不具亲和力。随着社会的发展，多元化价值观的呈现，社会中享乐主义、拜金主义、极端个人主义等错误思潮泛滥，对当代大学生影响比较大。大学生对部分社会发展中的现象比如社会腐败、道德滑落、人情冷漠等现象没有正确的认识，连带着对此类现象分析以及价值观正确引导的思想政治理论课也产生反感和排斥的心理。教师如果没有深厚的理论功底，对社会思潮和不良的社会现象没有科学深刻的认识，就难以对学生进行正确的政治引导和价值塑造。如果教师授课时照本宣科，教学时不联系社会实际、生活实际和学生实际，导致教学"高、飘、远"，而不是"真、小、实"，没有亲和力和针对性，教学效果不尽如人意，教学目标难以有效达成。

3. 有效实现"思想道德与法治"课教学目标的思路

面临百年未有之大变局，世界处于大发展大变革大调整时期，我国全面深化改革也步入了深水区，深层次的社会矛盾和问题日益暴露，各种社会思潮也空前活跃，意识形态领域的斗争复杂而激烈，这些社会现实必然会影响学生关于社会、国家、人生等的思考，再加上青年学生世界观、人生观、价值观尚未成熟定型，处于拔节孕穗期，如何针对立足青年学生学习特点、思维方式，把"思想道德与法治"课的道理讲深讲透讲活，有效达成教学目标，是思想政治理论课教师需要思考的问题。

依据教学目标，整理分析问题。坚持整体把握与突出重点、知识教育与思想教育、理论宣传与价值塑造相结合，从教材的重点难点和学生的学习基础，合理制定教学目标。同时，以是否有助于实现教学目标来提取教学问题，并对教学问题进行归类、甄别和筛选，有效将党的历届党代会尤其是党的十八大以来的党代会精神有机融入"思想道德与法治"课教学，教育引导学生运用马克思主义立场、观点和方法认识问题、分析问题和解决问题。

创新教学体系，优选教学专题。深入研读"思想道德与法治"课教材，把握教材重点和难点，针对《思想道德与法治》(2021版)的知识图谱和逻辑框架，以教学专题的方式构建教学体系，凝练教材精华，突出教材核心要义，确保知识点不遗漏、"三进"要求不降低，并根据高职学生的学习特点和思维特征，编写专题学习难点和重点解析，适当增加教学案例和视频，让教学更具有针对性和亲和力，让学生愿意听、听后有收获。

创设问题情境，开展问题式讲授。遵循贴近社会、贴近学生、贴近生活的原则，从日常生活、时政新闻、历史典故、领袖话语、道德现象等创设问题情境，开展问题式讲授，使之亲和亲近、生动形象而富有悬念。教学中精心设问、环环相扣、推动教学，同时要善于发问、做好问题讨论。坚持问题分析与价值引导相结合，教育引导学生在问题讨论中、在现象剖析中、在历史典故中汲取营养，培养能力。

结合教学主题，形成问题链条。把国家发展主题和学生成长主题结合起来，结合教学主题，提炼教学问题，从理论逻辑、认知逻辑、历史逻辑等视角形成"问题链"，推动教学行为的开展和实施。以"问题"为纽带，以"问题"承载"思想道德与法治"课教学的逻辑起点，能够准确找准学生的盲点、痛点，掌握学生的思想动态，关爱学生、服务学生，启智润心、春风化雨，提升教学的针对性和吸引力。

第二节 "思想道德与法治"课一体化教学内容设计

合理安排教学内容是教学设计的中心环节，是教学实施的载体。高职院校"思想道德与法治"课教学需坚持掌握基本理论、突出职业性特点、教学做合一、智慧赋能驱动的原则，在课程教学中应以整体性视角设计教学内容，依循逻辑主线安排教学过程，实现教材体系向教学体系转化，教材内容向教学内容转化。将教材教学重点内容与贴近学生实际、充满时代气息、贴近本土文化的鲜活教学素材有机整合起来，力求体现科学性与创新性、理性思辨与感性体悟相结合，着力体现时代要求和本土特色相统一，实现理论教学与实践教学的一体化。

一、高职院校"思想道德与法治"课理论教学设计

"思想道德与法治"课的教学离不开马克思主义理论、伦理学和法学等学科的支撑，是在相关学科支撑下着力解决学生成长过程中的困惑，着力提高学生思想道德素质与法治素养，按照思想、政治、道德、法治等模块进行序化整合的理论体系。在教学实施过程中，按照"价值引领、能力本位、智慧赋能"的教学理念，构建"教学内容有用、教学环境和资源有力、教学组织有序、教学方法有趣、教学评价和改进有效"的"五有"课堂，提高教学的针对性和实效性。

1. 高职院校"思想道德与法治"课理论教学对标党和国家要求

用党的科学理论武装头脑，用党的初心使命感召青年，教育学生坚定不移听党话、跟党走，怀抱梦想又脚踏实地，敢想敢为又善作善为，做有理想、敢担当、能吃苦、肯奋斗的新时代好青年，做社会主义接班人和建设者，这是党和国家人才培养的目标，也是"思想道德与法治"课教学需要达成的重要任务。"思想道德与法治"课一体化教学内容设计，需要遵循《思想道德与法治》（2021年版）教材的基本逻辑，进行创新设计。

一是实现教学体系的科学构建。以习近平新时代中国特色社会主义思想为指导，以提升青年学生思想道德素质和法治素养为指向，以社会主义核心价值观为主线，实现从教材体系向教学体系的转化。在教学内容的安排方向，从纵向上，要兼顾同一知识在大中小不同阶段学生的接受特点和知识储备，要特别注意与中学思政课必修课相关课程的有效衔接，既要避免出现不必要的重复，又要注意教学内容的提升。从横向上，要处理好与高校思想政治理论课中其他几门课程的关系，要通过集体备课的形式，对教育教学内容作适当分工，防止出现教学内容的重复或遗漏，同时，将改革创新实际和红色文化有机融入，提升教学针对性和亲和力。

二是要有宽广的国际视野。要立足全面建设社会主义现代化强国，推进中华民族伟大复兴的战略全局和世界百年未有之大变局的现实，辩证看待中国与世界、当前与未来的关系，教育引导学生心怀"国之大者"，要以世界眼光看待自己与世界、国家、民族、社会、自然的关系，明确自己肩上的历史使命和责任担当。

三是要有纵深的历史视野。历史是一面镜子，同历史对话，我们只有够更好认识过去、把握当下、面向未来，才能知重负重、踔厉奋发。"思想道德与法治"课教学内容设计要体现历史纵深感，以大历史观回望我们从哪里来、展望我们将要向何处去。将5 000多年的中华民族发展史、近代以来的180多年中华民族发展史、中华人民共和国成立以来的70多年历史、40多年的改革开放史的发展历程结合起来，教育引导学生从大历史观视角来看待思想道德与法治的发展历程，更加真实感悟蕴涵其中的道理，

2. 高职院校"思想道德与法治"课理论教学设计的内容分析

高职院校"思想道德与法治"理论教学在把教材内容向教学内容转化的过程中，要坚持掌握基本理论、突出职业性特点、教学做合一、智慧赋能的原则，切实贴近学生、贴近生活、贴近实际。

（1）坚持掌握基本理论。高校教师讲思想政治理论课不仅要讲清楚"是什么"，还要讲明白"为什么"。思想政治理论课教材很多论述重点突出了"是什么"，但并未从"为什么"角度展开论述。所以教师在讲授过程中，不能仅仅就社会现象谈社会现象，或者就道德现象谈道德现象，而是要深入探究社会现象或者道德现象背后心理的、传统的、制度的等原因，深刻揭示社会现象或者道

德现象的本质特征、运行机制，力求做到分析方法的科学性、研究结论的准确性。例如，全人类共同价值和我们倡导的社会主义核心价值观是什么关系？社会主义核心价值观与普世价值观的本质区别是什么？爱国主义为什么和社会主义是一致的？共产主义远大理想和中国特色社会主义共同理想的关系是什么？如何做忠诚的爱国主义者？等等。

（2）突出职业性特点。"思想道德与法治"课教学必须围绕学生、服务学生，尤其要关照青年学生对科学理论的真实渴望，用马克思主义的立场、观点和方法武装他们的大脑，不断提高学生思想水平、政治觉悟、道德品质、文化素养，让学生成为德才兼备、全面发展的人才。当代大学生是个性张扬、热爱自由、崇尚真理的新一代，如果思政课教师不能回应他们对于真理的追求，不能用理论滋养他们的心房，他们就不会在内心深处真正地尊敬"思想道德与法治"课教师，不会喜欢思政课，更不会信服社会主义道德观和法治观。教学中"思想道德与法治"课教师一定要重视学生群体的差异性、特殊性，做到精准化供给。一是要注意学生的年龄变化。现在的大学生多是"00后"，他们的世界观、人生观和价值观尚未成熟，一定要将思想引领和价值塑造和知识传授、能力培养结合起来。二是要注意学生的专业背景。人们常说"干一行爱一行"，专业背景也常常决定着学生的兴趣点和理论需求点。在举例阐释思想、道德、法治理论，剖析思想、道德、法治现象时最好从其专业背景入手，激发其学习兴趣。

（3）实施教学做合一。高等职业教育是以就业为导向，面向基层一线培养高素质技术技能型人才的教育类型，强调能力本位，突出以职业岗位群所需的职业能力为核心来进行课程的进行教学内容设计。"价值引领、能力本位、智慧赋能"是当前高职院校"思想道德与法治"课教学改革的重要指针。在教学内容设计上，以立德树人为目标，注重教育与自我教育相结合、理论与实践相结合、知识与行为相结合，发展学生内在的心力和外在的能力，使其善于思考、善于表达、善于行动，最终达到内化于心、外化于行、互化于境、固化于文的效果。运用通过悬疑设问、案例导入、时政引入、情景设置等形式，提升课程的有趣性和可听性，通过组建合作学习小组，形成互动教学方式，让学生参与到教学活动当中，有效改善"教"与"学"的关系，形成良性互动；设计开展思维的实践性训练项目为依托，鼓励指导学生进行社会实践活动，达到学以致用的效果。同时注意现代信息技术的运用，让"思想道德与法治"课的教学有趣，让学生爱听。

二、高职院校"思想道德与法治"课实践教学设计

实践教学是思想政治理论课教学体系的重要组成部分，是教学实施中不可或缺的主要环节，是引导学生感悟思想道德与法治理论并运用马克思主义的基本方法分析、解决生活、工作中的现实问题，提高思想政治素质的一种教学方式。

1. 高职院校"思想道德与法治"课实践教学的内涵和形式

实践教学是马克思主义认识论在思想政治教育中的重要体现，是高校思想政治理论课教学的重要环节。所谓实践教学，是一种基于实践的教育理念和教学活动，高校思政课实践教学"是指学生在教师的指导下，以实践操作为主，采取原著阅读、研究讨论、社会调查、志愿服务、公益活动、专业课实习等方式，有组织、有计划地获得知识、增强能力和素质的一系列教学活动"①高职院校"思想道德与法治"课实践教学是让学生通过实践活动，在理论联系实际中去验证马克思主义理论的真理性，自觉增强对马克思主义的认同感、道德规范的意识，使学生坚定信仰、发展思维、提高能力。

从教学论角度看，"思想道德与法治"课实践教学是实现教学目的的教学方法，它并不拘泥于某一种固定的形式，更不限定在特定场地，而是运用符合实践与认识辩证关系原理开展的各种教学方法。所谓实践教学在某种意义上就是理论联系实践的教学，以实现认识上感性的理性化和理性的感性化的互相转化。因此，思想政治理论课的实践教学是富含"社会实践性内涵"的教学，判定思想政治理论课的实践教学的课程标准，主要不是从形式上看教学场所是否"在社会"，而是从教学理念和内容实质上看教学内容是否"在社会"，即是否具有"社会实践性内涵"，也就是关注教育教学内容与相关的社会实践的内在统一性关系，即以教学内容的观念形态反映相关的社会实践

---

① 李松林. 思政课教学模式研究[M]. 北京：首都师范大学出版社，2006：10.

——生产劳动、政治变革（斗争）和科学实验的指导思想、实际过程和成果。由此可知，实践教学不应片面被理解为"社会实践（活动）中的教学活动"，而应被理解为"教学内容中的社会实践问题"的教学。因此，"思想道德与法治"课实践教学必须突破从狭义实践观范围内理解实践教学的局限，要善用"大思政课"教学资源，在融入"实践性内容"的前提下，在课堂内外开展灵活多样的实践活动，开辟形式多样的实践教学平台，如开展"馆校合作"打造行走的思政实践课，建立"虚拟仿真实践中心"，开展沉浸体验式的实践教学。

2. 高职院校"思想道德与法治"课实践教学的形式

高职院校"思想道德与法治"课实践教学是在富含"社会实践性内涵"的前提下，在课堂内外开展灵活多样的实践活动，体现"寓教于行"的根本特征和实现"实践育人"的总体目标。与之相对应，我们设想了"三位一体"的教学思路，即课堂实践教学、社会实践教学和虚拟实践教学，构建立体多维的实践平台。

（1）课堂实践教学。立足校内课堂的实践教学是实施"思想道德与法治"课实践教学的关键点。实践教学不拘泥于社会实践、动手操作等某些形式。我们不能简单地把"实践教学"和"课堂教学"对立割裂起来，特别是"多媒体教学"普及以来，"课堂实践教学"更值得重视和研究。到底什么是课堂实践教学？课堂实践教学是与课堂理论教学相辅相成的一种教学方式，是一种实践教学资源的拓展。它以学生的发展为本，旨在突出课堂教学的实践性，使教学现实化、生活化，在课堂上通过视频和实物等形式"再现"图像、景观，利用活生生的"实践素材"（学生法治教育实践活动资料、学生社区服务实践活动资料、假期"三下乡"的资料等等）进行课堂化教学，创设与教学内容相契合的、现实情况基本一致的情境，使学习能在相类似的情境中发生，让学生以另一种方式接触社会，实现学以致用。课堂实践教学具有明显的特点：一是将现实和书本理论知识相联系，体现教学的社会实践性内涵；二是具有时空选择的灵活性，可操作性强，可以利用现有的教学现场开展；三是节约教育资源，通过灵活的方式挖掘感性形式的教育素材，创设直观的教学环节和逼真的教学情境。既培养了学生的思维和语言表达能力，又达到了足不出户，便可纵览天下的目的。

课堂实践教学在课程设置的灵活性上、学生的参与度上以及教师的教学调控上都优于其他实践教学形式，从本质上讲，"思想道德与法治"课比较适合开展课堂实践教学。因此在课堂教学中一切有利于调动学生学习积极性的，有助于提高"思想道德与法治"课的教学实效性。当前应该重点探索以下几种高职院校"思想道德与法治"课实践教学形式：一是课堂讨论。课堂讨论是引导和组织学生围绕教材理论知识，联系社会实际生活中的疑难点和热点问题进行探讨。二是学生模拟教学。教师根据某一个教学内容有目的地创设角色体验的教学情境，通过组织学生联系社会实际共同参与研究，在角色转换中对话交流，如模拟面试。三是团队辅导教育。将团体心理辅导、群体素质锻炼培育等团队辅导教育引入高职院校"思想道德与法治"课教学领域，在"微型社会"创设实验性社会情境，心理学技术和方法创造性地运用在思想政治理论课教学中，解决大学生的心理困扰和发挥个人的潜能。

（2）社会实践教学。社会实践教学是实施"思想道德与法治"课实践教学的着力点。思想政治理论课社会实践教学，是指在教师的指导下，围绕课程的教学内容和目的，组织和引导大学生直接参与社会实践活动，在直接感受性体验中学以致用、拓宽视野、强化知识，提高大学生思想道德素质和法治素养的教学方式。当今学校的教育教学处于一个完全开放的社会环境中，对学生来讲，更多的知识、经验、观念、看法的获得与确立，是来自社会的。"思想道德与法治"课社会实践教学与一般意义上的社会性实践活动不同，是在实践教学中找到联系实际的契合点，运用课堂教学的理论知识，通过走进社会，针对社会热点问题、焦点问题以及大学生关心的其他社会问题，在观察、调查、讨论、交流、分析、整理等实践活动中得到提升的教学过程。当前，对于"思想道德与法治"课社会实践教学形式的探索有以下几种：一是如何根据新的教育教学形势和要求，创新社会实践教学模式；二是如何优化原有社会实践教学形式，使其更好适应新形势下"思想道德与法治"课社会实践教学发展的需要。因此，探索将"思想道德与法治"课基本理论知识与大学生个性发展规律相结合的具有可操作性的实践教学模式，需从健全实践教学管理保障制度、集中组织型实践与分散自主型实践互相配合、多部门协调合作、精心建设实践基地与建立多层次的评价激励机制五个方面来推进，在形式上需探索以下几种高职院校"思想道德与法治"课社会实践教学：一是学生情感体验的体验型实践教学。组织学生直接走向企业、社区、农村或其他的单位进行调查研究，开展社会志愿服务、劳动服务等直接了解国情、了解社会、体验生活。二是培养学生创新能力的创新型实践教学。确立项目组织学生进行访谈、摄影等实践创新活动。比如组织学生参加"红色赛道""创新创业"的实践活动。三是培养学生的研究兴趣和能力的研究型实践教学。教师布置一些专题，学生在教师的指导下，依据自己的兴趣进行选择，以小组为形式开展社会现象、社会公德、法治现象、社区治理等课题的研究。

（3）虚拟实践教学。虚拟实践教学是实施"思想道德与法治"课实践教学的拓展点。随着信息时代的深入发展，虚拟现实技术同网络技术的相互融合形成了崭新的社会活动空间——虚拟空间，在此基础上形成了与传统相区别的实践形式——虚拟实践。"思想道德与法治"课虚拟实践教学，是依托互联网新技术的支持进行的情景模拟实践活动，即在一定的时间与空间范围内，在充分利用现有教学资源的基础上，依托网络媒介，创设实践教学活动情景，实施实践教学，充分挖掘和显现活动的意义，完成实践教学目标。虚拟空间具有给类似经历的人聚集的机会——不受时间和空间的限制，并形成富有意义的个人关系。"思想道德与法治"课虚拟实践教学特点如下：一是"思想道德与法治"课虚拟实践教学具有超时空性，以源自现实的生活内容数字化方式，展开对象性活动，让学生在参与中获得成长性体验；二是充分契合学生这一网络社会实践的"天然"主体的学习主体性，主动参与虚拟仿真；三是创设新颖的教学虚拟情境，为"思想道德与法治"课教学师生互动开拓广阔空间，沉浸式、游戏般的教学活动，极大调动学生的学习积极性。

3. 高职院校"思想道德与法治"课实践教学专题内容设计

高职院校"思想道德与法治"课实践教学需要结合课堂实践教学、社会实践教学和虚拟实践教学各自教学过程的结构特点，有机渗透，相互融合于教学过程之中，整合课堂实践教学、社会实践教学和虚拟实践教学各自的教学资源，实现资源互补，不断扩展实践教学的教学时空，凸显实践教学空间的开放性和时间的连续性，实现实践教学日常化、思想政治教育经常化，使教师"教的实践性"真正转化为学生"学的实践性"，让学生既系统地学"深"，又在联系实际中学"活"，提升教学实效性和学生的获得感。

第三节　"思想道德与法治"课一体化教学手段设计

教学有法，教无定法，贵在得法。教学手段是教学得法的重要方面，采用与时俱进的教学手段，有利于提高教学实效性。创新教学手段的前提是在现有常规教学手段基础上，革除旧的弊端，拓展新的思路。高职院校"思想道德与法治"课教学手段的创新设计，要关注教师主导与学生主体的统一，传统教学与信息技术融合创新，积极探索灵活多样的教学手段，让学生愿意听愿意学。

一、信息化教学手段

现代信息技术与思想政治教育融合创新，既可充分发挥现代信息技术在思想政治教育中的引领作用，又可推动思想政治教育传统优势实现迭代升级。因此，充分运用现代信息技术与思想政治教育融合创新的优势，用信息化教学手段，促进现代信息技术与思想政治理论课融合创新，让课堂活起来、学生动起来，让学生爱上思政课。

1. 现代信息技术让"思想道德与法治"课活起来

在移动互联网时代，互联网"原住民"一代的主流阅读媒介已经发生很大变化，移动终端成了信息传播和接受的主要平台和首要选择。从理论上讲，借助现代信息技术挖掘和开发思想政治传统资源，使其以网络信息资源的形式呈现在教育引导对象面前就成了现代信息技术与思想政治教育融合创新题中应有之义；从实践来看，坚持移动优先，有机融合思想政治教育资源，使思想政治教育移动平台"动"起来和"活"起来势在必行。由此看来，思想政治教育资源平台的构建是开展思想政治教育的一项基础性工作。

现代信息技术让教育平台活起来。随着"互联网+教育"和数字化校园的深入推进，以移动终端为技术支撑的课堂教学形成了一股势不可挡的潮流，思想政治理论课教学不断改革，教学方法不断创新。与传统思政课堂教学相比，移动课堂教学不仅能调动学生的学习兴趣，提高学生学习的主动性，培养学生的自主学习能力和团队合作意识，而且还能有效地提高教师课堂教学和学生学习的效率。广州番禺职业技术学院马克思主义学院运用微信公众平台"PYP马院"推送思政教育咨询，展示学生实践教学成果、参与党史常态化教育等，创新构建"数字马院"专题网站，由课程平台、教师发展平台和社会服务平台构成，学生可以在依托该平台课前翻转教学、课后拓展学习，推动教师智慧教学和学生的智慧学习，可以有效改变思想政治理论课抬头率不高的现象，改变思政课说教式的教学场景，增强思政课堂的生动性，让思政课堂在遵循一定的教学目标的基础上，实现教学空间、时间、内容、过程、主体、场景等课堂教学活动、要素和整个过程真正移动起来，从而增强思想政治理论课教学的吸引力和有效性。

现代信息技术让教学内容活起来。与现代信息技术深度融合的思想政治教育，能够利用网络信息技术覆盖面广、传播速度快的特点，借助各种载体和有效途径，不仅开辟了思想政治教育的新空间，构建起了网上网下的思想政治教育新格局，实现了思想政治教育的全覆盖，而且还使得思想政治教育内容能够得到及时、广泛的传播，为思想政治教育内容"活"起来提供了技术手段。在"思想道德与法治"课上，坚持在主题教育宣传、焦点热点回应、时政新闻热点等方面，运用个性化定制、精准化推送等技术，让"思想道德与法治"课的教学内容活起来。

现代信息技术让课堂教学"活"起来。微博、微信、移动终端等网络新媒体已不仅是一种的信息传播工具，而且已经成为一种重要的思想情感交流平台，思想政治教育必须顺应现代信息技术所带来的这一革命性影响，构建和创新智慧课堂教学模式。借助思想政治教育移动网络平台，教师可以利用和组织网络传播优势，选好思想政治教育内容，组织好网络传播语言和话语，以更加贴近不同思想政治教育群体日常生活，贴近他们的实际需要与关切，从而可以将思想道德和法治教育方面的道理和内容变得通俗易懂，语言更加生动活泼，形式更加丰富多彩，也可以在教学中运用"学习通""云班课"等教学软件，推送教学案例、开展互动讨论、学生成果展示等，使"思想道德与法治"课教学的亲和力得到较大提升，从而改变了思想政治教育"你说我听"的单向传播方式，思想政治教育变成了关系的构建者，教育的互动方式更加明显。

2. 现代信息技术催生新的教学模式与评价改革

高职院校思想政治工作要充分利用好线上和线下相结合的模式，推动现代信息技术与"思想道德与法治"课程教学的深度融合，创新线上与线下混合式教学方法，线上要运用好技术手段和网络阵地，给学生提供及时有效的教学资源，教师通过网络不断丰富教学资源，学生也可以通过互联网自主获取一些线上的教学资源、教学辅导完成一系列知识理论的学习，有利于学生将知识"内化于心"；线下要充分发挥好各种活动载体的作用，充分体现老师的主导作用，针对学生在线上学习遇到的问题答疑解惑，不再对相关的理论知识进行重复讲解，并通过一些主题活动，将所学的知识"外化于行"。

建立以过程评价为中心的信息化考核评价机制。考核评价是引导学生如何"学"的导向标，是检验教学成效的试金石。科学合理的考核评价能够使学生端正学习态度，提升学习热情，加速学习内化。思想政治理论课是学生思想政治教育的主阵地和主渠道，这决定了思政课必须同时兼顾学科科学性与意识形态性，因此，该课程对学生的考核评价要注重过程性评价和终结性评价的结合、注重多维主体评价和增值性评价的动态考核，要注重成绩与表现、知识与品德、思想与行为的结合，思政课的信息化改革就要实现由终结性评价向过程性评价的转变。发挥信息化手段的作用，记录每一个学生参与教学活动的所有表现，比如在思想政治理论课及其有关专栏学生参与的互动讨论情况、完成作业情况、跟帖发帖数、观看课程资源数等，凸显学生学习与成长过程的考核，注重对学生日常行为的评价。几乎与学生有关的所有信息都可以在思政信息化教学平台上留有痕迹并能得以便捷统计，均可纳入考核评价的参照坐标体系，凸显过程性考核，引导学生既要关注学业成绩，又要重视日常表现，增强思政课的教学实效性。比如广州番禺职业技术学院构建了思政课"多元主体、全方位、全过程"考核评价机制，如图3-1所示。

提高任课教师的信息化技术和水平。信息技术在教育教学中的广泛应用为教育带来了更大的改革发展空间，教师是信息技术在教学中有效应用的具体实施者，信息化教育实施的效果如何，在很多时候是由教师的教学行为所决定的。思政课教学信息化改革实施的效果如何，一定程度上也取决于思政课教师的教学行为。如何有效地对思政课老师进行相关技能的培训，提升老师信息素质是当前思政课信息化改革的当务之急。信息化教育很大程度上强调的是以学生为中心，老师起主导作用，一方面，需要转变教师的教学观念，加强理论和技能的学习，提升教师信息化教学能力；另一方面，要构建师生交流平台，双向互动,更好地促进思政课教学信息化的发展。将"教""学"与"做"相结合,在教中学、在学中教、在教中做、在做中学,在学中做,真正地让课堂活跃起来,从而提升思政课教学的亲和力和针对性。

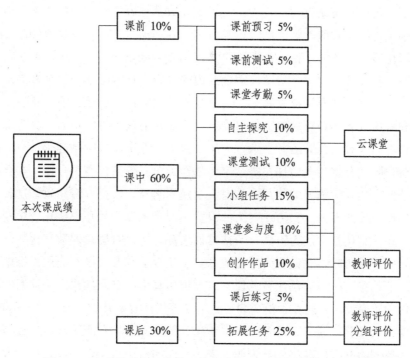

图 3-1 思政课"多元主体、全方位、全过程"考核评价机制

3. 现代信息技术推动"大思政课"数字化资源库建设

在教育过程中,实现学生自主学习,利用先进的现代信息技术摆脱传统课堂教学的限制,为学生提供多媒体资源和多种多样的思想政治理论资料,以学生为中心,满足学生实用化、个性化的学习。习近平总书记提出,"大思政课"我们要善用之,一定要跟现实结合起来[①]。上思政课不能拿着文件宣读,要运用现代信息技术,将中华优秀传统文化、中国共产党的"良善之治"、红色文化、改革创新鲜活实践等教学素材,直观地呈现给学生,从而赋能"思想道德与法治"课的教学改革。

---

① 杜尚译. "'大思政课'我们要善用之"[N]. 人民日报·海外版,2021-03-07(1).

当前对"大思政课"数字化资源库建设现状的研判。通过文献梳理和对部分高职院校思政课教学资源建设情况的调研，我们发现各高校都十分重视数字化教学资源库建设，取得了一定成果，但当前思政课数字化教学资源库建设呈现以下不足。一是缺乏理论建构。对思政课数字化教学资源库的建设和应用研究有别于传统思政课教学资源开发与应用，其理论基础、开发模式和应用机理需要深化研究，还处于探索初期阶段，存在诸多分歧和争议。二是缺乏研究深度。对思政课数字化教学资源库建设的内容体系、技术标准和呈现样态缺乏整体、系统研究，高质量成果鲜见。三是缺乏可操作性。思政课数字化教学资源建设和应用理念、观点成熟，但可借鉴、可操作的具体举措不多，教育部牵头推动建设国家教育公共服务平台"大思政课"专题资源也刚刚起步，只上线了"抗疫精神""北京冬奥精神"等数字化教学资源，各高校携手合作、共建共享思政课数字化教学资源的路径还没有完全建构起来，大多各自为政，这就造成重复建设，导致人力、物力、财力的浪费。四是思政课教师数字化教学资源开发建设和信息化教学能力不高，亟待培训提高。通过对思政课数字化教学资源建设和应用的研究，我们认为对思政课数字化教学资源建设和应用的探索大致呈现以下趋势：一是从关注智慧课室、虚拟仿真中心等硬件建设，逐渐转向到数字化资源建设、智慧教学模式和智慧学习等软性建设领域。二是"大思政课"教学资源从教学案例、短视频、图片等教学资源，逐渐扩展到AR、VR等以现代信息技术为支撑的数字教学资源上来，关注如何用数字化手段将社会大课堂资源引入思政小课堂。三是从单个学校"单打独斗"到多所学校共建共享联合开发转变，从自主研发到产教融合协同开发转变。四是从校内思政课资源建设逐渐扩展到开发"社会大课堂"资源，挖掘具有育人效应的社会现实资源，建构具有社会辐射效应的大德育场，并充实运用到思政小课堂。

在"大思政课"数字化资源库建设过程中，我们要坚持传统思想政治教育与网络思想政治教育相结合的原则、主动性与引导性相结合的原则、科学性与适应性相结合、各校自主研发与各主体共建共享联合开发相结合的原则，守正创新地推动思政育人资源库建设和应用。广州番禺职业技术学院马克思主义学院组建资源建设开发团队，以VR、AR为呈现样态，订制开发一批具有地方特色、职教特色、数字化特征的思政教育资源库，服务课程开发、教学设计和教学实施，建设在线开放课程，推动混合式教学模式的创新。以围绕习近平新时代中国特色社会主义思想"三进"为核心，以爱党、爱国、爱社会主义、爱人民、爱集体为主线，以中国共产党精神谱系、地方红色文化资源、大湾区改革开放精神、爱国华侨爱乡报国、职业理想和职业道德五大数字化资源为主要内容，构建"一个核心、一条主线、五大内容供给"的"115"资源库内容体系，形成颗粒化积件教学资源。同时，按照思想政治理论课教学功能进行功能化组合，形成有逻辑成体系的功能化课程教学组件资源。其教学资源功能化组件模块的内容大致包括课程标准、教学大纲、教学课件、教学案例、数字化教学素材、教学短视频、教学图片、虚拟仿真教学资源、阅读书目、实践要求等，并将这些资源充分地、合理地整合，以形成一个完整的教学资源库，使"思想道德与法治"课程教学资源保障有力。

二、互动探究教学法

1. 互动探究教学法促进教学相长

思想政治理论课的本质是讲道理，如何把思想政治理论课的道理讲深讲透讲活，是教学设计要着力解决的问题。"思想道德与法治"课要想通过教学解决学生成长过程中的思想道德与法治的困惑问题，师生之间的互动探究是重要的途径和方法。"思想道德与法治"课的教学要避免"一言堂"的现象，曾经有人对学生做过"你最喜欢的上课方式"的调查，选择"轻松活泼、互动"上课方式的比例最大。那种单纯由教师讲、学生听的"满堂灌"模式早已无法适应思想政治理论课教学的需要，也无法满足青年学生的求知需求，互动探究教学法就逐渐流行开来。互动探究教学是一种较为灵活有效的以学生为中心，让学生乐学、会学、善学的一种教学形式，它体现了"以人为本"的创新教育教学理念，强调发现学习、探究学习。在互动教学过程中，要处理好传授知识与培养能力的关系，引导学生质疑、调查、探究，使学生的学习成为在教师指导下的主动的、创新的过程，学生有极大的成就感和获得感。

2. 互动探究教学法的实施方式

在教学实践中，我们逐渐摸索出以下几种互动探究教学法的具体实施方式。

（1）师生角色转换，师生关系平等融洽。教学是一门艺术，不同的教学内容有不同的教学形式。即使是相同的教学内容，风格不同的教学也会表现出不同的风采。教师应设法在课堂内营造一种平等宽松的民主氛围，多给学生提供表现的机会。教师既要结合学生现有的知识能力水平、兴趣爱好、性格特点、教材的难点重点，以及教师对教材的理解随时创设情境、提出问题，又要指导学生自己提出问题、思考问题、解决问题，从而开展探究性学习。在布置学生预习和复习时，要提醒学生运用"三 W 法"（what，why，how），即弄清是什么，搞清为什么，知道怎么做。教学中教师创设情境，引导学生积极思考。这样，学生就成了学习活动的主人，不再是被动接受知识的机器；教师成为帮助者和引导者，不再是单纯的知识传输者。当然，师生互动应是全方位的，可以有互动形式的变化、时空的变化、互动内容的变化等。如互动的形式有提问法、讨论法、谈话法、活动法、答记者问法等；互动也不一定局限在课堂上，可以延伸到课外校外；互动的内容可以是书本知识，可以是社会热点，也可以是生活中某一现象等。比如讨论劳动的意义、人生价值、人与自然、如何处理师生关系、如何处理舍友关系等。

（2）生生互动相互促进，生生关系相促相长。随着年龄的增长，朋辈关系逐渐占据重要地位，同学之间相互的影响逐渐增大。生生互动的主要形式有以下几种。一是讨论法。这种方法可以是全班性的大讨论，也可以是以小组为单位的讨论，既能培养学生的合作意识、创新精神，也能发展学生的思维能力、语言表达能力和交际能力等。二是点评法。学生对某一问题的回答是对还是错不由老师直接评判，而是由另一位学生进行点评或者互评，对的给予肯定，错的提出自己认为正确的答案，并说明理由，其他学生也可以补充点评，最后教师作总结说明。这种方法更能培养学生的创新精神。三是竞赛法。如针对某一教学专题把学生分成几组，每一组学生开展自主学习，由学生确立这一教学内容的目标、重点、难点。最后，每一组同学选出一名代表，向全班同学汇报学习成果，对教学内容分析讲解得透彻的优秀者给予一定的表扬，以调动学生的积极性，形成"比学赶帮超"的良好学习氛围。四是辩论法。在课堂教学中，既可以整节课进行辩论，又可以在课堂教学中穿插进行，针对不同的教学内容，设计一些 15 分钟左右的小辩论，以活跃课堂气氛，加深对问题的理解。五是角色扮演法。这种方法形象、生动、直观，是学生喜闻乐见、寓教于乐的一种典型形式。教师根据课本内容，提前布置具有表演才能的学生排练好短小精悍的小品或者情景剧，由学生扮演不同的角色，在参与过程中得到体验和成长。

（3）与社会互动长见识，在互动中增长才干。"生活即教育"，而社会生活是学生成长的重要教育场景。在"思想道德与法治"课的教学中要给学生创造接触社会、了解社会的机会。与社会互动的形式主要有：一是组织参观访问。如组织学生参观广东革命博物馆、冼星海故居等场馆，把握社会主义先进文化，理解革命先烈的革命情怀。参观港珠澳大桥，让学生感知改革开放的时代精神。二是组织学生开展社会调查研究。例如，让学生开展革命垃圾分类的情况调查或者社会公德方面的调查，可以让学生在参与调查中提高道德认知。四是参与社会公益活动。如利用双休日到某些集市或大型商场去发放一些税法和环保宣传材料，到敬老院、福利院去做一些力所能及的事情，自愿参加一些捐款捐物活动，增强社会责任感和使命感。

3. 互动探究教学法的实施效果

（1）互动探究式教学调动了学生参与教学的积极性，让学生动起来、让课堂活起来。在互动"教与学"的矛盾中，教是主要方面，发挥教师的主导作用是实现教学目的的关键；但教师的关键作用更多地应体现在引导、点拨、激发学生的内在学习动力及发挥其独立和创造性方面，让学生的主体作用得到更多的发挥。学生是学习和发展的主体，必须坚持教师主导与学生主体相结合的原则，多一些归纳，少一些演绎；多一些启发，少一些说教。传统教学模式只注重教师的"教"，而置学生的"学"于不顾，学生缺乏课堂参与的积极性、主动性，教学效果事倍功半。互动探究式教学的一个重要特征就是学生的参与性，它通过强调教师与学生的双向交流，充分调动双方的积极性和能动性。教学中，教师以自身教学方式影响学生，激起学生的学习兴趣，而学生的学习兴趣和激情又影响教师的情绪，调动了教师的教学热情，这有利于教师更好地施教。在课堂上教师与学生互相呼应。无论是课堂提问还是案例讨论，让课堂活跃起来，学生动起来，师生间的距离也得以拉近，从而使学生在活跃的气氛中自觉不自觉地接受了知识。

（2）互动探究式教学让教师主导作用充分发挥，提高了学生发现、分析、解决问题的能力。"思想道德与法治"课与学生的实际、社会的现实结合比较密切，基于社会热点、学生困惑点和兴趣点，是容易开展讨论的。在师生互动、生生互动讨论中，提高了学生发现问题、分析问题、解决问题的能力。

（3）互动探究式教学激发学生的创新精神，为将来走向社会、步入工作岗位奠定坚实基础。传统的教学抑制学生的个性和创造精神，学生只是被动地听、记，对内容理解少，很少提出独到见解。互动探究式教学注重培养学生的创新精神，课堂上教师的任务是引导、启发、设疑，鼓励学生独立思考、大胆质疑、大胆提问、大胆发言，教师则对学生提出的各种观点给予分析、引导，增强学生的自信心。教师尤其要多鼓励那些敢于突破陈规、有独特见解的学生发言，从而培养学生思维上的批判性和创新性。由于互动探究式教学要求学生参与，必然督促学生在课下认真阅读及查阅相关资料，充实自我，以满足课堂上参与相关主题的讨论和学习的需要，这将对学生产生非常积极的作用。我们说，学生不是"知识容器"，而是一个鲜活的生命，这个生命的成长过程是一个内在的生成过程。学生的参与意识、参与精神、参与能力是我们重要的教学目标。因此教师要多引导、多鼓励，使学生在学习中始终保持积极的情绪状态，使学生的个性得到充分的张扬。

总之，利用"思想道德与法治"课的课堂，开展互动探究与热点问题的讨论，让课堂活起来、学生动起来，课堂从此充满了生机和活力，有助于提升学生的自信心，激发创新潜能，提高综合职业素养。

三、合作学习教学法

合作学习一般是指旨在促进学生在小组团队中互动合作，达成共同的学习目标，并以小组的总体成绩为奖励依据的教学方法。具体来讲，它以学生为中心，将教学内容分为不同的任务分配到各小组，组员间分工协作，共享信息与资源，共负责任，共担荣辱，共同完成任务，倡导学生的创造性、自主性、互动性。近年来，我们在"思想道德与法治"课教学中倡导合作学习教学法。

1. 合作学习教学法在"思想道德与法治"课教学中的功能分析

（1）凸显双主体地位，促进师生双向交流。在"思想道德与法治"课教学过程中强调教师的主导作用，发挥学生的主体性，对提高课程教学效果至关重要。传统教学往往注重对学生理论灌输，学生只是被动地听和记，对内容理解少，提不出问题，这就在一定程度抑制学生的个性和创造精神。合作学习一方面除了发挥教师在教学内容、教学活动的设计、组织和引导的作用，另一方面鼓励小组学生合作，在学习合作中主动参与、乐于探究、勤于思考。既注重老师的"教"，又注重学生的"学"，使老师的主导作用与学生的主体作用得以有机结合。在"思想道德与法治"课中实施合作学习法，可以充分发挥学生的主体作用，可以培养学生的团队合作、创新创造、表达沟通等能力。

（2）推动延伸互动，促进生生互动合作。"思想道德与法治"教学中采用合作学习法，既注重师生之间的互动，又突出学生之间的互动，凸显学生主体地位，把互动的中心更多地聚焦在了学生之间关系的拓展，认为生生关系比任何其他因素对学生学习的成绩、社会化和发展的影响都更强有力。因此，合作学习充分开发和利用了师生互动资源，尤其是生生互动资源，这在大班授课、小班研讨的教学中，对于减轻师生的负性负担，提高学生学习的参与度，增进教学效果，具有重要的指导意义。

（3）细化组织张力，加强课堂控制力。合作学习是以学习小组为基本形式的一种教学活动，小组合作学习，在一定程度上缓解了教师课中堂调控的压力。在"思想道德与法治"课中采用合作学习教学法，一方面，在组织管理上"化整为零"，细化大班规模。按"组内异质、组间同质"原则结成学习小组，每组人数一般在 6~8 人，选出一名责任心强、有组织能力的学生担任组长，教师通过组长了解小组成员的学习情况。另一方面，在成绩考核上，"化零为整"，让组员相互监督、共负责任、共担荣辱。课堂学习成绩以小组为单位来计分，如有人无故缺席或上课违反纪律就会导致小组被扣分，从而让小组成为一个利益共同体，在共同利益的驱动下小组成员之间会形成互相管理、互相监督、互相鼓励、互相帮助的局面，大大减轻了教师课堂管理的压力。

（4）优化教学机制，激发学生参与热情。研究发现当参与课堂发言和讨论的学生比例达到 25%~45%时，所有的学生都会积极地思考，为自己的发言或被提问做准备。合作学习是以团队成绩为奖励依据的一种教学活动。在成绩评定上，以团队成绩为"基础分"、以个人表现为"提高分"，使个人表现与团队成绩相统一。若个人积极参与课堂发言、提问、讨论、演讲或辩论，积极表现者，既能为小组赢得加分，又能为个人赢得荣誉。同时在合作学习中，每个成员都有自己的明确分工，承担一定的任务，由于自己努力与否会关系到其他成员的成绩，无形中就会给那些对课堂参与缺乏热情的学生一定的压力，避免部分学生在大中班教学中因不愿参与而处于"旁观""旁听"的被动局面。

（5）强化对话式沟通，营造和谐课堂生态。班级学生规模过大的另一弊端就是班级大、人数多，师生有效沟通少，师生间、生生间日渐生疏、陌生。采用合作学习能将师生间的活动以及生生间的活动有机地融为一体，合作的过程，也是师生间、生生间互教互学、互帮互助、相互沟通、对话合作的过程。教师从知识的权威者到学生合作的参与者，从知识的传授者到学生学习的促进者、指导者、合作者；而学生由被动的听讲者变成了积极主动参与者、评价者、学习者。一方面，双方平等交流，相互启发，这种师生关系的转换能够实现师生间的平等对话与交流，营造出一种"交流、对话、民主、探讨"的双向平等互动的关系，这不仅有利于形成相互激励、教学相长的师生关系，而且有利于增进师生情谊，融洽课堂气氛。另一方面，合作学习中生生互动也充满着浓厚的情谊色彩。在合作学习中，成员间可以互相交流、彼此争论、互教互学、共同提高，既充满温情和友爱，又充满互助和竞赛；在学习小组中，每个人都有机会发表自己的观点与看法，也乐意倾听他人的意见，当学生们在一起合作融洽、工作出色时，他们学到的就会更多，更加爱学、乐学。

2. 合作学习在"思想道德与法治"课中的教学实施

基于我们对合作学习法的理念和通用教学模式，结合高职院校学生的学习规律和学校的基础，在"思想道德与法治"课教学中，我们把合作学习的实施归纳为三个步骤。准备阶段：明确任务，实施阶段：合作探究、交流汇报，最后阶段：反馈评价与适度激励。

1）准备阶段：明确任务

这一阶段是首要环节，主要内容是教师根据一定的分配策略对学生进行分组，让学生明确合作学习的目标，明确任务和选题分工，并指导学生掌握必要的合作技巧，帮助学生选择好探究课题。

合理分组。合理的分组是合作学习有效进行的前提条件。教师在分组之前要适当考虑学生的认知能力、知识水平、性格、爱好等因素，遵循自愿结合，使小组成员在性别、成绩、能力等方面具有一定的差异性和互补性，以保证组间的公平合理的竞争。

确立合作课题。要根据"思想道德与法治"课每章节明确的教学任务，结合学生的兴趣和所关注的现实问题确立合作课题。课题要有开放性、探究性和实践性。如"如何践行社会主义核心价值观""为什么要热爱中国共产党领导下的社会主义国家""如何认识共产主义远大理想和中国特色社会主义共同理想的关系""如何认识中国特色社会主义是社会主义而不是其他什么主义""当代青年能否选择'躺平'""消费越多，人生就越幸福吗"等研究课题。

教师指导合作技巧。学生具备一定的合作技巧，才能顺利开展合作学习，教师对学生要进行必要合作技巧的指导。一要学会倾听。要让学生明确在与他人合作时，要尊重别人，不随意打断别人的发言，善于采纳别人的意见，善于控制自己的情绪。二要学会表达。合作学习需要每个组员清楚地表达自己的想法，互相了解对方的观点。三要学会协助。在合作学习中，要求学生在做好自己的组内分工的任务的同时，积极主动地协助他人。

2）实施阶段：合作探究、交流汇报

这一阶段是中心环节，主要内容是合作小组在明确任务后，对组员进行具体的分工，制定计划进行合作探究、交流总结，形成报告后制作成课件，汇报成果。此外，还要特别重视策略优化，以提高合作学习的效果。

合理分工。合作小组在明确任务后，对组员进行具体的分工，如发言人、撰稿人、记录人、材料收集人、多媒体制作人等，分工可以扬长避短，但必须保证每一个小组成员都有明确的任务。在此基础上组员对探究课题进行讨论，制定出合作探究活动的具体步骤、程序和时间安排等。

合作探究。这是合作学习的关键环节，主要由学生自主开展研究，教师只在方法上、思路上进行指导，通过引导，让学生懂得如何收集各种资料（包括文字、音像资料等），如何进行社会调查，以及如何对收集到的各种资料进行筛选、分析、研究、论证，得出结论。在这个过程中，他们既要分工又要合作，既要各司其职又要协同攻关，通过合作探究、彼此交流、分享资源、共享成果形成报告。

交流汇报。通过小组成员的调查研究、分析论证、彼此交流形成研究成果后，要指导合作小组将研究成果制作成多媒体课件，进行汇报成果。这一阶段关键是激励学生将自己的研究成果借助多媒体课件展示出来，在课堂上进行演示汇报。

策略优化。实施阶段是合作学习最为关键的环节，重视本阶段的策略优化对于提高合作学习的效果尤为重要。第一，创设良好的合作环境。在合作学习过程中教师要善于营造良好的合作氛围，用各种适当的方式给学生以心理上的安全感或精神上的鼓舞，激励他们主动探究、勤于动手、乐于参与，使每个学生真切地体验到合作学习的成功与快乐。第二，强化积极互赖关系。积极互赖代表了小组成员之间一种积极的相互关系，每个成员都认识到自己与其他组员之间是"休戚相关"的关系，使小组成员中产生一种群体压力，促使每个成员认真投入到合作学习中。第三，认真监控适时指导。学生生活的世界是充满矛盾的世界，他们由于立场、思维方式、知识结构的差异，对一些问题存在认识上的偏差，教师就不能"缺位"，要运用政治、经济、文化、思想、人生、价值等多方面的知识全面、历史、辩证地分析以引导学生。

3）最后阶段：反馈评价与适度激励

最后阶段是总结反馈环节，主要是对合作研究成果进行反馈评价与适度激励，力求实现评价主体的多元化和奖励方式的多样化。

评价多元化。合作成果是合作小组的经验总结，对合作研究成果的评价应是多维的、立体的，力求实现评价主体的多元化，即从单向转为多向，建立由学生自评、小组互评、教师点评共同参与、交互评价体制，以多渠道的反馈信息促进被评价者（组）的发展。

自评促发展。理论必须在用中学，才能把理论学活，学生在探讨课题时能自觉联系理论去剖析问题，教师需要不失时机地为学生提供自我评价的机会，让学生在自我评价中了解自己，清楚地看到自己存在的不足，从而充分调动其提高理论素养的积极性、主动性。

互评导客观。在小组合作中，学生通过查阅资料、调查访问、分析论证、制作课件，已经知晓需要探讨的内容。在小组互评中，就能从不同视角评论各组的研究成果，为其进行较为客观的补充或加以改正，在充满思辨和时代感的交流中，感受学"思想道德与法治"课对自己成长的帮助。

师评赏成功。在小组合作中，教师要用赏识激励的方式对学生的合作态度、合作方法、参与程度、研究成果进行客观评价，同时思政课教师的评价和激励是合作教学"画龙点睛"环节，教师以理论的高度进行专家型的点评，丰富学生在政治、经济、文化等方面的知识，培养学生运用马克思主义立场、观点、方法以及用伦理观和法治观认识各种社会现象的能力，引导学生科学处理人与自然、人与社会、自己与他人的关系，解决成长过程中的困惑。

奖励多样化。对学生研究成果进行多样化的奖励。一方面，当教师讲授某一选题内容时可组织研究成果展示会，对学生的研究成果进行评价与评定，将评定成绩按 20%～30%的比例计入课程成绩；另一方面，把学生的研究成果汇编成专辑或推荐优秀成果给有关报刊公开发表，激发学生研究的积极性。

四、教学模式的创新

遵循"价值引领、能力本位、智慧赋能"教学设计的理念，结合现代信息技术带来的思政课信息优化改革，进一步推进"思想道德与法治"课教学手段的创新，广州番禺职业技术学院马克思主义学院将从以下几方面守正创新，加强课程建设。

1. 突出"问题导向、项目牵引"的内容创新特色

创新"一线穿、巧设计"的教学内容体系（一线穿是指教学资源要和教学内容、智慧教学空间、教学模式创新相适配的一线贯穿），以围绕习近平新时代中国特色社会主义思想"三进"为核心，以爱党、爱国、爱社会主义、爱人民、爱集体为主线，以中国共产党精神谱系、广东红色文化资源、大湾区改革开放精神、爱国华侨爱乡报国、职业理想和职业道德五大数字化资源为主要内容，构建"一个核心、一条主线、五大内容供给"的"115"数字化教学资源内容体系，同步探索智慧思政软件资源与硬件资源适配的教学体验空间和智慧思政教学模式，着力解决数字化教学资源"最好开发什么、究竟如何开发、开发后怎么用"等问题。

2. 突出"成果导向、行动研究"的方法创新特色

创新"两面引、妙引线"的线上线下混合式教学模式（两面引是指线上与线下两面引导师生进行智慧教学和智慧学习）。项目研究方法中，坚持成果导向理念，遵循"以生为本、成果导向、持续改进、鼓励成功"的教改价值取向和研究路径，在推进思政教育与现代信息技术融合创新中坚持行动研究法的技术路线，强调将教育理论与教育实践融为一体，将教育者和教育现实问题紧密结合，强调在"行动""情境""做"中进行研究，按照计划、行动、考察和反思等环节，破解教改中遇到的关键痛点问题。

3. 突出"立足学校、广东样本"的应用推广特色

打造"三课堂、精育人"的理论智慧课堂、实践行走课堂和网络体验课堂。该项目具有理论探索和实践推进于一体的鲜明特色,在研究中按照边研究边实践边推广的路径进行,在项目研究中以承担的"双高计划"建设任务为个案,将"立心铸魂、价值引领"的教育导向和"以生为本、因材施教"的学校特色结合起来,着力打造智慧思政的广东样本,并创新资源共建共享机制,以数字马院集成教学资源,并依托全国高职名师论坛、全国虚拟仿真教学中心和全国高职院校思政课建设联盟、广州大中小学思政课协创中心等渠道向粤港澳大湾区同类学校以及全国同行推广应用。

第四章

"思想道德与法治"课一体化教学的设计保障

思想政治理论课教学是一种特殊的教学活动，教学保障是高职院校思想政治理论课的重要基础，"思想道德与法治"课一体化教学设计的保障是基础中的基础。2020 年 9 月 16—18 日，习近平总书记在湖南考察时强调，"要把课堂教学和实践教学有机结合起来"①。"思想道德与法治"课一体化教学设计，始终遵循学生思想政治素养养成和学生成长成才的基本规律，突出体现思想政治教育的养成性、职业性、实践性和体验性，这就要求研究和构建符合自身运行规律的思想政治理论课教学质量保障体系。鲜活丰富的教学资源是构建教学质量保障体系的重要基点，精干有为的师资队伍是构建教学质量保障体系的主体力量，科学有效的教学诊改体系是构建教学质量保障体系的技术支撑。"思想道德与法治"课一体化教学设计保障要遵循成果导向教育理念（OBE 教育理念），紧密围绕课程教学目标、教学模式创新、教学资源建设、师资队伍建设和教学诊断体系建设等要素，建设新时代高职院校思政"金课"，培养社会主义事业的合格建设者和可靠接班人。

第一节　"思想道德与法治"课一体化教学设计的资源建设

习近平总书记提出："'大思政课'我们要善用之。"②"思想道德与法治"

---

① 习近平在湖南考察时强调 在推动高质量发展上闯出新路子 谱写新时代中国特色社会主义湖南新篇章[N]. 人民日报，2020-09-19（1）.

② 杜尚译. "'大思政课'我们要善用之" [N]. 人民日报·海外版，2021-03-07（1）.

课一体化教学设计要重视理论与实践一体化教学，重视开展高职思政课线上线下混合教学，不断优化教学资源进而优化教学设计。高职院校需要克服资源建设问题，充分利用"互联网+"技术与思政"金课"教学有机融合，搭建思政教育多平台，形成平台优势。充分发挥地域优势与思政实践活动相结合，构建实践教学基地，完善教学基地主体优势。这在为学生提供个性化、立体化学习的新空间，培养时代新人方面发挥了突出的作用。

一、高职"思想道德与法治"课资源建设面临的现实问题

新时代高职院校思政"金课"经过各方努力，极大地提高了立德树人、铸魂育人的质量与成效，囿于诸多因素还存在着教学资源库建设亟待完善的现实阻碍。重视理论与实践一体化教学，开展高职院校思政课线上线下混合教学，优化教学设计，不断增强思政课的思想性、理论性和亲和力、针对性，是提升思政课立德树人、铸魂育人质量的重要途径。针对当前普遍存在的教学数字化资源运用不足、实践教学资源运用能力有限导致教育效果不佳、重复式资源呈现、刷分式自主学习等现实问题，应摒弃狭隘思维，搭建有效平台，促进人工智能技术与"思想道德与法治"课的嵌入融合，提高教学实效性，增强学生的获得感和满意度。

1. 数字化资源建设与应用不足

（1）教学资源应用目的不准确。"思想道德与法治"课教学活动既有教的主体，也有学的主体。教师的教学活动、学生的学习活动与教育资源有效融合，都应该指向促进学生自主学习。但是在实践中课程资源的投放、呈现与利用并没有考虑学生的学习规律和个性化特点，更多的是为教师"教"的活动服务，这样的课程资源并不能激发学生自主学习探究的功效。高职学生更愿意看到线上所呈现的资源能出现在课堂教学中，在教师的引领下，共同探讨交流以获得情感的共鸣。但教师要么是课前有布置而无课堂检验的预习，要么是让学生课后去看知识链接完成课后作业，显然不能满足学生的期待，也导致教学资源质量难以得到保证。

（2）教学资源应用能力偏弱。"思想道德与法治"课程的许多资源被赋予崭新的样态，吸引着越来越多的青年学生去关注。再如各大主流媒体推出的媒体作品，时政新闻，还有像以 B 站为代表的视频网站推出的小视频等，高职大学

生不仅对其高度关注，而且主动参与互动的积极性也很高。但是，许多教师对这些教学资源把握不够，在他们的认知中，"思想道德与法治"课线上线下混合教学的网络课程资源就是自己依托某一课程平台建设好的微课、PPT 等，对网络中涌现出的这些更为学生关注的新资源，他们既没有主动筛选、积极利用的自觉，也不会主动关注学生与这些网络资源互动的过程并及时予以思想引领和价值塑造。

（3）教学资源运用手段欠缺。当代大学生之所以将网络作为自己主要的信息来源，绝不仅仅是因为便捷。互联网作为思想文化传播的新介质，其依托信息技术重塑了内容形态，这也是吸引大学生的一个重要因素，如弹幕技术对网络互动的支持。因此，"思想道德与法治"课线上线下混合教学不能忽视信息技术对混合效果的影响。这就需要教师与时俱进地将不断更新换代的信息技术应用到平台建设中，将教学传统方法手段与新型媒介手段进行动态结合，让微信、QQ 等社会化媒体与线上教学平台产生交互作用，从而使平台的内容表达方式和互动方式能够吸引更多的高职大学生。但是，目前的高职院校"思想道德与法治"课线上线下混合教学中，教师所掌握和应用的信息技术还是比较低的层次，这种技术水平虽然可以依托平台把教学内容搬到网上，但这只是解决了"思想道德与法治"课程资源在网络上有没有的问题，"思想道德与法治"课程网络资源吸引力不足的问题仍亟待研究解决。

2. 实践教学资源应用能力有限

2022 年 8 月，教育部等部门印发了《全面推进"大思政课"建设的工作方案》，提出要"建好用好实践教学基地，充分发挥教育部高校思政课教师研学基地的实践教学功能"的重要举措。但是教学过程中，实践教学基地运用受主观和客观限制，效果不佳。

（1）实践教学模式陈旧，甚至流于形式。在"思想道德与法治"课的实践教学中，被高职院校采用最多的且能实现的方法是原著阅读、社会调查、志愿服务等。然而这并不能体现良好的实践效果，如社会调查报告很多学生一抄了之；校外实践活动大多就是把学生领出校园去，到博物馆参观，去福利院慰问、参加公益活动等，与课程教学关联不紧密，这导致学生兴趣不浓，甚至部分教师和学生都把实践教学当作一种负担而消极对待。高职院校挂牌的实践教学基地不少，但同时存在基地建设与课程吻合度不高、经费短缺、利用率偏低、活动开展少等不足，也存在实践教学系统化设计不够，没有形成主题式、系统化的实践训练项目来有效支撑，难以覆盖全体学生，甚至流于形式，实效性也不佳。

（2）实践教学微观设想多，系统化设计不足。《教育部关于印发〈新时代高校思想政治理论课教学工作基本要求〉的通知》指出，"加强新时代高校思想政治理论课建设""从本科思想政治理论课现有学分中划出 2 个学分，从专科思想政治理论课中划出 1 个学分，开展本专科实践教学"。但是，目前高职院校"思想道德与法治"课实践教学一是主观规划和设想多，经验总结提升为系统理论偏少；二是实践教学活动呈现碎片化，实践活动考核评价无标准，实践作品常常被忽视；三是重视实践教学活动开展，忽视了 5G 时代背景下数字化资源库建设和网络实践教学的创新开展；四是实践教学具体微观阐述多，系统化实践教学模式开发少。因此，探索构建"立体化"实践教学模式，将实践活动课程化，有助于加强思政课课程建设。

（3）本土资源开发不足，个性化教学开展少。本土化资源的开发有助于思政课教学亲和力和实效性的提升。本土特色的地域资源是指与其他地区相比，具有本地区鲜明特色的教育资源。比如地方红色文化就是当地最生动的思政课实践教学的素材。在广州，如黄埔军校旧址、中共三大会址纪念馆、广东革命历史博物馆等既是充满张力的宝贵文化资源，又是一种充满亲和力、易于引发学生情感体验和价值认同的教学资源。广大学生在进行实践课学习的同时，不仅增长了知识和才干，还了解了地域历史文化，丰富的地域文化能够激发广大青年学生的学习兴趣和学习意愿，使他们能够更好地树立家国情怀，增强对中国特色社会主义的政治认同和文化自信。但是，本土资源的整合往往会被忽视，依托本土红色资源开展特色实践教学不足。

3. 教学资源建设管理不严

（1）育人教学资源重复建设。丰富的教学资源是顺利开展高职院校思政课线上线下混合教学活动的重要条件和必要保障。资源库可以是个性化的，但是协同合作才能实现共建共享。同类型的高职院校在教学资源建设上不同程度存在重复建设的问题。高职院校之间缺乏整体的统筹规划，分散自建，使资源达不到优化配置而造成资源的大量浪费。许多教师尽管在网络课程平台投放与专题相关的案例、视频、微课等，但这些与专题讲授内容基本是一样的，而将专题授课的 PPT 原封不动发至课程平台作为学习资源的教师也不在少数,其后果就是课堂专题教学和网络课程平台对学生的吸引力双双打折扣。

（2）自主实践教学存在刷分现象。一方面,高职院校大学生对思政课本就存在一定的认识偏差,认为思政课和其专业关联度不大,实用性不强,因此自主学习的意愿低。另一方面,他们从小到大的思政课一直都是采取传统课堂集中教学的方式,对思政课的学习已习惯于被动接受,也就意味着他们对思政课的自主学习能力欠缺。网上学习占总成绩的比重较大,所以为了分数,学生的网上自主学习花样百出:边干其他事边刷课,在手机上打开网络课程相关内容后,就去玩游戏、洗衣服……这显然是有违实施"思想道德与法治"课建设教学资源初衷的。

二、搭建高职"思想道德与法治"课教学资源库建设体系

教育部在《教育资源建设技术规范》中指出,资源库中的资源主要包括媒体素材、题库、试卷素材、课件与网络课件、案例、文献资料、常见问题解答、资源目录索引、网络课程等。比如广州番禺职业技术学院"思想道德与法治"课教学资源库主要包括"民法典""工匠精神"虚拟仿真资源;广东省高等职业教育精品资源共享课、广东省微课资源库"等。为确保"思想道德与法治"课课程目标的有效达成,要建设"平台+基地+资源库"的立体式资源体系,主要包括以内容为主体的资源库内容搭建体系、以运用为主体的教学资源库建设运用体系、以平台建设为主体的教育环境体系、实践教育基地为主体的教学模式,以及资源库技术为主体的运行维护体系。

1. 完善资源库建设,搭建内容体系

（1）依托教材进行专题化资源库建设。"思想道德与法治"课是一门融思想性、政治性、科学性、理论性、实践性于一体的思想政治理论课,是高校大学生的一门公共必修课程。本课程以社会主义核心价值观为主线,以理想信念教育为核心,以爱国主义教育为重点,针对新时代大学生成长过程中面临的思想道德和法律问题,开展马克思主义世界观、人生观、价值观、法治观教育,引导大学生成长为自觉担当民族复兴大任的时代新人。立足学生发展需求和专业特点,将教材内容整合为"时代定位、精神动力、行为导向"三大单元,主要

包括把握时代方位、人生价值教育、理想情操教育、道德品质教育、法治素养教育五大模块，设计"迈进新时代 肩负新使命""把握人生要义 领悟人生真谛"等二十三个专题。遵循由理论到实践、由思想到行为的逻辑进路，引导学生立大志、明大德、成大才、担大任。

（2）以能力本位理念丰富资源库内容。高职院校坚持以就业为导向的教育类型，能力本位的教育理念是其课程建设的基本遵循。教学内容客观全面，既要有过往的案例，又要紧跟时代，紧扣社会现实，挖掘学生"看见过"的典型事例和人物，捕捉学生"经历过"的社会热点和问题，用以服务教学内容，可通过更形象生动的案例在案例资源库建设体系中呈现相关基本知识，让思政课有意思的同时也有意义。所以，资源库内容体系中需包含基本的知识内容、历史内容、国情时政内容。

首先，"思想道德与法治"课程应包含最基本的知识内容。要依托教材进行专题化资源库建设，通过这些基本知识的掌握，引导学生明确时代定位、树立正确的人生观、理解我国道德规范、了解社会主义法治体系。

其次，"思想道德与法治"课程的内容体系中还需包含历史内容。在绪论部分和理想信念、中国精神、社会主义核心价值观等内容中可以挖掘丰富的党史资源。在学习党的二十大精神的背景下，深挖党史资源有助于高校学生更深入领悟党的思想，践行党的引领。

再次，"思想道德与法治"课的内容体系中还需包含国情时政内容。"思想道德与法治"课需要学生在学习中学以致用、拓宽视野、强化知识，提升分析问题、解决问题的能力以提高大学生思想道德素质和法治素养，和时政、国情教育有着较为紧密的联系。教育教学处于一个开放的社会环境中，要针对社会热点问题、焦点问题以及大学生关心的其他社会问题，在观察、调查、讨论、交流、分析、整理等教学活动中提升，让案例资源库服务于学生成长需求，服务于时代诉求。

最后，围绕问题式教学丰富资源库内容。以模块三——理想情操教育为例，通过微党课，了解"什么是理想信念"；通过重走长征路，领会长征精神，理解"为什么说理想信念是精神之钙"，丰富学生党史知识；通过分享抗疫故事等，理解"新时代如何弘扬中国精神"，丰富国情时政相关知识。理想情操教育模块的教学设想如图 4-1 所示。

精神之钙 （为什么需要理想信念？）	一、理想信念的内涵和特征（什么是理想信念？） 二、理想信念的作用和意义（为什么说理想信念是精神之钙？） 三、理想信念与大学生成长成才（为什么大学生成长成才需要理想信念？）
信仰之基 （需要什么样的理想信念？）	一、坚定马克思主义信仰（马克思主义过时了吗？） 二、胸怀共产主义远大理想（共产主义渺茫吗？） 三、坚定中国特色社会主义共同理想（共同理想有必要吗？）
复兴之梦 （该如何实现理想？）	一、个人理想与社会理想的统一（理想，能只想自己吗？） 二、正确看待理想与现实（理想能照耀现实吗？） 三、为实现中国梦注入青春力量（中国梦和我有关系吗？）
兴国之魂 （实现理想的力量来自哪里？）	一、重精神是中国民族的优良传统（中国精神从哪里来？） 二、中国精神是民族精神和时代精神的统一（什么是中国精神？） 三、实现中国梦必须弘扬中国精神（为什么要弘扬中国精神？）
爱国之责 （如何做新时代爱国者？）	一、爱国主义的基本内涵（爱国主义有哪些基本要求？） 二、做新时代爱国者（新时代如何弘扬爱国主义精神？）
创新之力 （如何做创新生力军？）	一、创新创造是中华民族的禀赋（改革创新精神从哪里来？） 二、改革创新的时代要求（为什么要改革创新？） 三、做改革创新的生力军（如何弘扬改革创新精神？）

图 4-1 理想情操教育模块教学设想

2. 优化资源库的应用，改进应用体系

在"思想道德与法治"课的教学实践中，要始终遵循学生思想政治素养养成和学生成长成才的基本规律，让学生在实践中提高自己的思想道德素质和法治素养。优化对资源库的应用，发挥教和学的积极性，资源库建设时提倡师生共建教学资源库，重视学生主体建设力量；资源库使用过程中重视兄弟院校共建共享；通过线上线下时空混合，提升教育效果。

（1）摒弃狭隘思维，师生共建教学资源库。传统认为教师是资源库建设和使用的主体，但是不能忽视学生的主体作用，应由师生共建教学资源库。以合作、探究等形式互动，由学生搜集资料、教师指导进行深度加工，不断增强教学活动的吸引力，使学生由被动学习转变为主动学习、由被动接受转变为主动求索，实现学生独立学习和参与课堂教学的有效融合，真正让学生成为学习主体。从国家、社会对高职学生的国家需求出发，着眼学生的成长成才，聚焦学生的政治鉴别与政治抉择能力、道德认知与道德践行、责任担当与社会参与能力、理论思维与职业核心能力四大能力的培养，提高学生发现问题、分析问题、解决问题的能力，培养学生理论思维品质，引导学生把握历史规律，准确认识

社会与自我，培养积极乐观的人生态度，运用道德和法律规范调控自己的行为。

（2）兄弟院校共建共享，打造思政课堂教学新生态。各个院校如果各自建设资源库为己所用，成本很高。如院校之间进行协同共享，相互交流对方的资源库内容，可以及时丰富、更新教学案例。学生也能从不同特点的院校中看到不一样的资源内容，互学所长。整合网络平台的便利交互渠道以及线下的讲授、讨论等交互通道，将教与学贯穿师师、师生、生生等多方交往的过程，以点对点、点对面、面对面的方式强化教学活动的交互性。

（3）线上线下时空混合，提升教育效果。通过线上教学、课堂教学和课后反馈的时空混合，以提升质量为导向，利用网络平台所具有的传播力和辐射力，了解思政课教学的新型内容形态和学生关注的热点问题，不断将优秀的网络资源整合。要通过信息化技术与教学的时空混合，营造声像交互、声情并茂、丰富有趣的教学环境，实现线上教学的知识传授、价值观渗透和引导同线下教学的理论研讨、答疑解惑、成果展示等环节的有效衔接，在高质量的学习体验中提升学生的理论水平、思想觉悟和道德素质，从而避免线上教与学流于形式、线下教学中教学资源与教学内容"不相往来"等窘境。

3. 搭建线下平台，构建信息化智慧思政育人场景

依托教育部思政课教学方法改革项目，依托硬件、软件和教学设计，创新构建了"一化三维"的致用模式，即致力价值引领与能力本位相统一，实现教学场景、教学内容、教学方式方法与教学评价整体协同，明德致用，知行合一。

打造沉浸式智慧思政教学环境，提供场景支持。以信息化为支撑建构智能互动教学空间，实现情境式、智慧化、交互性教学，为实施致用模式、创新思政课智慧课堂教学奠定坚实基础。比如，在日常上课教室，借助硬件设施一人一机一麦克风授课，教室有主讲台+投影+学生电脑机+学生麦克风，突破传统课堂的时空限制。在虚拟仿真教室借助 VR 等设备和虚拟教学软件创造线上线下沉浸式体验空间。

4. 搭建线上平台，构建智慧思政育人渠道

针对资源库运用中出现的普遍存在的教学网络资源运用能力不足、教学网络资源运用手段欠佳、实践教学资源运用能力有限、重复式资源呈现等问题，要打通线上线下渠道，构建多样化智慧思政育人平台，提高教学实效性。

（1）依托本校省级立项微课资源库、资源共享课程教学平台、学习通、学

习强国，开发建设思政课线上资源库，打通线上线下渠道。课前，教师推送微课资源和测试，指导学生开展课前活动，根据学生课前学习和任务完成情况优化教学方案；学生自主学习微课、查阅资料、完成课前任务，为线下课堂教学做好知识铺垫和活动准备，提前进入教学情境。课中，依据学生对资源库预习，教师结合资源库回应同学，综合运用启发讲授、借故传道、以情化人、现实诘问、对比分析、引经据典等方法，聚焦重难点进行精讲。

（2）利用微配音、VR、抖音等学生喜闻乐见的新媒体资源，学生通过分享展示、问题探究、演讲汇报、互动讨论、角色代入、情景表演，进行分组小练，开展实践性思维训练，学生在做中学、学中做，培养"三善"能力，突破教学难点，打造又正又潮、又红又炫的思政课。

（3）依托马克思主义学院公众号（PYP马院）、明德青年社等自创平台推送身边的案例资源、展示学习成果形成新的资源积累。通过线上练习巩固课中学习，线下完成问卷调查、专题研讨、视频拍摄、参观学习等实践拓展，依托明德青年社、手语协会、醒狮社等社团，开展劳动锻炼、志愿服务等实践活动，在真实情景中践悟真知，养成良好行为习惯。再将学生的理论成果或者实践成果放在平台进行展播，成果的汇集本身也是资源库内容的积累。

（4）集成数字化教学资源，打造数字马院平台。按照"资源集成+平台驱动"的理念，开发中国共产党人精神谱系、职业素养与工匠精神、广东红色资源、粤港澳大湾区精神、爱国华侨爱乡报国等虚拟仿真教学资源，集成彰显时代特征、职业类型和本土资源，同时开发数字马院线上网络课程平台，支撑智慧思政教学模式变革创新，提升教学亲和力。

5. 拓展实践教学基地，构建实践教学模式

实践教学模式，是理论教学的延伸，其开展能让广大学生走向社会思政大课堂，将理论知识结合社会实际，进一步深化对课堂理论知识的理解，从而将理论知识体系内化为行动自觉的价值体系。实践教学基地是思政课教学的重要资源，拓展实践教学资源，探索系统化、可操作性实践教学模式有助于思政课理论教学与实践教学相统一。

（1）开发实践项目，增强课堂实践效果。开发理实一体实践教学项目，促进知行合一，实现能力本位和价值引领的有机融合。教师在课堂上应尊重学生的主体性地位，我们可以立足学生实际，通过学生主导实践活动，结合专业特

点，学生职业能力增长。融合思政教育与专业教育、劳动教育、创新创业教育，融合思政课堂与社会大课堂，拓展教学广度，增强教学力度，提高学生用马克思主义基本原理去分析、解决人生成长和社会适应困惑，比如在学习"锤炼个人品德"章节内容前，教师布置任务，要求学生在学校、教室、实训楼等学习生活场所拍摄不文明的行为和现象的照片或者视频，进行摄影大赛，让学生进行自我评价、自我完善。

（2）结合校内社团等组织，定期组织学生开展校内实践活动。组织学生进行参观学习、志愿服务等活动，增强学生关心社会、服务社会的主人翁意识；通过指导学生社团——明德青年社、手语协会、有情泉义工团、辩论队、醒狮社开展丰富多彩的实践活动，培养学生组织协调、沟通策划活动的能力，并进一步扩大思想政治理论课的影响力，提高学生的学习积极性和主动性。

（3）依托校外实践教学基地，开展校外实践活动。要使思政课实践教学制度化、规范化，就要建立相对稳定的实践教学基地。挖掘本市特色实践资源，共建思想政治教育基地，建设党史教育资源库。在本校建立博物馆、校史馆，利用本省博物馆等，突破传统课堂的时空限制，创造沉浸式体验空间，实现教学资源课内外联动，实现情境式、智慧化、交互性教学，促进训育结合，德技并修，知行合一，实现能力本位和价值引领的有机融合。

（4）拓展线上实践项目，开展沉浸式实践教学。以信息化为支撑建构智能互动教学空间，借助学院微信公众号、学习通等信息化平台或者社会上的其他信息化平台，参观线上展馆，体验 VR 资源，打造体验式和沉浸式教学。尝试利用微配音、抖音等学生喜闻乐见的新媒体资源和平台体验创作，打造又"正"又"潮"的思政实践课。

（5）创新网络实践教学，创立立体化实践教学模式。依据本校实践教学资源，提出"136一体三联动六美"立体化实践教学模式。即基于学生主体，以信息化为支撑，以线上线下混合式教学为基础模式，沉浸式+体验式实践教学平台和环境，提供智慧思政教育场景支持，线上线下资源与课程内容完美融合，实现情与理联动。开发理实一体实践教学项目，促进知行合一，实现能力本位和价值引领的有机融合，实现价值养成与能力锻炼的联动。构建线上线下一体的动态多元的增值评价体系，实现以评促学。形成线上成果展示、线下成果参与竞赛汇编成册的实践成果综合展示体系，使实践成果可视化，实现体验式成长与信息化展示联动。打造"理论之美、情怀之美、实践之美、创造之美、逻辑之美、专业之美",打造思政课实践教学模式的线上线下实践课堂(见图4-2)。

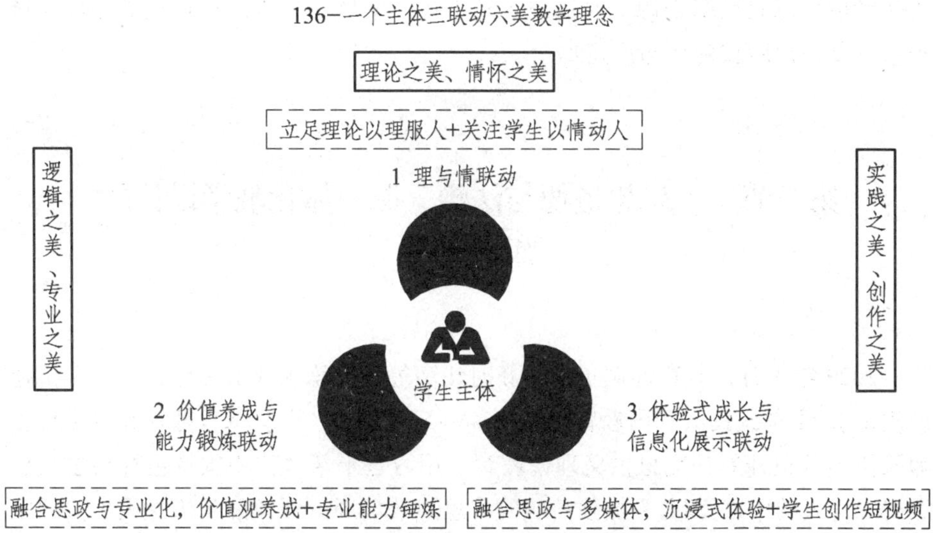

136—一个主体三联动六美教学理念

理论之美、情怀之美

立足理论以理服人+关注学生以情动人

1 理与情联动

逻辑之美、专业之美

实践之美、创作之美

学生主体

2 价值养成与
能力锻炼联动

3 体验式成长与
信息化展示联动

融合思政与专业化,价值观养成+专业能力锤炼　融合思政与多媒体,沉浸式体验+学生创作短视频

图 4-2 "136一体三联动六美"主体化实践教学模式

6. 创新运维体系,确保实践教学有序开展

运维体系是建设数字化教学资源库有效支撑实践教学的重要保障,主要包括案例更新体系、案例修改体系、案例备份体系。

(1)案例更新体系。当案例根据时代需求阐述重点发生调整或有新的案例材料时,需要及时对案例进行更新调整。对更新的案例,需要及时在各用户端口显示。保持更新的及时性和同步性能,最大限度体现大数据案例资源库的鲜活性,能够保证使用案例资源库的用户同时接收到更新的内容。

(2)案例修改体系。当案例材料经过研究考证与事实存在出入需要进行修改编辑或案例材料过时需要下架时,案例修改体系发挥重要作用。除了统一的修改,案例资源库还可设置个性化的修改模块,便于教师在备课及学生在学习时能够在个人记录里编辑个性化的笔记等内容。

(3)案例备份体系。随着时代的发展与材料的丰富,案例资源库必然不断扩充,随之而来的可能有容量、储存、知识产权等问题。首先,运维体系需要考虑案例资源库的容量,并通过技术手段进行扩容,以确保多层次多个用户同时使用。其次,案例资源库应该有备份系统以应对突发情况,减少黑客入侵、数据丢失等事件给案例资源带来的损失。最后，案例资源库中的案例材料虽然都用于教学交流而非商业行为，但仍应该注重知识产权的保护，案例引用应获得作者的同意且注明来源，对用户自行上传的案例材料也应该通过数据库系统查重，并作出版权确认与风险提示。

第二节 "思想道德与法治"课一体化教学设计的师资建设

2020年1月，教育部颁布的《新时代高等学校思想政治理论课教师队伍建设规定》（中华人民共和国教育部令第46号）指出："思政课教师是高等学校教师队伍中承担开展马克思主义理论教育、用习近平新时代中国特色社会主义思想铸魂育人的中坚力量。"加强高职院校思想政治理论课教师队伍建设事关国家的未来发展、学校的内涵建设和学生的成长成才。只有对思政课教师的职责与要求、配置与选聘、培养与培训、考核与评价、保障与管理等多方面提出明确要求，确保把党和国家的政策关怀更好地转化为思政课教师队伍建设的效能，才能真正建设一支高质量思政课教师队伍。

一、"思想道德与法治"课一体化教学设计师资建设的意义

1. 对国家未来建设意义深远

高职院校思政课教师承担着思政课立德树人根本任务。"我们所'树'的人是在新的时代格局下，能把实现个人价值同党和国家前途命运紧紧联系在一起的社会主义建设者和接班人。"[1]"思想道德与法治"一体化教学设计重视对学生进行价值引领和思想塑造，教育教学过程中，要重视现代信息技术尤其是人工智能技术的有效支撑和驱动赋能的功能。但是，受社会多元化思潮和多媒体技术发展影响，青年学生的思想认识也呈现出多元化、碎片化发展趋势。处于拔节孕穗期的大学生更加需要正确价值观的引领，否则容易在

---

① 戚洪娜，杨洁. 新时代高职院校思想政治理论课教师队伍建设研究[J]. 2022（23）：69-90，73.

人生价值选择上迷失方向。通过课程教学，坚定学生"四个自信"，增强学生使命担当意识，引导学生自觉行动，积极投身于实现中华民族伟大复兴的社会实践。

2. 对教学质量提升意义重大

高职院校通过高质量思政课教师队伍建设，可改变当前思政课质量不精，学习内容老套，学生对思政课低兴趣的局面。为促进高职院校思政课教学质量的提升，从而打造出优质的思政课堂，更好地发挥思政课堂的功能，必须实现教学模式、教学方法的转变，使每一堂课都有意义。对教师发展而言，高质量教师队伍将凝聚教育力量，减轻教师教学压力，提高教师工作积极性，提高思政课教师的职业归属感，增强责任意识。

3. 对学生成长成才意义重大

"思想道德与法治"课一体化教学设计从高职院校的教育对象实际出发，以职业素养为导向来开展教学设计，突出能力本位，提高学生的政策领悟能力、辩证思考的能力、口头表达沟通、书面表达能力等，逐渐提升其职场核心竞争力，弥补职业素养的短板，促进学生生涯发展。随着高职院校事业的蓬勃发展，高职院校学生数量也在不断增加。如何引领高职院校学生健康成长，成就更出彩的人生，日益成为一个非常重要的研究课题。与普通院校学生相比，高职院校学生缺乏较为坚实的知识理论基础，较为独立的人格与自律意识还未完全形成，人生观、世界观、价值观还不够成熟。面对高职学生的成长，必须要打造一支使命意识强烈、政治素养过硬、家国情怀深厚、理论功底扎实的高职院校思政课教师队伍，自觉担负起"塑造灵魂、塑造生命、塑造新人"的重要使命。

二、"思想道德与法治"课一体化教学设计师资建设的现状

近年来，尤其是新时代以来，高职院校都非常重视思政课教师队伍建设，教师数量和质量都有不同程度的改善。但面对新时代"思想道德与法治"课程一体化建设的新要求和新任务，"思想道德与法治"课教师在政治素养和教学能力等方面还存在一定差距。

1. 教师配比与事业发展不相匹配

根据教育部印发的《普通高等学校马克思主义学院建设标准》文件精神，各高校应按照师生比不低于1：350的比例核定专职思政课教师岗位，在编制内配足，且不挪作他用。近年来，各高校比以前都更加重视思政课教师的配备培养，思政课教师的数量都有不同程度的增加。但一部分学校特别是民办学校，依然存在数量不足，甚至存在用辅导员、党政干部充当专职思政课教师的情况。由于教师配备不足，再加之这几年学生规模不断扩大，教师任务量加大，工作繁重，忙于备课、上课，投入科研工作的时间较少，不利于教师专业素质的提升。同时，教师配备不足，导致课堂规模过大，教学互动难以有效展开，影响教学效果。

2. 教师师德师风仍需加强

党的二十大报告对我国教育改革发展提出了新的更高要求，再次强调要"全面贯彻党的教育方针，落实立德树人根本任务，发展素质教育，推进教育公平，培养德智体美全面发展的社会主义建设者和接班人"[①]。实现"立德树人"首先需要教师加强师德师风建设。广义的师德除了指教师的世界观、人生观、价值观，还包括教师的政治立场和态度等方面。高职院校大部分教师具有较高的师德师风素养，但随着改革开放和市场经济改革的持续推进，新媒体时代各种良莠不齐的信息充斥，受全球化进程加快和多元文化的冲击以及社会发展过程中出现种种弊端的影响，一些教师的价值理念随之发生变化，有的教师甚至对马克思主义理论，社会主义道路产生怀疑，对自己从事的职业、工作岗位缺乏深沉的自信，理想信念不够坚定，一定程度上存在着信仰缺失、信仰多元化、信仰世俗化等倾向，对专业的认同度降低，角色感缺失，仅仅将教学当作任务去完成，忽视对学生的教育与引导。

3. 教师业务能力有待提高

打铁还需自身硬。较强的业务能力是高职院校思政课教师讲好思政课"道理"的基础和前提。较强的业务能力包括深厚的理论基础、对教学规律、职业教育特点和信息化技术掌握程度等把握。

---

① 习近平. 高举中国特色社会主义伟大旗帜 为全面建设社会主义现代化国家而团结奋斗——在中国
共产党第二十次全国代表大会上的报告[N]. 人民日报，2022-10-26（1）.

从教师年龄结构看，近些年，高职院校"思想道德与法治"课教师队伍整体较为年轻。他们与学生之间因为较小的年龄差距，更容易进行有效的沟通，能够熟练地运用各种信息化手段，更能够贴近学生。但是年轻教师因为缺乏知识的厚度和教学经验的丰富度，在对教材内容的把握、课堂教学设计、课堂教学组织、教学方法手段等方面都存在很大的提升空间。老教师教学经验丰富，对教材把握和教学组织都更有经验，但是对信息化手段和技术的运用欠佳，实践教学活动项目的组织形式陈旧。

从教学内容和方法来说，"思想道德与法治"课的教学内容没有更新，形式得不到创新，教师对热点话题和教育改革的感应较迟钝，很少自觉地完善和更新教学内容，枯燥的理论知识无法与现实生活相结合。教师在教学方法上不能积极创新，一般采取传统的灌输式教学，很难吸引学生认真听课，抬头率不高。在教师专业理论素养和教学能力方面，部分教师自身专业素养不够，整体素养有待提高，马克思主义理论功底不深厚，对社会现象无法进行深刻清晰的阐释，无法把"思想道德与法治"课讲深讲透讲活。

三、"思想道德与法治"课一体化教学设计教师队伍建设的路径

"思想道德与法治"课具有思想性、政治性、科学性、理论性和实践性的基本属性，立足高职院校思政课教师队伍建设的现状与困境，"思想道德与法治"课一体化教学设计师资建设的实现路径主要从制度层面的政策方针落地、机制方面的保障、教师个人层面的成长等方面进行探索，加强师资队伍建设。

1. 加强学科支撑，优化师资队伍结构

从教师队伍建设的角度而言，学科建设的重要性在于它既解决了教师的归属感、认同感，也解决了教师事业发展的依托和平台问题。自 2008 年教育部颁发《关于进一步加强高等学校思想政治理论课教师队伍建设的意见》后，马克思主义理论学科地位已然正式确立起来。随着马克思主义理论研究和建设工程的开展，马克思主义理论学科得到了长足发展，然而马克思主义理论学科对高校思想政治理论课教育教学的支撑仍显乏力。首先，要加强思政课建设的"学科意识"而非"课程意识"。其次，要将马克思主义理论学科队伍

建设与高校"思想道德与法治"课队伍建设有机统一起来。就现状而言，绝大多数"思想道德与法治"课教师都是马克思主义理论学科出身，本身就是学科建设队伍中的一员，而部分学科建设的专家和学术骨干也承担了一些高校的思政课教学任务，因此应将二者统一起来。比如加强学术带头人的培养，选拔一批具有发展潜力的青年教师，通过各种渠道，采取有力措施，使他们成为思政课的学科带头人、学术领路人，进一步从学科建设和发展的角度加强对"思想道德与法治"课教师团队的人才培养。

2. 加强配套政策，强化教学能力提升的保障机制

保障动力机制教育行政部门和学校党委在提升高职院校"思想道德与法治"课教师教学能力方面发挥着十分重要的作用，它们既是大学教师教学能力培养的倡导者，又是大学教师教学能力培养的参与者。2020 年 1 月，教育部印发的《新时代高等学校思想政治理论课教师队伍建设规定》明确指出，思政课教师的首要岗位职责是讲好思政课。而思政课教师的教学能力关乎课程建设质量，是教学效果好坏的关键。重视"思想道德与法治"课建设，要给教师提供更多发展机会和平台。

首先，完善队伍建设体制，构建合格人才队伍。高职院校在对"思想道德与法治"课教师进行选择时应在遵循标准情况下，从自身实际出发，制定长远规划。在用人标准上以热爱教育事业，有坚定的政治立场与专业素养作为基本标准，其政治面貌应是中国共产党党员，具有相关学科的背景知识，坚决抵制政治素养不过关，理想信念不坚定的人员。

其次，完善队伍管理体制，重视"思想道德与法治"教师培养。要充分认识高校思想政治理论课在人才培养中的重要功能，充分认识其在立德树人中发挥的重要作用，营造高职院校"思想道德与法治"课建设的良好氛围。学校党委成立思想政治理论课建设领导小组，制定学校思想政治理论课建设发展规划，在人员编制、经费投入、公共资源使用方面给予充分保证，在科研立项、评优表彰、职务评聘等方面给予一定倾斜；同时搭建高职院校"思想道德与法治"课教师考察学习、社会实践、在职进修、说课与赛课、多媒体课件和教案设计比赛等平台，确保"思想道德与法治"课优先发展，为高职院校"思想道德与法治"课教师教学能力提升提供保障。

最后，考评激励机制方面，要改变当前考评方式单一化、形式化，激励措施不到位的局面。在考评主体上，应以教师考评、学生考评、专家考评等多种主体相结合。制定"质"与"量"相结合的考核指标，将教师的课时量、教学能力、教学效果、教学创新、项目成果等因素综合起来加以考虑。激励政策上要做到切实保障教师的待遇不低于全校平均水平，合理设定晋升及成长机制。

3. 搭建培训平台，创新教师成长机制

首先，搭建精准培训平台。在培训内容方面，要做到内容的多元化，满足不同层次的教师成长需求。对于年轻的教师，应重点加强其对专业知识的学习，帮助其确定职业定位与发展方向，提升教学技能，培育良好师德师风。对于年长的教师，要在多媒体设备的运用、现代教具的运用、教育改革前沿动态的了解等方面对其加强培训。要创新培训形式，建立高校间的网络培训平台，使得高校之间能够实现培训资源共享，能够分享个人学习心得和成长经验。

其次，创新交流学习平台。有经验的老教师发挥"传帮带"作用，积极与年轻教师沟通交流，让年轻教师学习教学方法、加深对教材的理解等，促进年轻教师快速成长。同时，对信息化技术比较擅长的新教师通过交流让老教师比较迅速地掌握现代化信息技术，同时共同摸索出更多的实践教学项目，促进相互成长，形成"比、学、赶、帮、超"的良好氛围，切实把"思想道德与法治"课的教师队伍建设成一支政治合格、业务过硬、学生欢迎的教师队伍。

最后，创新以赛促进平台。组织教师参加各级各类教学比赛，教师在比赛过程中研读教材，创新教法，优化教学流程，打造示范课堂。在参赛过程中，教师团队沟通探究思政教学艺术，共商教学中的重难点问题，使得教师个人与队伍在研讨中得到升华。

第三节　"思想道德与法治"课一体化教学设计的质量诊改

开展职业院校内部质量保证体系诊断与改进工作，不仅成为推进职业院校高质量办学的重要基础，也是提升职业教育现代治理能力并实现可持续发展的

重要路径。从某种意义上讲，质量诊改工作的主要对象在于职业院校内部质量保证体系构架及其运行状态，其核心目的在于"促进内部质量保证体系完善，常态化监测教育活动运行状态，提高高职院校人才培养质量"①。要提高"思想道德与法治"课教学质量，也应该创新质量诊改机制，以保证"思想道德与法治"课一体化教学设计的质量。

一、"思想道德与法治"课一体化教学设计质量诊改的内涵目标

1. "思想道德与法治"课一体化教学设计质量诊改的内涵

2019 年，国务院印发的《国家职业教育改革实施方案》（简称"职教 20 条"）标志着我国高等职业教育的发展进入了一个从"数量时代"迈向"质量时代"的新时期，一个切实注重高职教育质量，切实提升人才培养质量，切实完善内部质量保证制度体系和运行机制的新时期。

"质量诊改"即诊断与改进，"思想道德与法治"课一体化教学设计的质量诊改是指"思想道德与法治"课一体化教学设计的诊断与改进，它主要通过教学质量诊改体现，是新时代职业教育高质量发展的重要抓手。《教育部办公厅关于建立职业院校教学工作诊断与改进制度的通知》（教职成厅〔2015〕2 号）对"教学诊改"作了明确界定："职业院校教学工作诊断与改进，指学校根据自身办学理念、办学定位、人才培养目标，聚焦专业设置与条件、教师队伍与建设、课程体系与改革、课堂教学与实践学校管理与制度、校企合作与创新、质量监控与成效等人才培养工作要素，查找不足与完善提高的工作过程。"该文件也明确了教学诊改的工作方针是"需求导向自我保证、多元诊断、重在改进"。也就是说，教学诊改是新时代职业院校实现高质量发展的一场自我革命，通过自我评价、自我改进、自我发展、自我完善不断提升办学活力和人才培养质量。其核心是持续提高人才培养质量并以此为导向保证人才质量；"多元诊断"即建立学校自主诊改，主管部门及各参与主体协同改进的多元共治机制；"重在改进"即坚持问题导向，查找和改进不足，变回顾总结为实时监控，将教学诊改融入日常工作，形成工作新常态。

---

① 刘志峰. 高职院校内部质量保证体系诊改工作：本质、意义和内容[J]. 职业技术教育，2016（18）：24-19.

2."思想道德与法治"课一体化教学设计质量诊改的目标任务

一体化教学设计的质量诊改是为了教学质量的提高，这是一体化教学设计出发点和归宿，开展"思想道德与法治"课一体化教学目标设计非常重要，关系到这门课程的教学方向是否正确，教学活动是否合理，教学活动是否对学生有益，教学质量是否提高，所以说，目标是教学诊改工作的逻辑起点，也是教学活动的出发点和必然归宿。课程层面树立课程建设目标，教师层面树立职业发展目标，学生层面树立成长成才目标，从而统一于学校整体质量提升的目标，形成合力，从而提升人才培养质量。

（1）课程层面的目标任务。《教育部关于印发〈新时代高校思想政治理论课教学工作基本要求的通知〉》明确指出："思想政治理论课承担着对大学生进行系统的马克思主义理论教育的任务，是巩固马克思主义在高校意识形态领域指导地位、坚持社会主义办学方向的重要阵地，是全面贯彻党的教育方针、落实立德树人根本任务的主干渠道和核心课程，是加强和改进高校思想政治工作、实现高等教育内涵式发展的灵魂课程。"开设"思想道德与法治"课一体化教学设计，旨在创新理论与实践教学体系，更好地对学生进行马克思主义人生观、价值观、道德观、法治观的教育引导，将其培养成为社会主义合格建设者和可靠接班人。

（2）教师层面的目标任务。教育部印发的《新时代高等学校思想政治理论课教师队伍建设规定》明确界定："思政课教师是指承担高等学校思政课教育和研究职责的专兼职教师，是高等学校教师队伍中承担开展马克思主义理论教育、用习近平新时代中国特色社会主义思想铸魂育人的中坚力量。"同时，该文件第二章对思政课教师的职责与要求进行了具体阐述，提出思政课教师的首要岗位职责是讲好思政课。思政课教师要引导学生立德成人、立志成才，树立正确的世界观、人生观、价值观，坚定对马克思主义的信仰，坚定对社会主义和共产主义的信念，增强中国特色社会主义道路自信、理论自信、制度自信、文化自信，厚植爱国主义情怀，把爱国情、强国志、报国行自觉融入坚持和发展中国特色社会主义事业，建设社会主义现代化强国、实现中华民族伟大复兴的奋斗之中，为培养德智体美劳全面发展的建设者和接班人作出积极贡献。结合"思想道德与法治"课的基本属性，高职院校"思想道德与法治"课教师有区别于其他课程的特点和要求：有深厚理论素养，准确把握马克思主义中国化进程中形成的理论成果；有坚定的理想信念，坚定对马克思主义的信仰，对社会主义和共产主义的信念，坚定对实现中华民族伟大复兴的信心；健全高尚的人格魅力和道德法治素养，"思想道德与法治"课教师理应具备正确政治立场，爱岗敬业，以身作则，准确熟练运用马克思主义立场、观点和方法认识问题、分析问题和解决问题的能力，能够有效引领青年学生崇德向善，成为新时代好青年。

（3）学生层面的目标任务。高职院校"思想道德与法治"课的教学应该成为实现职业教育目标的主渠道，2019 年，《国务院关于印发国家职业教育改革实施方案的通知》明确提出，高职教育要"着力培养高素质的劳动者的和技术技能人才"。这就是高职院校学生应该树立的成长成才目标。结合"思想道德与法治"课程基本属性和目标，"思想道德与法治"课一体化教学设计的目标任务：一是掌握基本理论。"思想道德与法治"课的教学离不开马克思主义理论、伦理学和法学等学科的支撑，是在相关学科支撑下着力解决学生成长过程中的困惑，着力提高学生思想道德素质与法治素养。二是用党的科学理论武装头脑，分析问题。用党的初心使命感召青年，教育学生坚定不移听党话、跟党走，怀抱梦想又脚踏实地，敢想敢为又善作善为，做有理想、敢担当、能吃苦、肯奋斗的新时代好青年，做社会主义建设者和接班人，这是党和国家人才培养的目标，也是"思想道德与法治"课教学需要达成的重要任务。三是理论联系实际，按照"价值引领、能力本位、智慧赋能"的教学理念，突出专业性、职业性和实践性，把理论与实践、理想与现实、主观与客观、知与行有机统一起来，自觉投身于中国特色社会主义伟大实践，为实现中华民族伟大复兴作出应有的贡献。

二、"思想道德与法治"课一体化教学设计质量诊改的监测体系

推进"思想道德与法治"课一体化教学设计的质量诊断与改进需要一定的质量诊改监测体系，这是教学设计质量的重要保证，是持续保证提高思政教学质量、培养应用型人才的关键。而建立健全的数据平台是其支撑基础，构建多元教学评价体系是关键，建立线上线下双线教学模式是重要方式。

1. 建立健全的数据平台

通过对人才培养全过程数据的持续收集、及时发掘和深入分析，动态化、常态化地监测教育教学运行状态，为多元参与主体进行正确的价值判断和科学决策提供客观的数据依据。发挥信息化手段的作用，记录每一个学生参与教学活动的所有表现，比如在思想政治理论课及其有关专栏学生参与的互动讨论情况、完成作业情况、观看课程资源数等，凸显学生学习与成长过程的考核，注重对学生日常行为的评价，纳入考核评价的参照坐标体系。

首先，坚持教学数据有效采集。"数据采集是数据平台建设的基础，是帮助院校实现'循数治理'有效落地的根基。"[1]数据采集要遵循职业教育基本规律和教学工作的特点，做到科学、客观、有效，具有全覆盖、多类型、深层次的特点，对有关教育教学中的数据颗粒予以广泛采集，形成完整的质量诊改大数据闭环链。

其次，提升数据分析反馈能力。对数据的深入挖掘、分析和反馈是数据平台建设的基础。面对着内外部海量的信息资料及数据属性的复杂性，通过有效的数据挖掘分析技术，综合利用分类模型、关联模型、预测模型等，改善数据信息质量，精确把握数据的结构特征，实现质量监测常态化，从而为质量诊改提供支撑。要充分利用现代信息技术手段，不断完善动态预警和质量报告有机结合的常态化反馈机制，增强质量信息的实时查询、及时分析与动态预警等功能，提高报告内容的完整性、多样性和准确性，从而保障各主体可以及时掌握有关反馈信息，为科学决策和精准调控提供重要的依据。

2. 构建多元教学评价体系

在课程教学改革的同时，改革考核评价方式。广州番禺职业技术学院对学生的考核评价注重过程性评价和终结性评价的结合，注重多维主体评价和增值性评价的动态考核，注重成绩与表现、知识与品德、思想与行为的结合，促进结果性评价向增值性评价转变。发挥信息化手段的作用，记录每一个学生参与教学活动的所有表现，比如在思想政治理论课及其有关专栏跟踪学生参与的互动讨论情况、完成作业情况、跟帖发帖数、观看课程资源数等，突

---

① 刘志峰. 高职院校内部质量保证体系诊改工作：本质、意义和内容[J]. 职业技术教育，2016（18）：24-29.

显学生学习与成长过程的考核，注重对学生日常行为的评价引导。学生既要关注学业成绩，又要重视日常表现和实践能力，增强思政课的教学实效性。课程总评成绩由三部分组成：平时成绩30%、实践成绩30%、期末考试成绩40%。在实践活动部分，填写"思想道德与法治"课实践活动手册，教师量化打分，实现考核方式多样化，将静态考核变为动态考核，变学生被动接受考核为主动参与考核，将结果式考核变为分阶段分层次的过程考核。实践成绩占本门课程总评成绩30%。

在评价过程中，以师生互评、生生互评、学生自评等方式开展多主体评价，充分利用智慧课室实时采集教学过程数据，动态反馈教师教学和学生学习行为和效果数据，通过PYP马院公众号、抖音等多媒体软件将学生的实践学习成果发布在平台上，通过浏览量和转发量进行量化打分，形成动态和增值性评价体系，以评促教、以评促学，增强师生自我效能感，反思改进，提高、完善"思想道德与法治"课一体化教学设计质量。

3. 建立线上线下混合教学模式

教育部颁布的《职业教育提质培优行动计划（2020—2023年）》提出，要以育人为本、质量为先，要推动信息技术与教育教学深度融合，创新职业学校思想政治教育模式，提升课程教学质量和职业教育信息化建设水平。大学生对网络获取信息热情高涨，对互联网平台使用频繁，我们应重视线下教学和观察线下学习效果，更要探索线上教学方式，通过线上进行教学量化评价、监测学习效果。

大数据时代将多维丰富的信息扁平化，提升了信息储存的容量与提取的效率，借助现代信息技术及时将鲜活、丰富的社会素材转化为有效的数字化教学资源，同时通过多媒体手段提供新颖的教学方式和量化评价方式。通过线下教学和互动观察学生状态，通过线上教学和互动通过数据观察监测学生的进步和变化。应从整体上对教学设计进行规划，防止线上线下两条平行线，真正实现"线上+线下"深度融合、师生良性互动的教育模式。

三、"思想道德与法治"课一体化教学设计质量诊改的实施路径

为有效推进"思想道德与法治"课一体化教学设计的质量保证和改进，应当从教学主体、教学客体和教学内容三个方面协同发力。

1. 教学主体：突出主体性与主导性，提高教师与教师之间的协同力

课堂是教学的主阵地，教师是教学主体，也是教学活动主导者，是质量生成的关键环节。

（1）坚持以学生为中心的教学理念。教师要始终坚持以学习者为中心，为不同层次、不同类型的受教育者提供个性化、多样化、高质量的教育服务，促进学习者主动学习、释放潜能、全面发展。"思想道德与法治"课一体化教学设计能充分发挥教师教学主体性，因材施教。能否发挥教师主导性为学生发展和成长发挥指引作用，是教师在教学诊改的基本准则。通过教学诊改，构建以学生为中心的课程教学新模式，才能实现高职教育由量的增长向质的提升的转变。

（2）发挥教师主导地位的教学原则。教师要具备扎实的理论功底和丰富的教学经验，深入浅出地理解和实施"思想道德与法治"课一体化教学设计，制订出科学可行的实践方案，本着对学生负责、对党的教育事业负责的态度，充分发挥好主导性，指导好学生实践教学的每个环节，让学生在鲜活的实践中真感受、真思考、真改变，从而实现"知、情、意、信、行"的良性转化，切实让"铸魂育人"的思政课实践教学落到实处。结合课程内容灵活处理。

（3）创新持续改进教学设计的理念。"思想道德与法治"课教师应该具备较强的反思意识和学习意识，充分和其他教研室进行交流，从不同方面了解学生动态，学习经验。同老教授加强交流，从科研和教学方面向他们学习。教研室教师之间要加强交流和团建工作，共享资源，分享收获，相互提醒，共同提高。这样才能在实施"思想道德与法治"课一体化教学设计的同时，根据自身专长和学生特点反思完善教学设计。

2. 教学客体：突出"能力本位"，提高教师与学生协同力

学生是教学活动中的客体，同时也是学习活动的主体，学生既是"思想道德与法治"课一体化教学设计的被动接受者，又是积极参与者。教师与学生在教学活动中双向交互、信息流动，进一步提升"思想道德与法治"课一体化教学设计质量。

（1）突出能力本位理念，提升学生就业竞争力。突出能力本位理念，以提升学生职业素养、增强学生就业竞争力为着力点。通过"思想道德与法治"课

的教学，对学生实施价值引领，提升高职学生的思想政治素质、道德素质和法治素养，提升学生思想道德和法治的践行能力和核心职业素养。

（2）突出能力本位理念，发挥学生学习主体作用。突出能力本位理念，将教材重点教学内容与贴近学生实际、贴近社会、贴近本土文化的鲜活教学素材有机整合起来，充满高职特色、时代气息，充分发挥学生的学习主体作用，提高学生分析问题、解决问题的能力，充分彰显高职"思想道德与法治"课的时代性、职业性特征，将学生实践成果作为一体化教学的教学资源积累，提升他们对"思想道德与法治"课程的归属感和认同感，也实现自我认同感。

3. 教学内容：利用"智慧思政"，提升传统课堂与网络技术的协同力

合理安排教学内容是教学设计的中心环节，思想政治教育的发展范式和创新路径受到技术化的制约和选择。

（1）创新智慧课堂，营造多元交互的教学场域。打造智慧课堂，通过数字化、网络化、智能化的手段，即通过"人—机—环境"交互设计，创设不同话语场域的教学情境，实现从"被动学习、权威认同"向"协同创新、交互认同"转型。

（2）运用信息技术，营造自主学习的教学情境。采用任务驱动式、情景模拟等教学方法，营造生动的教学情境。教师们可以运用图片、视频等多种形式，通过微信公众号、手机软件（APP）等信息化平台组织教学内容、创新实践活动，使学生在获取信息的过程中自主学习知识，破解思想政治理论课教学实效性不强的教学难题的同时，锻炼学生能力，达到以学生为中心，培养学生自主学习的习惯，提高学生自我学习、团队协作、与人沟通、信息处理、发现问题、分析问题和处理问题的能力。

（3）用好网络平台，打造线上线下的贯通平台。运用现代化的信息技术，在师生互动中展开教学，通过公众号、短视频等平台精心选择各种事例来阐释理论，运用理论来解决现实问题。运用现代化的信息技术的数据记忆和过程化评价发现问题，根据就业的优势需求，提升职业素养，弥补就业竞争、职场发展的短板。提升传统课堂与网络技术的协同力，针对需求点和不足处，进一步完善"思想道德与法治"课一体化教学设计，提高"思想道德与法治"课教学质量，增强职业素养，更好地培养社会主义事业的建设者和接班人。

下 篇

实践设计篇

模块一 把握时代方位

专题一　迈进新时代　肩负新使命

一、学习导航

➤　经典论述

一百年来，在中国共产党的旗帜下，一代代中国青年把青春奋斗融入党和人民事业，成为实现中华民族伟大复兴的先锋力量。新时代的中国青年要以实现中华民族伟大复兴为己任，增强做中国人的志气、骨气、底气，不负时代，不负韶华，不负党和人民的殷切期望！

（习近平：《在庆祝中国共产党成立 100 周年大会上的讲话》，载《人民日报》2021 年 7 月 2 日，第 2 版。）

➤　设计思路

大学阶段，是人生发展的重要时期，是世界观、人生观和价值观形成的关键时期，大学生需要正确认识当前所处的历史方位。经过长期努力，中国特色社会主义进入了新时代。当代大学生是同新时代共同前进的一代，既拥有广阔发展空间，也承载着时代赋予的使命。本专题主要通过教学引导学生理解现在所处的中国特色社会主义新时代，把握历史新方位，明确作为时代新人的历史使命，以及学习本课程的基本要求和学习方法。为此，我们按照"价值引领、能力本位、智慧赋能"的教学设计理念，对本专题教学进行理实一体化教学设计，引导学生将理论知识内化于心、外化于行。在理论教学中，以教学目的、教学导入、教学重难点、教学案例、拓展学习、习题演练等教学环节，让学生认识当前所处的新时代，意识到作为民族复兴进程的见证者和参与者，要立大志、明大德、成大才、担大任，自觉提升个体思想道德素质和法治素养，进而树立担当民族复兴大任时代新人的人生信念。在教学过程中，以"智慧思政"为主要实施路径落实理实一体，侧重于引导培养学生善于表达、善于思考、善于行动的能力。在实践活动中，通过阅读《习近平的七年知青岁月》等环节，加深学生对理论知识的学习，并付诸实践，促进知行合一。

➤　知识图谱

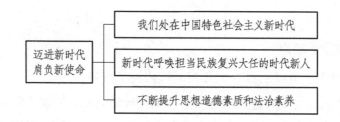

二、理论教学

➤　教学目的

通过本专题的学习，学生能够理解和掌握中国特色社会主义新时代的科学内涵，把握中国梦与青春梦、中国梦与个人梦之间的辩证关系，深刻认识中国特色社会主义新时代与大学生成长发展的内在关系。引导和帮助学生正确认识自身所处的时代方位，了解中国特色社会主义新时代对大学生成长成才提出的要求，不断努力提升自身的思想道德素质与法治素养，做担当民族复兴大任的时代新人。

➤　教学导入

2022 年，电视剧《人世间》火爆全网，好评如潮，累计吸引超 4 亿观众，在以年轻人为主要用户的豆瓣社交平台上被打出 8.1 的评分。该剧根据梁晓声的同名小说改编，以居住在东北某城市的一户周姓人家三代人的视角，描绘了十几位年轻人在近 50 年时间内所经历的跌宕起伏的人生，它串联起诸多大事记：知青插队、三线建设、恢复高考、国企改革等，全面展示了改革开放以来中国所经历的翻天覆地的变化。通过《人世间》我们可以感受到年轻人的个人发展是与整个时代的发展息息相关的。而当代的大学生又身处什么样的时代呢？在这个"时代"之下，我们如何处理好理想与现实、个人与社会、友谊与爱情、学习与工作的关系呢？

总结：新时代是我们理解当前所处历史方位的关键词。经过长期努力，中国特色社会主义进入了新时代。党的十八大以来，在奋进新时代的伟大实践中，以习近平同志为核心的党中央团结带领全国各族人民，实现了第一个百年奋斗目标。今天，我国正朝着实现第二个百年奋斗目标迈进。作为实现中华民族伟大复兴的先锋力量，大学生要把不懈追求的梦想始终与振兴中华的责任担当紧密相连。

> ➤ 教学重难点

【重点1】中国特色社会主义新时代的科学内涵

中国特色社会主义进入新时代这一重大政治判断，有着丰富深厚的思想内涵。它是承前启后、继往开来、在新的历史条件下继续夺取中国特色社会主义伟大胜利的时代，是决胜全面建成小康社会、进而全面建设社会主义现代化强国的时代，是全国各族人民团结奋斗、不断创造美好生活、逐步实现全体人民共同富裕的时代，是全体中华儿女勠力同心、奋力实现中华民族伟大复兴中国梦的时代，是中国日益走近世界舞台中央、不断为人类作出更大贡献的时代。

【重点2】成为担当民族复兴大任的时代新人

要立大志，要有崇高的理想信念，牢记使命，只有青年的理想越远大、信念越坚定，民族才有希望，国家才有力量。要明大德，不断锤炼高尚品格，拥有持久深沉的道德力量，形成正确的道德认知，自觉践行道德准则。成大才，就是要有高强的本领才干，勤奋学习，勇于探索，刻苦钻研，积极掌握技能，让增长本领成为青春博击的能量。担大任，大学生要自觉把个人前途与国家、民族的前途命运紧密地联系在一起，要有使命在肩，奋斗有我的精神，成为担当民族复兴大任的时代新人。

【难点1】正确认识自身成长与新时代的内在关系。

大学阶段正值人生的关键阶段，处理好理想与现实、个人与社会等方面的关系，要以形成对所处时代的正确认识为前提。大学生要认识到新时代是一个承前启后、继往开来的时代，是更接近实现中华民族伟大复兴的时代，作为青年一代要把个人的青春梦想与中国梦紧密联系在一起，为实现祖国的繁荣富强不断开拓进取。

【难点2】不断提升思想道德素质与法治素养。

思想道德素质和法律素质是大学生应具备的基本素质，它是协调各种关系、处理各种问题时所表现出来的是非善恶判断能力和行为选择能力，是政治素养、道德品格和法律素养的综合体，是人们日常生活中的行动目的和方向的指南。具备良好的思想道德素质和法律素质是新时代大学生把握发展机遇、成就担当大任的时代新人必备的条件。

➤　教学案例精选与点评

【案例】青春的力量　时代的脊梁

过去，有人说他们是娇滴滴的一代；如今，他们成了抗疫一线的主力军。正如习近平总书记回信勉励北京大学援鄂医疗队全体"90后"党员中所指出的那样："在新冠肺炎疫情防控斗争中，你们青年人同在一线英勇奋战的广大疫情防控人员一道，不畏艰险、冲锋在前、舍生忘死，彰显了青春的蓬勃力量，交出了合格答卷。"在这次抗击疫情的斗争中，人们看到了更多"90后""00后"刚毅果敢的身影。很多人曾经担心"90后""00后"年轻人能否扛起未来的重担。就在今天这场没有硝烟的战场内外，人们看到，年轻人用自己的肩膀扛起了责任，描绘了"大写的青春"。

（胡喆、李伟、侯文坤：《青春的力量　时代的脊梁——记抗疫一线的"90后""00后"年轻人》，载环球网2020年5月14日，https://baijiahao.baidu.com/s?id=1666671213204472020&wfr=spider&for=pc。内容有删减。）

案例点评：

在今天这场没有硝烟的战场内外，众多"90后""00后"主动请缨，奋战在抗疫第一线，用他们刚毅果敢的身影战"疫"，他们成了疫情抗击不可或缺的一部分，用自己的肩膀扛起了责任，描绘了"大写的青春"。作为当代的大学生，我们要肩负历史使命，坚定前行的信心，要立大志、明大德、成大才、担大任。练就过硬本领，积极投身社会实践，让青春在为祖国、为人民的不懈努力奋斗中绽放出绚丽之花。

> ➢ 拓展学习

（1）中央党校采访实录编辑室：《习近平的七年知青岁月》，中共中央党校出版社 2017 年版。

（2）朱光潜：《给青年的十二封信》，岳麓书社 2010 年版。

（3）内蒙轩：《马克思靠谱》，东方出版社 2016 年版。

> ➢ 习题演练

每位教师编写本章的学习试题，和在线考试的题库结合起来，以二维码的方式链接，学生扫码练习。

三、实践活动

> ➢ 实践项目　读书分享会

书目：《习近平的七年知青岁月》，中共中央党校出版社 2017 年版。

【目标要求】

通过组织学生阅读《习近平的七年知青岁月》，让学生学习习近平总书记青年时代在艰苦环境中磨炼意志品格的奋斗故事，以及扎根基层、服务群众的人民情怀。作为当代青年，要像习近平总书记一样做一个有理想，勇担当，能做事的好青年。

【活动方案】

（1）活动时间：90 分钟。

（2）活动地点：思政课信息化智慧课室。

（3）活动方式：每个同学提交学习心得+小组代表展示。

（4）活动流程：

① 任课教师通过超星学习通分享《习近平的七年知青岁月》，学生自主阅读；

② 学生小组内部交流阅读心得，并制作读书分享会的 PPT；

③ 把读书分享会的 PPT 上传到超星学习通；

④ 任课教师选派优秀作业代表在课堂展示；

⑤ 任课教师总结发言，总结本次活动存在的优缺点。

【活动评价】

计分表

评分项目	分值	得分
完成阅读	30	
结合实际	60	
按时完成	10	
总分	100	

【实践成果】

活动结束后，以小组为单位提交电子版阅读心得，包括阅读时形成的笔记、收集的资料和文献，以及小组代表汇报时的 PPT、照片、录像等。

"读书分享会"项目书面作业

系别专业_____ 班级_____ 姓名_____ 学号_____

_____

_____

_____

_____

专题二　把握人生要义　领悟人生真谛

一、学习导航

> 经典论述

要树立正确的世界观、人生观、价值观，掌握了这把总钥匙，再来看看社会万象、人生历程，一切是非、正误、主次，一切真假、善恶、美丑，自然就洞若观火、清澈明了，自然就能作出正确判断、作出正确选择。正所谓"千淘万漉虽辛苦，吹尽狂沙始到金"。

（习近平：《青年要自觉践行社会主义核心观价值——在北京大学师生座谈会上的讲话》，人民出版社 2014 年版，第 11 页。）

> 设计思路

人的本质是什么？怎样才能不虚度光阴成就出彩人生？个人与社会辩证关系是怎样的？这些问题常常萦绕在大学生心头。在各种思潮相互激荡的时代，面对纷繁复杂的世界，大学生应树立正确的人生观和价值观，学会辩证地看待个人与社会的关系，从而明确人生目的、树立积极向上的人生态度，通过不懈努力实现人生价值。为此，我们按照"价值引领、能力本位、智慧赋能"的教学设计理念，对本专题教学进行理实一体化教学设计，引导学生将理论知识内化于心、外化于行。在理论教学中，以教学目的、教学导入、教学重难点、教学案例、拓展学习、习题演练等教学环节，使学生能够正确理解人的本质，掌握人生观的主要内容，认识到个人与社会是对立统一的关系，二者相互依存、相互制约、相互促进，大学生要把自己的人生追求同国家发展进步紧密结合起来。在教学过程中，以"智慧思政"为主要实施路径落实理实一体，侧重于引导培养学生善于表达、善于思考、善于行动的能力。在实践活动中，通过观看《感动中国 2021 年度人物颁奖盛典》、撰写观后感等教学环节，加深学生对理论知识的学习，并付诸实践，促进知行合一。

> 知识图谱

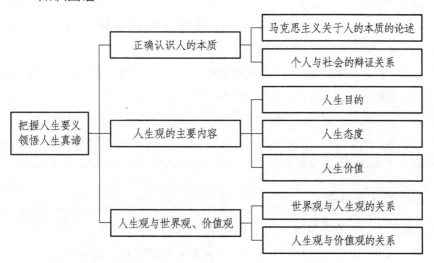

二、理论教学

> 教学目的

通过本专题的学习，引导和帮助学生系统认识马克思主义关于人的本质理论，深刻理解个人与社会的辩证关系，追求科学高尚的人生目的，自觉将人生的自我价值与社会价值有机地统一起来，树立正确的人生观和价值观，从而掌握科学认识和正确处理人生问题的立场、观点和方法。

> 教学导入

1920 年，在印度加尔各答西面约 1 000 千米的丛林中，发现狼哺育的两个女孩，其中大的有八岁，后被取名为卡玛拉；小的有两岁，取名为阿玛拉，但因其体弱，不久就死去。

这是世界上发现的首例狼孩。由于她们自幼远离人类社会，在狼窝里长大，所以她们的言语、动作姿势、情绪反应等方面都能看出很明显的狼的生活痕迹。比如：她们不会直立行走，白天睡觉，晚间出来活动，怕光、怕火，她们不肯吃人类的饭食，不吃素食和熟食，只吃生肉。而且不是用手拿着吃，而是放在地上用牙齿撕咬，她们也不会说话，在夜深人静后，只会像狼一样引颈长嚎。

在孤儿院人员的耐心抚养下，卡玛拉用了两年的时间才学会站立，6年才会走路。卡玛拉一直活到17岁。但她直到死时还没真正学会说话，智力只相当于三四岁的孩子。

（印度狼孩儿卡玛拉的故事》，载奇象网2019年12月10日，http://www.52 qixiang.com/m/view.php?aid=45845。）

总结：狼孩的故事说明了人的本质属性是社会属性。本案例的狼孩由于在成长的过程中脱离了人类社会，虽然具有人形，但不具有人的本质。社会性是人的本质属性。每一个人都从属于一定的社会群体，同周围的人发生各种各样的社会关系，如家庭关系、同学关系、邻里关系等。人的本质是一切社会关系的总和。人正是在这种客观存在的、不断变化的社会关系中不断塑造自我，成为真正现实的人。

➤ 教学重难点

【重点1】马克思主义关于人的本质的认识

马克思指出："人的本质不是单个人所固有的抽象物，在其现实性上，它是一切社会关系的总和。"这一论断强调要立足于具体的、历史的社会关系中去把握人的本质，而不能从抽象的人性论出发，更不能依靠神的启示。这一论断为人们认识人生、形成正确的人生观提供了科学的方法论。

【重点2】人生观的主要内容

人生观是人们对人生的总观点和总看法，主要内容包括人生目的、人生态度和人生价值。人生目的回答人为什么活着，人生态度回答人应当怎样活着，人生价值回答怎样的人生才有意义，三者相互联系、相辅相成，是一个有机统一的整体。人生观决定着人生道路的选择，也决定着人们的价值取向，有什么样的人生观就会有什么样的人生。

【难点1】个人与社会的辩证关系

个人与社会是对立统一的关系，两者相互依存、相互制约、相互促进。社会由每一个个体的人组成，离开了个人就没有社会。同时，人是社会的人，离开了社会，人也无法生活，社会是人的存在形式。个人与社会的关系，最根本的是个人利益与社会利益的关系，社会需要是个人需要的集中体现，是社会全体成员需要的反映。个人利益的满足只能在一定的社会关系下、通过一定的社会实践来实现。在社会主义社会中，个人利益与社会利益在根本上是一致的。

【难点2】正确认识人生观与世界观、价值观的关系

世界观与人生观密切相关。世界观是人们对生活在其中的世界以及人与世界的关系的总体看法和根本观点。世界观决定人生观和价值观，对人生意义的正确理解，需要建立在对客观世界发展规律正确认识的基础之上。有什么样的世界观，就会有什么样的人生观。人生观又对世界观的巩固、发展和变化起着重要作用。价值观是人们关于价值的根本观点，对于人生观的形成和发展有重要的引导作用。

➢　教学案例精选与点评

【案例】彭士禄：为了核事业奋斗一生

2021年3月22日，中国工程院院士、我国核潜艇第一任总设计师、核动力专家彭士禄在京逝世，享年96岁。核潜艇、核事业，是彭士禄一生的牵挂。

很长时间以来，彭士禄的事迹，甚至连他的名字都鲜有人知。彭士禄3岁时母亲牺牲，4岁时父亲就义，两次被捕入狱……这让彭士禄从小就过着颠沛流离的苦难生活。15岁辗转来到延安后，彭士禄常对延安中学的同学们说："我们的父母经过残酷的斗争，有的流血牺牲了，要不好好学习，怎么对得起自己的父母亲，怎么对得起党？"

1951年，彭士禄以优异成绩获得留学苏联的名额，前往喀山化工学院化工机械系学习。后又因国家建设的需要，改学原子能核动力专业。为了建造核潜艇陆上模式堆，他"打起背包就走"，在四川的一个偏僻山沟里，一干就是好几年……彭士禄心里揣着两笔账，一笔是公事的"明白账"，另一笔则是私事的"糊涂账"。

49岁时，彭士禄在一次核潜艇调试工作中突发急性胃穿孔，胃被切除了3/4。可是手术后，他仅仅住院一个月，就又开始了工作。彭士禄曾在自述中写道："也许因是属牛的吧，非常敬仰'孺子牛'的犟劲精神，不做则已，一做到底。活着能热爱祖国，忠于祖国，为祖国的富强而献身，足矣！"

（谷业凯、蒋建科：《彭士禄：为了核事业奋斗一生》，载《人民日报》2021年4月15日，第10版。内容有删改。）

思考讨论：

这则案例对你有何启发与影响？

案例点评：

中国工程院院士彭士禄隐姓埋名投身核潜艇研制事业，不慕虚荣、不计个人名利，无怨无悔，把自己的一生都奉献给核潜艇事业。在祖国贫弱的年代，他用自己的坚挺的脊梁，为祖国的核潜艇事业注入最强大的力量。他将整个生命化作深海中前行的潜艇、澎湃动力的核电站。他有着科技报国之心，即使遇到困难，仍然不改初心，正如感动中国 2021 年度获奖人物颁奖词所言："历经磨难，初心不改。在深山中倾听，于花甲年重启。两代人为理想澎湃，一辈子为国家深潜。你，如同你的作品，无声无息，但蕴含巨大的威力。"

➢ 拓展学习

（1）《不辱时代使命 不负人民期望——全国各地高校深入学习贯彻习近平总书记在北京大学考察时的重要讲话精神》，载人民网 2018 年 5 月 28 日，http://politics.people.com.cn/n1/2018/0528/c1001-30019247.html。

（2）本书编写组：《习近平与大学生朋友们》，中国青年出版社 2020 年版。

（3）毛泽东：《为人民服务》，载《毛泽东选集》第三卷，人民出版社 1991年版。

（4）爱因斯坦：《我的世界观》，载《爱因斯坦文集》第三卷，商务印书馆2012 年版。

➢ 习题演练

每位老师编写本章的学习试题，和我们在线考试的题库结合起来，以二维码形式呈现观看，学生扫码练习。

三、实践活动

➢ 实践项目 观看视频写读后感

观看视频：《感动中国 2021 年度人物颁奖盛典》。

【目标要求】

感动中国 2021 年度人物为彭士禄、杨振宁、顾诵芬、吴天一、朱彦夫、中国航天人、苏炳添、陈贝儿、张顺东李国秀夫妇、江梦南。感动中国人物的职业不同，背景不同，生活经历不同，有的为祖国核动力事业隐姓埋名呕心沥血，有的在自己的工作岗位兢兢业业，他们都用自己的不断追求诠释着生命的价值，书写人生的意义。他们有一个共同点，那就是都用乐观的人生态度不断战胜困难，用强大的精神力量支撑生命，对他人、对社会、对国家都心存大爱。他们都有着正确的人生观，对他人有着深情厚谊，对社会有着崇高的责任感。

【活动方案】

（1）活动时间：90 分钟。

（2）活动地点：思政课信息化智慧课室。

（3）活动方式：每个学生提交学习心得，并派小组代表展示。

（4）活动流程：

① 教师通过超星学习通分享视频《感动中国 2021 年度人物颁奖盛典》，学生自行观看；

② 学生小组内部交流阅读心得，并制作读书分享会的 PPT；

③ 把观后感上传到超星学习通；

④ 任课教师择优在课堂上进行展示；

⑤ 任课教师发言，总结本次活动存在的优缺点。

【活动评价】

计分表

评分项目	分值	得分
仪表形象	10	
肢体语言	20	
演讲内容	40	
表现力	15	
PPT 制作	15	
总分	100	

【实践成果】

活动结束后，以小组为单位提交观后感，以及小组代表汇报时的 PPT、照片、录像等。

专题三　追求正确人生　避免人生误区

一、学习导航

> 经典论述

青年的人生之路很长，前进途中，有平川也有高山，有缓流也有险滩，有丽日也有风雨，有喜悦也有哀伤。心中有阳光，脚下有力量，为了理想能坚持、不懈怠，才能创造无愧于时代的人生。

（习近平：《在知识分子、劳动模范、青年代表座谈会上的讲话》，人民出版社 2016 年版，第 11 页。）

> 设计思路

大学阶段是世界观、人生观、价值观形成的关键时期，本专题通过引导和帮助学生运用马克思主义人生观认识和解决人生问题，使学生准确掌握解决人生矛盾的科学方法，明确人生目的，学会以乐观向上、积极进取的人生态度处理人生矛盾，为创造有意义有价值的人生奠定基础。为此，我们按照"价值引领、能力本位、智慧赋能"的教学设计理念，对本专题教学进行理实一体化教学设计，引导学生将理论知识内化于心、外化于行。在教学过程中，以"智慧思政"为主要实施路径落实理实一体，侧重于引导培养学生善于表达、善于思考、善于行动的能力。在理论教学中，以教学目的、教学导入、教学重难点、教学案例、拓展学习、习题演练等教学环节，使学生认识到人生目的应与国家前途、民族命运、人民幸福联系在一起，树立认真务实、乐观向上、积极进取的人生态度，掌握人生价值的科学标准和恰当的评价方法，为大学生成就出彩人生指明正确的方向。在实践活动中，通过"人生价值"论坛等教学环节，加深学生对理论知识的学习，并付诸实践，促进知行合一。

➢ 知识图谱

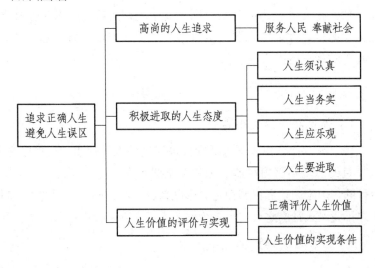

二、理论教学

➢ 教学目的

通过本专题的学习，引导和帮助学生掌握马克思主义人生观，学会运用马克思主义人生观认识和解决人生问题，以积极乐观向上的人生态度处理人生各种矛盾，坚持科学评判人生价值、自觉抵制各种错误人生观念的影响。

➢ 教学导入

随着"00后"进入大学校园，有人调侃道："第一批00后已经出家了。"现在中国的大学，产生一个新的系，叫"佛系"。这个系的人数每年都在不断增加，且遍布各个高校。几乎在大学的每个班级里，都会有那么几个读"佛系"的同学。有人可能想问，"佛系"到底是个什么系？是学佛学的系吗？当然不是。用一句话来形容"佛系"青年，那就是："一种怎么都行，一切随缘，对于赢或者输都无所谓，对于生活和未来不大走心。看淡一切的活法。"

我们不得不思考这样的一个问题，为什么"00后"的大学生越来越"佛系"了，这种生活态度真的好吗？

（董海胜：《大学生岂能读"佛系"，要心怀斗志积极进取》，载搜狐网2018年11月10日，https://www.sohu.com/a/274446977_99908723。内容有删改。）

总结：大学生在成长的过程中，难免会遇到各种各样的困难和挫折，如果以"佛系"的人生态度，逃避现实，则无益于问题的解决。大学生唯有树立积极进取的人生态度，才能够克服人生道路上的种种困难，肩负起对国家和社会的责任，真正实现自己的人生价值。

> 教学重难点

【重点1】确立高尚的人生追求

服务人民、奉献社会代表了人类社会最先进的人生追求。马克思主义认为，高尚的人生目的总是与努力拼搏、无私奉献联系在一起。新时代大学生要把自己的人生目的与国家前途和民族命运紧密联系在一起，确立高远的人生目标，自觉把个人之小我融入社会之大我，在为服务人民、奉献社会中收获成长和进步。

【重点2】树立积极进取的人生态度

走好人生之路，需要大学生正确认识、处理生活中各种各样的困难和问题，保持认真务实、乐观向上、积极进取的人生态度。以认真的态度对待人生，以实事求是的态度创造人生，在生活实践中不断调整心态，磨炼意志，形成乐观向上的人生态度，还要积极进取，不断丰富人生的意义。

【难点1】评价人生价值的方法

评价人生价值的大小，除了要掌握科学的标准外，还需要掌握恰当的评价方法。首先，坚持能力有大小与贡献须尽力相统一，即要把个人对社会的贡献同个人的能力联系起来。其次，坚持物质贡献与精神贡献相统一，评价人生价值既要看一个人对社会作出的物质贡献，也要看他对社会所创造出的精神价值。最后，坚持完善自身与贡献社会相统一，对社会贡献的大小，也要看他自身完善的程度。

【难点2】人生价值的实现条件

实现人生价值就要正确把握人生价值实现的条件。首先，要从社会客观条件出发。大学生要充分认识社会客观条件，把自己人生价值的实现建立在正确把握当今社会客观发展实际的基础上。其次，实现人生价值要从个体自身条件出发。大学生要客观认识自己，准确把握影响人生价值实现的自身条件。最后，要不断增强实现人生价值的能力和本领。

➢ 教学案例精选与点评

【案例】江梦南：从双耳失聪到清华博士

1992年，江梦南出生在湖南省郴州市宜章县的一个瑶族家庭，但在她三个月时，因耳毒性药物导致极重度神经性耳聋，半岁后，就一直生活在无声的世界里。但江梦南没有放弃自己。她考入吉林大学，并完成了本科、硕士研究生阶段的全部课程。2022年9月，她将继续逐梦清华园。江梦南的父母都是中学教师。在她的印象里，父母都爱读书、看报，眼界很宽。为了让江梦南更好地融入社会，他们决定教她学习发音和唇语，而不是手语。小学毕业后，江梦南以全市第二名的成绩考入郴州市六中。2010年，江梦南参加高考，虽然分数超过一本分数线，但她觉得没有发挥好，坚持复读一年。第二年，她以615分的成绩考入吉林大学。在大学期间，江梦南也毫不松懈，埋头学习，并获得了吉林大学自立自强大学生标兵、白求恩医学奖学金、东荣奖学金等荣誉，后又继续在吉林大学攻就读研究生。

（《瑶族女孩江梦南励志人生：从双耳失聪到清华博士》，载光明网2018年11月10日,https://finance.sina.com.cn/jjxw/2022-03-10/doc-imcwipih 7657129.shtml。内容有删改。）

思考讨论：

江梦南从双耳失聪到清华博士的成长经历对你有何启示？

案例点评：

江梦南从无声世界走来，历经磨难，凭借顽强的意志，考上清华大学。江梦南的故事，感动了很多人。从江梦南的身上，我们看到了她积极乐观的人生态度。虽然后天失聪，但她对人生永不放弃，以自强不息的精神创造出了属于自己的人生价值。她不仅用自己的汗水和努力浇灌了人生，而且希望用自己的力量给更多人带来温暖，回报社会。

➢ 拓展学习

（1）马克思：《青年在选择职业时的思考》，载《马克思恩格斯全集》第一卷，人民出版社1995年版。

（2）罗广斌、杨益言：《红岩》，中国青年出版社 1963 年版。

（3）奥斯特洛夫斯基：《钢铁是怎样炼成的》，人民文学出版社 1976 年版。

（4）牟宗三：《生命的学问》，广西师范大学出版社 2005 年版。

> 习题演练

每位老师编写本章的学习试题，和我们在线考试的题库结合起来，以二维码的形式呈现，学生扫码练习。

三、实践活动

> 实践项目　"人生价值"论坛

【目标要求】

开展"人生价值"的论坛，学生以小组为单位，讨论人生价值在于贡献还是索取。通过讨论让学生认识到人生价值内在地包含了人生的自我价值和社会价值。人生的自我价值和社会价值相互区别，又相互联系、相互依存，共同构成人生价值的矛盾统一体。衡量人生价值的标准，最重要的就是看一个人是否用自己的劳动和聪明才智为国家和社会真诚奉献，为人民群众尽心尽力服务。

【活动方案】

（1）活动时间：90 分钟。

（2）活动地点：思政课信息化智慧课室。

（3）活动方式：每个小组派代表发言。

（4）活动流程：

① 全班分成若干小组，5~8 人一组，确定小组长 1 人；

② 制定讨论主题，整理同学的意见，并选出发言代表；

③ 各个小组派代表发言；

④ 任课教师发言，总结本次活动存在的优缺点。

【活动评价】

计分表

评分项目	分值	得分
观点鲜明	10	
论证合理	20	
讨论内容	40	
语言表达	15	
其他	15	
总分	100	

【实践成果】

活动结束后，以小组为单位提交发言稿，总结在小组讨论过程中存在的优点和不足。

专题四　创造人生价值　成就出彩人生

一、学习导航

➤ 经典论述

"看似寻常最奇崛，成如容易却艰辛。"青年的人生之路很长，前进途中，有平川也有高山，有缓流也有险滩，有丽日也有风雨，有喜悦也有哀伤。心中有阳光，脚下有力量，为了理想能坚持、不懈怠，才能创造无愧于时代的人生。

（习近平：《在知识分子、劳动模范、青年代表座谈会上的讲话》，人民出版社 2016 年版，第 11 页。）

➤ 设计思路

每个人的成长之路都不是一帆风顺的，大学生也要面对现实生活中的各种问题，要引导学生认识和处理得失、苦乐、顺逆、生死、荣辱等人生矛盾，反对拜金主义、享乐主义、极端个人主义等错误的人生观，成就出彩人生。为此，我们按照"价值引领、能力本位、智能赋能"的教学设计理念，对本专题教学进行理实一体化教学设计，引导学生将理论知识内化于心、外化于行。在教学过程中，以"智慧思政"为主要实施路径落实理实一体，侧重于引导培养学生善于表达、善于思考、善于行动的能力。在理论教学中，以教学目的、教学导入、教学重难点、教学案例、拓展学习、习题演练等教学环节，使学生学会正确处理得失、苦乐等人生矛盾，认识到错误人生观的实质和危害，为大学生成长成才指明正确方向和道路。在实践活动中，通过开展"成就出彩人生"演讲比赛等教学环节，加深学生对理论知识的学习，并付诸实践，促进知行合一。

> 知识图谱

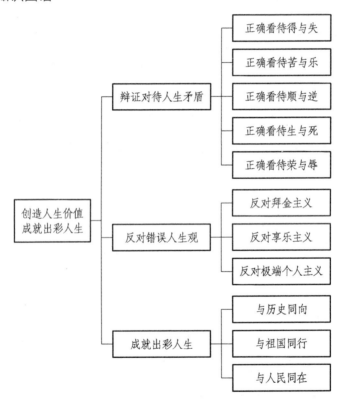

二、理论教学

> 教学目的

通过本专题的学习，引导和帮助学生运用马克思主义的立场和观点认识和解决人生中遇到的问题，在科学高尚的人生观指引下，正确面对人生矛盾，自觉摒弃错误人生观念，努力提升人生境界，不断成就出彩人生。

➤ 教学导入

"牛皮鞋底六寸长，草地中间好干粮。开水煮来别有味，野火烧后分外香。两寸拿来熬野菜，两寸拿来做清汤。一菜一汤好花样，留下两寸战友尝。"这首打油诗曾在茫茫草地上传唱，陪伴长征路上的红军熬过了艰难的日子，其中蕴含着的革命乐观主义精神已穿越时空，不断给予我们前进的力量。

在二万五千里的征途中，红军历经 600 余次战斗，平均每行进 300 米就有一名红军牺牲，他们攀越 40 余座高山险峰，跨越近百条江河，穿过被称为"死亡陷阱"的茫茫草地，创造了气吞山河的人间奇迹，战胜了空前的困难，用顽强意志征服了人类的极限。

（张宇凡：《红军不怕远征难 革命理想高于天》，载学习强国网 2021 年 10 月 28 日，https：//www.xuexi.cn/lgpage/detail/index. html?id=39934561 87875373113&amp；item_id=3993456187875373113。内容有删减。）

总结：长征路上充满了艰难、曲折，正是革命乐观主义精神，让红军战胜了一个又一个困难，最终取得长征的胜利。大学生在成长过程中要继承和发扬革命乐观主义精神，准确把握苦与乐、顺与逆的辩证关系，迎难而上，成就精彩的人生。

➤ 教学重难点

【重点 1】正确认识和处理人生矛盾

树立正确的得失观。大学生要以积极进取的心态去面对生活中的成败得失，不要满足于一时的"得"，不要惧怕一时的"失"。树立正确的苦乐观，苦与乐是既对立又统一的关系，在一定条件下二者可以相互转化。在成长过程中，大学生要准确把握苦与乐的辩证关系。树立正确的顺逆观，身处顺境时要善于抓住机遇不断完善自己，身处逆境时能变压力为动力；要牢固树立生命可贵的意识，理性面对生老病死；要明确是非、对错、善恶、美丑的界限。

【重点 2】反对错误的人生观

大学生要善于思考、学会分析辨别错误的人生观，自觉抵制拜金主义、享乐主义、极端个人主义等错误的人生观，这些人生观错误的原因在于没有正确把握个人与社会的辩证关系，忽视或否认人的社会属性，对人的需要的理解过于片面，其出发点和落脚点都是一己之私利，忽视人的社会性。大学生应确立高尚的人生目的，在服务人民、奉献社会的人生实践中不断完善自己，实现人生价值。

【难点】成就出彩人生

大学生的人生目标各有不同，但要坚持与历史同向、与祖国同行、与人民同在，把个人发展和社会紧密结合起来，把小我融入大我之中，踏踏实实做事，用自己所学服务于社会，才能更好地在实践中创造有价值的人生，最终实现人生自我价值与社会价值的统一。

➢ 教学案例精选与点评

【案例】"杂交水稻之父"袁隆平：一生为"两个梦想"奋斗

"杂交水稻之父"袁隆平2021年5月22日在长沙逝世，享年91岁。这位自称"90后"的中国工程院院士，一生都在为其广为人知的两个梦想——"禾下乘凉梦"和"杂交水稻覆盖全球梦"——不懈奋斗。

1930年出生于北京的袁隆平，年少时跟随父母颠沛流离，动荡的生活令他在心里埋下奋发图强的种子。1953年从西南农学院遗传育种专业毕业后，他被分配到湖南安江农校工作。面对当时人们普遍吃不饱的局面，他发誓要"改造农村"，解决粮食增产问题，不让老百姓挨饿，这是他的第一个梦想。袁隆平团队成功攻破水稻超高产育种难题，不断刷新亩产产量。第三代杂交水稻早晚双季稻平均亩产也于2020年在湖南衡南县突破1 500千克。

"禾下乘凉梦"和"杂交水稻覆盖全球梦"是袁隆平一生的梦想。前者是其真实梦境——他和助手坐在扫帚那么长的稻穗下乘凉。这一梦想随着不断高产的超级稻逐渐成为现实。后者则是希望超级稻走出国门，有效解决世界粮食短缺问题。

（白祖偕、邓霞、刘双双：《"杂交水稻之父"袁隆平逝世 一生为"两个梦想"奋斗》，载中国新闻网2021年5月22日，https: //baijiahao.baidu.com/s?id=1700447233526688799&wfr=spider&for=pc。内容有删减。）

思考讨论：

袁隆平院士的人生经历给了我们怎样的人生启示？

案例点评：

袁隆平院士始终把国家和人民的需要作为一生的追求，把个人的命运和国家的前途紧密联系在一起。在人生选择上坚持与历史同向、与祖国同行、与人民同在，在他的身上让我们看到了老一辈科学家矢志不渝的家国情怀、实事求是的科学精神、心系人民的优秀品格、甘于奉献的道德情操，永远值得我们青年一代学习。

➢ 拓展学习

（1）列宁：《青年团的任务》，载《列宁选集》第四卷，人民出版社 1995年版。

（2）毛泽东：《青年运动的方向》，载《毛泽东选集》第二卷，人民出版社1991 年版。

➢ 习题演练

每位老师编写本章的学习试题，和我们在线考试的题库结合起来，以二维码的形式呈现，学生扫码练习。

三、实践活动

➢ 实践项目 "成就出彩人生"演讲比赛

【目标要求】

开展主题为"成就出彩人生"的演讲比赛，不仅能够帮助学生进一步巩固和深化本专题内容，而且可以培养学生的语言表达能力、写作能力、资料的收集能力。引导学生正确看待人生，自觉抵制错误观念，努力提升人生境界，成就出彩人生。

【活动方案】

（1）活动时间：90 分钟。
（2）活动地点：思政课信息化智慧课室。
（3）活动方式：每个小组派代表发言。
（4）活动流程：
① 5~8 人为一组，围绕人生话题，自选角度，分工合作，收集资料，撰写演讲稿；

② 选派代表登台演讲，演讲时长不超过 5 分钟；

③ 主持人致开幕词，介绍到场评委、嘉宾并介绍比赛规则、评分细则；

④ 比赛开始，每组推选的选手根据比赛前的抽签顺序进行比赛；

⑤ 每位选手演讲，主持人根据评委打分情况向观众及选手公布评比分数；

⑥ 待所有的选手比赛完后，宣布比赛结果；

⑦ 任课教师根据选手演讲或视频展示效果，确定每位同学的活动得分。

【活动评价】

计分表

评分项目	分值	得分
仪表形象	10	
肢体语言	15	
演讲内容	40	
表现力	15	
综合印象	20	
总分	100	

【实践成果】

活动结束后，请学生按照要求及时收集、整理活动照片、活动实施方案、演讲稿等。

专题五 明确价值要求 树立价值自信

一、学习导航

> 经典论述

把培育和弘扬社会主义核心价值观作为凝魂聚气、强基固本的基础工程，继承和发扬中华优秀传统文化和传统美德，广泛开展社会主义核心价值观宣传教育，积极引导人们讲道德、尊道德、守道德，追求高尚的道德理想，不断夯实中国特色社会主义的思想道德基础。

（《习近平在中央政治局第十三次集体学习时强调 把培育和弘扬社会核心

价值观作为凝魂聚气强基固本的基础工程》，载《人民日报》2014 年 2 月 26 日，第 1 版。）

> 设计思路

社会主义核心价值观承载着一个民族、一个国家的精神追求，是当代中国发展进步的精神指引，也是全体人民共同的价值追求，是中国特色社会主义道路、理论、制度、文化的价值表达。要让学生认真领会并掌握社会主义核心价值观的重要意义和科学内涵。为此，我们按照"价值引领、能力本位、智能赋能"的教学设计理念，对本专题教学进行理实一体化教学设计，引导学生将理论知识内化于心、外化于行。在教学过程中，以"智慧思政"为主要实施路径落实理实一体，侧重于引导培养学生善于表达、善于思考、善于行动的能力。在理论教学中，以教学目的、教学导入、教学重难点、教学案例、拓展学习、习题演练等教学环节，使学生能够了解社会主义核心价值观提出的重要意义、社会主义核心价值观与社会主义核心价值体系互为依存，相辅相成的内在联系，并掌握社会主义核心价值观的科学内涵，认识到社会主义核心价值观的重大意义，从而自觉坚定社会主义核心价值观。在实践活动中，通过"弘扬社会主义核心价值观"演讲比赛等教学活动，加深学生对理论知识的学习，并付诸实践，促进知行合一。

> 知识图谱

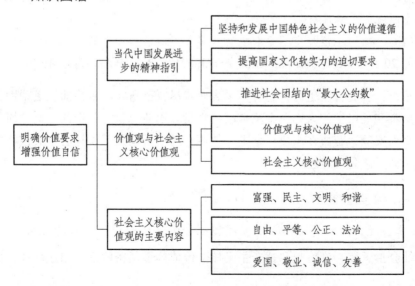

二、理论教学

➤ 教学目的

通过本专题的学习，学生能够理解和掌握社会主义核心价值观的基本内容和重大意义，深刻认识社会主义核心价值观提出的必要性，自觉坚定价值观自信，从而成为社会主义核心价值观的坚定信仰者和模范践行者。

➤ 教学导入

"报告总台，这里是东 1 进站口，有位盲人乘坐高铁需要帮助。"在广州南站高铁站的 12306 服务台，一名大学生志愿者正认真地为旅客指引路线，他叫周业忠，是广州番禺职业技术学院的大二学生。作为番职院 2019 年度志愿服务之星，周业忠勇于奉献，身体力行，本着"奉献、友爱、互助、进步"的志愿精神，积极参与志愿服务活动。疫情期间，周业忠主动到村口为进出的村民测量体温并做好登记信息。2019 年在校期间，周业忠作为学生骨干共组织志愿活动 10 余项，参与志愿服务 45 项，年度志愿服务总时长达 1017 小时 21 分钟。他担任执行部长的广东番禺职业技术学院校团委青志部多次荣获优秀组织奖，本人事迹也曾被多个媒体报道。

"我跟所有志愿者们一样，都满怀热情，为温暖这个城市、弘扬社会正能量贡献自己的一分力量。"周业忠奋战在志愿岗位上，用青春与担当展示着新时代青年志愿者的良好风貌。

（胡媛媛：《不惧疫情"番职志愿之星"温暖旅客回乡路》，载搜狐网 2020年 4 月 20 日，https://www.sohu.com/a/390714883_374623。内容有删减。）

总结：当灾害发生时，总有不少志愿者尽自己所能，到最前线去帮助那些处于困难和危机中的人们，奉献自己的力量。周业忠就是其中的一员。周业忠不顾个人安危，奋战在志愿岗位上，他用自己的行动践行了社会主义核心价值观、弘扬了社会正能量。

➤ 教学重难点

【重点 1】社会主义核心价值观和社会主义核心价值体系的关系

社会主义核心价值观和社会主义核心价值体系紧密联系，相互联系、相互依存。社会主义核心价值观是社会主义核心价值体系的精神内核，体现了社会主义核心价值体系的根本性质和基本特征，反映了社会主义核心价值体系的丰富内涵和实践要求，是社会主义核心价值体系的高度凝练和集中表达。社会主义核心价值观是社会主义核心价值体系的精神内核，它体现了社会主义核心价值体系的根本性质和基本特征，反映了社会主义核心价值体系的丰富内涵和实践要求，是社会主义核心价值体系的高度凝练和集中表达。

【重点2】社会主义核心价值观的基本内容

党的十八大提出，要倡导富强、民主、文明、和谐，倡导自由、平等、公正、法治，倡导爱国、敬业、诚信、友善，积极培育和践行社会主义核心价值观，鲜明确立了当代中国的核心价值理念，生动展现了中国共产党和中华民族高度的价值自信与价值自觉。

【难点】当代中国发展进步的精神指引

培育和践行社会主义核心价值观，是有效整合我国社会意识、凝聚社会价值共识、解决和化解社会矛盾、聚合磅礴之力的重大举措，保证我国经济社会沿着正确的方向发展。社会主义核心价值观，集中体现了马克思主义所倡导的价值理念，是中国特色社会主义的根本价值导向，是提高国家文化软实力的迫切要求，是推进社会团结奋进的"最大公约数"。

➢ 教学案例精选与点评

【案例】"最美快递员"汪勇获评2020年"诚信之星"

2020年"诚信之星"，由中共中央宣传部、国家发展改革委联合发布，主要通过电视专题片讲述"诚信之星"先进事迹。2020年春节期间，汪勇带领志愿者团队，自大年三十开始一直义务接送金银潭医院医护人员上下班，并协调推动网约车企业参与接送医护人员、协调落实共享单车企业在医院周边投放单车，满足医护人员短距离出行需求。

汪勇参与建立餐食供配体系，自行募集资金为医护人员提供泡面和水，找餐馆为医护人员和滴滴司机及时供餐，解决了7 800名医护人员及一线人员的供餐问题。针对医护人员生活需求，汪勇组织志愿者积极采购羽绒服、护士鞋、洗漱用品等急需物品，组织为援助医疗队购买生日蛋糕等暖心活动。汪勇以"聚拢温暖，守护英雄"的义举，动员社会力量积极参与疫情防控保障的实际行动，在这场没有硝烟的战斗中彰显了新时代快递小哥的精神风貌，感动了全国人民，受到广泛关注和赞扬，被大家亲切地称为"最美快递员"。

（金文兵、何向军：《"最美快递员"汪勇获评 2020 年"诚信之星"》，载百家号 2020 年 4 月 20 日，https://baijiahao.baidu.com/s?id=1690604 656090609182&wfr=spider&for=pc。内容有删减。）

思考讨论：

这则案例对你有何启发与影响？

案例点评：

诚信是个人的安身立命之本，也是现代社会文明的根基，社会主义核心价值观倡导诚信，我们每一个人都要认识到诚信的重要性，自觉地践行诚信。汪勇以自己的实际行动践行诚信，作为大学生，我们要向"诚信之星"学习，在行为上自觉地向"诚信之星"看齐，时时处处坚守诚信。

➢ **拓展学习**

（1）李德顺：《价值论》，中国人民大学出版社 2007 年版。

（2）石刚、李丽娜：《核心价值面面观》，社会科学文献出版社 2009 版。

（3）宋惠昌：《社会主义核心价值观专题解读》，中共中央党校出版社 2010 版。

➢ **习题演练**

每位老师编写本章的学习试题，和我们在线考试的题库结合起来，以二维码的形式呈现，学生扫码练习。

三、实践活动

➢ 实践项目 "弘扬社会主义核心价值观"微电影比赛

【目标要求】

开展以"弘扬社会主义核心价值观"为主题的微电影比赛，有助于学生通过自主学习了解和掌握社会主义核心价值观的基本内容和实践要求，在思想感情上认同社会主义核心价值观，并在学习生活中积极践行，使社会主义核心价值观融入学生的思想意识和学习生活之中。

【活动方案】

（1）活动时间：90分钟。

（2）活动地点：思政课信息化智慧课室。

（3）活动方式：微电影比赛。

（4）活动流程：

① 7~8人为一组，以"弘扬社会主义核心价值观"为主题，创作微电影；

② 微电影时长不超过5分钟，格式为MP4、MOV等，要求画面和声音清晰；

③ 主持人致开幕词，介绍到场评委、嘉宾并介绍比赛规则、评分细则；

④ 比赛开始，每组推选的选手根据比赛前的抽签顺序进行比赛；

⑤ 每位选手进行微电影展示后，主持人根据评委打分情况向观众及选手公布评比分数；

⑥ 待所有的选手比赛完后，主持人宣布比赛结果；

⑦ 任课教师根据微电影展示的情况，确定小组的活动得分。

【活动评价】

计分表

评分项目	分值	得分
内容主题	30	
画面音质	20	
演绎生动性	20	
创造独特、构思新颖性	20	
综合印象	10	
总分	100	

【实践成果】

活动结束后，各个小组按照要求及时收集、整理活动照片、活动计划、微电影视频等，并上交到学习通。

专题六　扣好人生扣子　做可靠接班人

一、学习导航

➢　经典论述

青年的价值取向决定了未来整个社会的价值取向，而青年又处在价值观形成和确立的时期，抓好这一时期的价值观养成十分重要。这就像穿衣服扣扣子一样，如果第一粒扣子扣错了，剩余的扣子都会扣错。人生的扣子从一开始就要扣好。

（习近平:《青年要自觉践行社会主义核心价值观——在北京大学师生座谈会上发表重要讲话》，人民出版社 2014 年版，第 9 页。）

➢　设计思路

社会主义核心价值观反映了人类社会发展进步的价值理念，彰显人民至上的价值立场，因真实可信而具有强大的道义力量。大学生的价值观，不仅关系着自身的健康成长，也决定着未来社会的价值取向。因此，需要大学生始终走在时代前列，自觉培育和践行社会主义核心价值观。为此，我们按照"价值引领、能力本位、智慧赋能"的教学设计理念，对本专题教学进行理实一体化教学设计，引导学生将理论知识内化于心、外化于行。在理论教学中，以教学目的、教学导入、教学重难点、教学案例、拓展学习、习题演练等教学环节，使学生能够深刻认识到社会主义核心价值观的显著特征，积极践行社会主义核心价值观，扣好人生扣子，把社会主义核心价值观落细落小落实。在实践活动中，通过"践行社会主义核心价值观"小组展示，加深学生对理论知识的学习，并付诸实践，促进知行合一。

➤ 知识图谱

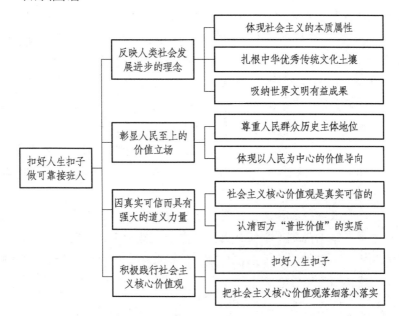

扣好人生扣子
做可靠接班人

反映人类社会发展进步的理念
- 体现社会主义的本质属性
- 扎根中华优秀传统文化土壤
- 吸纳世界文明有益成果

彰显人民至上的价值立场
- 尊重人民群众历史主体地位
- 体现以人民为中心的价值导向

因真实可信而具有强大的道义力量
- 社会主义核心价值观是真实可信的
- 认清西方"普世价值"的实质

积极践行社会主义核心价值观
- 扣好人生扣子
- 把社会主义核心价值观落细落小落实

二、理论教学

➤ 教学目的

通过本专题的学习，引导和帮助学生把握社会主义核心价值观的显著特征，深刻理解社会主义核心价值观是当代中国精神的指引，是中国特色社会主义道路自信、理论自信、制度自信和文化自信的价值表达，凝结着全体人民共同的价值追求。大学生要从小事做起，把社会主义核心价值观落细落实，切实做到勤学、修德、明辨、笃实。

➤ 教学导入

学生时代，钱七虎成绩优异。高中毕业，他有被直接选派到苏联学习的机会，但这时传来消息：国家急需一批军事人才，哈尔滨军事工程学院将在应届中学生中招收一批优秀毕业生。1954年，钱七虎毅然进入哈尔滨军事工程学院学习。在校6年，他只回过一次家，每逢假期便主动申请留校，复习预习课程，每年都被评为优秀学员。毕业时，他作为全年级唯一的全优生，被保送至苏联莫斯科古比雪夫军事工程学院深造。1965年，钱七虎学成归国，获得工学副博士学位。按照组织安排，他成为原西安工程兵学院的教员。

为国家铸就坚不可摧的"地下钢铁长城"，从此成为钱七虎毕生的事业追求。"没有党的培养就没有我的一切。爱党信党跟党走，是我一生中最正确、最坚定的选择。"回顾自己80余年的人生岁月，钱七虎饱含深情。

六十年如一日，钱七虎把一生的忠诚和智慧都献给了"顶住敌人来犯的风险和压力，保卫祖国的每一寸土地"这项伟大的事业。而矢志科技强军的精神，也将继续鼓舞后辈，心怀忠贞报国之志，铸就和平之盾。

（《钱七虎：一心为国铸盾的防护工程专家》，载中华人民共和国退役军人事务部官网2022年9月8日，https://www.mva.gov.cn/sy/zzxc/202209/t20220908_65433.html。内容有删减。）

总结：一个人选择做什么，认为什么是有意义的和有价值的，主要取决于自己的价值观。钱七虎院士心怀忠贞报国之心，把毕生的时间和精力都献给了为国家铸就坚不可摧的"地下钢铁长城"的事业中，用一生诠释了当代科技工作者的家国情怀和人生价值。

> ➤ 教学重难点

【重点1】彰显人民至上的价值立场

为中国人民谋幸福、为中华民族谋复兴，是中国共产党人的初心和使命。人民性是社会主义核心价值观的根本特性。社会主义核心价值观坚持人民历史主体地位，代表最广大人民群众的根本利益，反映最广大人民的价值诉求，引导最广大人民为实现美好社会理想而奋斗。

【重点2】把社会主义核心价值观落细落小落实

对于大学生而言，要积极践行社会主义核心价值观，一是要勤学，大学生要把学习作为终身的精神追求，努力掌握为祖国和人民服务的真才实学；二是要修德，加强道德修养，注重自身道德实践，能够明大德、守公德、严私德；三是要明辨，大学生要善于明辨是非，澄清模糊认识，自觉做良好道德风尚的建设者和践行者；四是要笃实，要扎扎实实做事，踏踏实实做人。

【难点1】反映人类社会发展进步的价值理念

社会主义核心价值观反映了人类社会发展进步的价值理念，具有先进性。

它集中体现了社会主义的本质属性，是社会主义所坚持和追求的价值理念。它植根于中华优秀传统文化，培育和弘扬社会主义核心价值观，必须从中华优秀传统文化中汲取营养。社会主义核心价值观吸纳了世界文明的有益成果，社会主义核心价值观以海纳百川的气度吸收和借鉴人类的一切优秀文明成果。

【难点2】因真实可信而具有强大的道义力量

社会主义核心价值观不仅真正地与社会主义制度相契合，与人民的根本利益一致，而且也是真实可信的。通过中西方民主制度的对比，我们不难发现中国的民主制度不是用来做摆设的，而是用来解决与人民利益息息相关的问题。同时我们认清了西方"普世价值"的实质。西方的"普世价值"在理论上和实践上都具有虚伪性，是一种极具迷惑性和欺骗性并且带有明显政治倾向的价值观。

➢　教学案例精选与点评

【案例】柳州融水苗家女杨宁获评"感动中国2022年度人物"

2023年3月4日晚，"感动中国2022年度人物"揭晓，融水苗族自治县安陲乡江门村党总支书记、村委会主任杨宁获评"感动中国2022年度人物"。

2010年从广西大学工商管理专业毕业后，杨宁回到家乡，带领江门村乡亲们摆脱贫困。如今，他们奋战在乡村振兴的新战场上。

到任的第一天，村主任就"分配"给杨宁一个屯。在一次次入户走访调查过程中，亲眼看见的贫困，让杨宁百感交集。一边是热闹繁华的城市，另一头是尚未脱贫的山村。"进城还是返乡？我彻夜难眠。"几经思索，杨宁决定拼一把：用自己的知识，帮助江门村改变落后面貌。然而，回村工作伊始，压力重重。贫困发生率达20%、村集体经济为零……杨宁准备大干一场，在村里带头吸纳贫困户发展竹子粗加工、辣椒和葛根种植。但由于作物病害、交通不便等原因，这些产业的收益都不及预期。

担心杨宁气馁，老支书张有权和她谈心："城里少你一个大学生不怎么样，但村里多你一个大学生会很不一样。"杨宁也坚定了信心："年轻，摔倒了可以再站起来。"经过深入调研，杨宁决定带领村民按照"稻+鸭+鱼"共作模式，探索发展特色水稻紫黑香糯。可开动员会的时候，村民们却默不作声。"你种什么赔什么，我们怎么相信你？"村民张海慧直言。

在交通不便、资源匮乏的山区，想蹚出一条致富路并不容易。也有村民劝她，不如回城里找个轻松点的工作。但是，一心想改变家乡面貌的杨宁没有放弃。她多方请教专家，带领大家一步步摸索，找到了适合当地资源条件的特色产业——紫黑香糯稻米和高山泉水西瓜等。在她的带动下，全村 63 户贫困户参与其中，种了 120 亩紫黑香糯。一年下来，每亩紫黑香糯增收 1 500 多元，极大激发了村民脱贫致富的内生动力。

高山水果、高山蔬菜、农村电商……山里步履不停，杨宁的鞋子磨旧了一双双。"这几年，江门村成了'明星村'。"安陲乡党委书记管斌说，在杨宁带领下，江门村创办"苗阿嫂"品牌，销售农产品，户均增收 3 200 多元；一些农村创业青年成立"苗村倌"农产品电商服务中心，年销售农产品 900 多万元。2020年，江门村脱贫摘帽，她又带领大家搞起特色养殖和深加工。

（《柳州女村官杨宁获评"感动中国 2022 年度人物"》，载腾讯网 2023 年 3月 4 日，https：//new.qq.com/rain/a/20230304A076I100.html。内容有删减。）

思考讨论：

这则案例对你有何启发？

案例点评：

13 年来，杨宁扎根于家乡，坚守初心，带领村民脱贫致富，用青春与汗水书写时代答卷。她的故事告诉我们作为新时代的青年要将社会主义核心价值观转化为人生价值准则，既要目标高远，又要脚踏实地，在奉献社会的进程中书写人生篇章。

> ➤ 拓展学习

（1）《习近平与大学生朋友们》，中国青年出版社 2020 年版。

（2）毛泽东：《为人民服务》，载《毛泽东选集》第三卷，人民出版社 1991年版。

（3）爱因斯坦：《我的世界观》，载《爱因斯坦文集》第三卷，商务印书馆2012 年版。

> ➤ 习题演练

每位老师编写本章的学习试题，和我们在线考试的题库结合起来，以二维码的形式呈现，学生扫码练习。

三、实践活动

> 实践项目　"践行社会主义核心价值观"小组展示

【目标要求】

大学生的成长成才，离不开正确价值观的引领。通过开展以"践行社会主义核心价值观"为主题的小组展示，有助于大学生从自己做起，努力把社会主义核心价值观的要求变成日常的行为准则，并身体力行把社会主义核心价值观积极推广到全社会。

【活动方案】

（1）活动时间：90 分钟。

（2）活动地点：思政课信息化智慧课室。

（3）活动方式：小组代表展示。

（4）活动流程：

① 教师通过超星学习通发布任务，学生自主分组；

② 学生小组内部交流，并制作 PPT；

③ 把读书分享会的 PPT 上传到超星学习通；

④ 小组代表在课堂展示；

⑤ 任课教师发言，总结本次活动存在的优缺点。

【活动评价】

计分表

评分项目	分值	得分
仪表形象	10	
肢体语言	20	
发言内容	40	
表现力	15	
PPT 制作	15	
总分	100	

【实践成果】

活动结束后，以小组为单位提交汇报时的 PPT、照片、录像等。

专题七　坚定理想信念　补足精神之钙

一、学习导航

➤　经典论述

心有所信，方能行远。面向未来，走好新时代的长征路，我们更需要坚定理想信念、矢志拼搏奋斗。

（《习近平给复旦大学青年师生党员回信勉励广大党员　在学思践悟中坚定理想信念　在奋发有为中践行初心使命》，载中国政府网 2020 年 6 月 30 日，https://www.gov.cn/xinwen/2020-06/30/content_5522847.htm。）

➤　设计思路

心中有信仰，脚下有力量。理想信念对于大学生的成长至关重要，本专题主要讲述理想信念的内涵、特征、意义等基本理论问题，引导学生理解理想信念是精神之"钙"，按照"价值引领、能力本位、智慧赋能"的教学设计理念，对本专题教学进行理论和实践一体化教学设计，遵循以学生为中心，坚持"需求导向"服务学生成长发展，坚持"问题导向"解决学生现实困惑，坚持"生活导向"贴近学生实际状况，解决"为什么要确立理想信念"这一问题。在理论教学中，以教学目标、教学导入、教学重难点、教学案例、拓展学习、习题演练等环节，引导学生将理论知识内化于心。在教学过程中，以"智慧思政"

为主要实施路径落实理实一体，侧重引导培养学生善于表达、善于思考、善于行动的能力，把握理想信念对于大学生成长的重要作用。在此基础上，在实践活动中，通过设计理想信念主题演讲比赛实践活动，促使学生知行合一。

> ➤ 知识图谱

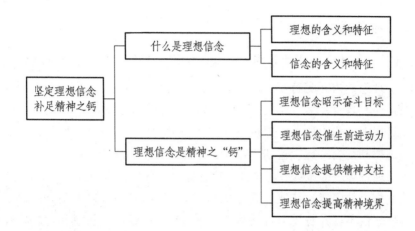

二、理论教学

> ➤ 教学目的

通过本专题的教学，帮助大学生了解理想和信念的内涵、特征；引导学生理解理想信念的重要意义，理想信念是精神之"钙"，理想信念对大学生成长成才具有定向、动力及提升作用；引导大学生思考成长成才与理想信念的关系，明确当前学业目标，树立科学的职业理想、生活理想、道德理想，为大学生树立崇高的理想信念、弘扬中国精神，在中国梦中实现个人梦，将爱国情、强国志转化为报国行等内容的学习打牢理论基础。

> ➤ 教学导入

2021 年是中国共产党成立 100 周年，一部反映中国共产党创建历程的电视剧《觉醒年代》以历史质感和理想主义征服观众。《觉醒年代》中的场景帧帧还原，高度再现了百年前中国的社会风貌，无数革命先烈前仆后继探索救国救民之路的过程被清晰展现出来。

思考：《觉醒年代》的续集是什么？是什么支撑着这些革命先辈们鞠躬尽瘁，慷慨赴义？可以说，现在的幸福生活就是续集。是理想、信念支撑着这些革命先辈们鞠躬尽瘁，慷慨赴义。习近平总书记说，有信念、有梦想、有奋斗、有奉献的人生，才是有意义的人生。请进一步思考：什么是理想信念呢？人为什么要有理想信念？大学生如何树立科学的理想信念？

> ➤ 教学重难点

【重点1】什么是理想信念——正确认识理想信念的内涵与特征

（1）理想的内涵与特征。理想是人们在实践中形成的、有实现可能性的、对未来社会和自身发展目标的向往与追求，是人们的世界观、人生观和价值观在奋斗目标上的集中体现。理想是多方面和多类型的，根据不同的标准，可分为个人理想和社会理想，近期理想和远期理想，生活理想、职业理想、道德理想和政治理想等。理想具有超越性，理想具有实践性，理想具有时代性。

（2）信念的内涵与特征。信念是人们在一定的认识基础上确立的对某种思想或事物坚信不疑并身体力行的精神状态。信念是认知、情感和意志的有机统一体，为人们矢志不渝、百折不挠地追求理想目标提供了强大的精神动力。信念具有支撑性。信念具有执着性。

（3）理想与信念的关系。如果说社会是大海，人生是小舟，那么理想是引航的灯塔，信念是推进的风帆。理想离不开信念，因为信念是理想的基石；信念也离不开理想，因为理想是信念的方向。

【重点2】人为什么要有理想信念——理想信念是精神之"钙"

理想指引方向，信念决定成败；理想信念是人生发展的内在动力，理想信念昭示奋斗目标，理想信念催生前进动力。理想信念提供精神支柱，理想信念提高精神境界。

【重点3】大学生如何看待理想信念问题——大学生补足精神之"钙"

大学生只有树立崇高的理想信念，才能激发起为民族复兴和人民幸福而发奋学习的强烈责任感与使命感，掌握建设祖国、服务人民的本领。不论今后从事什么职业，大学生都要把个人的奋斗志向同国家和民族的前途命运紧紧联系在一起，把个人的学习进步同祖国的繁荣昌盛紧紧联系在一起，使理想信念之花结出丰硕的成长成才之果。

> 教学案例精选与点评

【案例 1】微电影《我是主角》

微电影《70 年,我是主角》在 4 分 30 秒的时长中,将中华人民共和国成立 70 年来经历过的重大事件及所取得的伟大成就一一串联,既展现了中华儿女 70 年始终不变的赤诚之心与驰骋之志,又彰显了"我们都是追梦人"的宏大时代主题。通过电影化的艺术创作手法,凝练起中华人民共和国成立 70 年走过的风雨历程。导演姚庆涛选择"时光列车"作为意向,让主演杨洋跟随它"穿越"新中国发展中的一个个"大事件"——开国大典、第一颗原子弹爆炸、中国女排三连胜、香港澳门回归、汶川特大地震、北京举办奥运会、神舟上天航母出海、建军 90 周年……这些重要历史画面都在"时光列车"的行进中徐徐铺开。

(张雨凝:《电影频道打造微电影〈70 年,我是主角〉献礼新中国七十华诞》,载学习强国 2019 年 9 月 29 日。)

思考讨论:

(1)观看视频,视频中的镜头展示出人们实现了什么理想?

(2)什么是理想?理想分类有哪些?理想有哪些特征?

案例点评:

70 年,在时代的列车中,每一次理想的实现都让人欣喜。理想是建立中华人民共和国、理想是保家卫国、理想是原子弹爆炸、理想是中国研制出杂交水稻,理想是做一名消防员,理想是繁荣富强……理想是人们在实践中形成的、有实现可能性的、对未来社会和自身发展目标的向往与追求,是人们的世界观、人生观和价值观在奋斗目标上的集中体现。视频中的每一个镜头,展现出理想的超越性,源于现实,而且超越现实,是人们对未来美好生活的憧憬和期待,科学的理想是人的主观能动性与社会发展客观趋势的一致性的反映,是在正确把握社会历史发展客观规律的基础上形成的合乎社会发展要求、合乎人民利益的价值追求。理想具有实践性,理想在实践中产生,在实践中发展,而且也只有在实践中才能得以实现。理想具有时代性,带着特定历史时代的烙印,因时代不同而内容不同,随着时代的发展而发展。

【案例2】师者桂梅，立德圆梦

63岁的"燃灯校长"张桂梅，教书育人、立德树人，一直扎根在云南贫困山区一线，拖着病体，战胜千难万难，创办了全国第一所全免费女子高中。她化作一束光，照亮了大山里女孩的梦想，用知识改变贫困山区女孩命运，用教育阻断贫困代际传递。

一个人该如何坚持理想，如何恪守德行，如何自我超越，张桂梅做了最好的注解。人民教师为了谁，怎样当一名好教师，怎样培养好学生，张桂梅成为了榜样。共产党员的初心使命是什么，张桂梅以实践做出了有力回答。

张桂梅告诉我们，总有一种精神，穿越时代，化育人心，那是春蚕到死丝方尽，蜡炬成灰泪始干，那是"只要还有一口气，我就要站在讲台上"；总有一种力量，担当奉献，苦干实干，那是千磨万击还坚劲，任尔东西南北风，那是"老师学生一起苦教、苦学，就是把命搭上，也要把学校办出名堂"；总有一种信仰，为国为民，坚定如磐，那是不要人夸好颜色，只留清气满乾坤，那是"如果自己突然走了，葬礼就不办了，骨灰直接撒到金沙江，请提前把丧葬费预支给我，我想把这笔钱用在孩子们身上"。

张桂梅一生无儿无女，却是华坪儿童之家130多个孤儿的"妈妈"，她的心里装着更大的家和国。红土高原一枝梅，铁骨丹心傲雪霜。你看，那山，那梅，值得欣赏和尊重。

（字强：《师者桂梅，立德圆梦》，载新华网2020年12月10日，http://www.xinhuanet.com/politics/2020-12/10/c_1126846471.htm。）

思考讨论：

看完这则案例你有什么感想？时代楷模张桂梅的理想信念是什么？理想信念有何重要作用呢？

案例点评：

"知识是她的财富，信仰是她的力量，用红色的赤诚点燃大山的希望。"理想指引方向，信念决定成败。时代楷模张桂梅以"用知识改变乡村女孩"作为她一生的理想信念，为山里的女孩插上梦想的翅膀，让我们看到理想信念的强劲力量。理想信念是引航的灯塔和远航的风帆，理想信念是人生发展的内在动力。理想信念昭示奋斗目标，有什么样的理想信念，就意味着以什么样的期望和方式去改造自然和社会，塑造和成就自身。只有树立起崇高的理想信念，才能够解答好人生的意义、奋斗的价值以及做什么样的人等重要的人生课题。理想信念催生前进动力，一个人有了崇高坚定的理想信念，才会以惊人的毅力和不懈的努力成就事业。理想信念提供精神支柱，使人不为困难所压倒，顽强奋斗直至战胜艰难险阻。理想信念提高精神境界，激励一个人沿着自我成长和完善的阶梯不断攀登、逐步提升自己的精神境界。

【案例3】"中国青年五四奖章"获得者张超凡：单手撑起公益梦

1992年，张超凡出生在一个普通的工人家庭。天生的左臂缺失让她成了"不一样的孩子"，却也让她有了为爱逐梦的"超凡"人生。

2015年，张超凡就要毕业了。她不仅获得了保研机会，还通过了南方大企业的招聘考试。张超凡作出无悔的选择——返乡创业，成就更多孩子的梦！张超凡把大学时开办工作室的收入，还有积攒了多年的零用钱、奖学金，在家乡长春创办起国学书画院——长春市书山学府教育培训学校和艺凡艺术教育培训学校，专注素质教育，创办了"超凡公益梦想课堂"。至今，"超凡公益梦想课堂"已经义务帮助400多名家庭特困、肢体残疾、孤独症儿童免费学习艺术，并荣获团中央"全国青年文明号"单位。

在看到张超凡挑战仿生左手成功的视频后，有位妈妈说："我的孩子同样缺失左小臂，你的成功让我看到了照进孩子生命里的光。"张超凡也高兴地在朋友圈写下："这世上没有'躺赢'的捷径，奋斗的路，每一步都算数！"

（任爽：《张超凡：单手撑起公益梦》，载《光明日报》2022年7月8日，第1版。）

思考讨论：

结合张超凡的事迹分析大学生理想信念与大学生成长成才有什么关系？精神缺"钙"会得什么病？审视自己，结合"佛系青年""丧文化"等社会现象分析精神软骨病的"病症"及危害？

案例点评：

大学时期确立的理想信念，对今后的人生之路将产生重大影响，甚至会影响终身。大学生人生目标的确立、生活态度的形成、知识才能的丰富、发展方向的设定、工作岗位的选择，以及如何择友、如何面对挫折、如何克服困难等问题的解决，都需要一个总的原则和目标，都离不开理想信念的指引和激励。

精神缺"钙"会得软骨病，"佛系青年""丧文化"等社会现象属于精神软骨病的"病症"。大学生只有树立崇高的理想信念，才能激发起为民族复兴和人民幸福而发奋学习的强烈责任感与使命感，大学生要把个人的奋斗志向同国家和民族的前途命运紧紧联系在一起，使理想信念之花结出丰硕的成长成才之果。

> ➤ 拓展学习

习近平：《在纪念马克思诞辰 200 周年大会上的讲话》，人民出版社 2018 年版。

> ➤ 习题演练

每位老师编写本章的学习试题，和我们在线考试的题库结合起来，以二维码的形式呈现，学生扫码练习。

三、实践教学

> ➤ 实践项目　理想信念主题演讲比赛

【目标要求】

要求学生通过搜集资料、制作 PPT、课堂演讲、校内演讲比赛的方式，理解理想信念的内涵及其和大学生成长成才的关系，让学生在情感共鸣中领悟理想的重要意义。

【活动方案】

（1）活动时间：90 分钟。

（2）活动地点：思政课信息化智慧课室。

（3）活动方式：演讲比赛。

（4）活动流程：

① 6~8 人为一组，分工合作，搜集资料，撰写演讲稿，制作 PPT；

② 以"理想信念"为主题，自选角度演讲，演讲时长不超过 10 分钟；

③ 主持人致开幕词，介绍到场评委、嘉宾并介绍比赛规则、评分细则；

④ 比赛开始，每组推选的选手根据比赛前的抽签顺序进行比赛；

⑤ 每位选手演讲结束后，主持人根据评委打分情况向观众及选手公布评比分数；

⑥ 待所有的选手比赛完后，主持人宣布比赛结果；

⑦ 根据选手演讲的情况，任务教师确定每个小组的活动得分；

⑧ 任课教师推荐优秀选手参加学校演讲比赛决赛。

【活动评价】

计分表

评分项目	分值	得分
仪表形象	10	
肢体语言	20	
演讲内容	40	
表现力	15	
PPT 制作	15	
总分	100	

【实践成果】

活动结束后，请学生按照要求及时收集和整理演讲活动的照片、演讲活动计划、PPT、演讲稿等。

专题八　树立崇高理想　坚定信仰之基

一、学习导航

➢　经典论述

高举中国特色社会主义伟大旗帜，全面贯彻新时代中国特色社会主义思想，弘扬伟大建党精神，自信自强、守正创新，踔厉奋发、勇毅前行，为全面建设社会主义现代化国家、全面推进中华民族伟大复兴而团结奋斗。

（习近平：《高举中国特色社会主义伟大旗帜 为全面建设社会主义现代化国家而团结奋斗——在中国共产党第二十次全国代表大会上的报告》，载《人民日报》2022 年 10 月 26 日，第 1 版。）

➢ 设计思路

心中有信仰，脚下有力量。理想信念对于大学生的成长至关重要，本专题主要阐述理想信念的内涵，特征、意义等基本理论问题。

本专题按照"价值引领、能力本位、智慧赋能"的教学设计理念，对本专题教学进行理论和实践一体化教学设计，遵循以学生为中心，坚持"问题链"教学，围绕马克思主义为什么"行"、中国特色社会主义为什么"好"、中华民族伟大复兴为什么一定"成"等问题，解决学生理论和现实困惑。在理论教学中，以教学目标、教学导入、教学重难点、教学案例、拓展学习、习题演练等环节，引导学生将理论知识内化于心。在教学过程中，以"智慧思政"为主要实施路径落实理实一体，侧重培养学生善于表达、善于思考、善于行动的能力，把握理想信念对大学生成长的重要作用。在此基础上，在实践活动中，设计"中国特色社会主义发展成就"成果汇报实践活动等教学环节，加深对理论知识的学习，提高分析、解决问题的能力，促进知行合一。

➢ 知识图谱

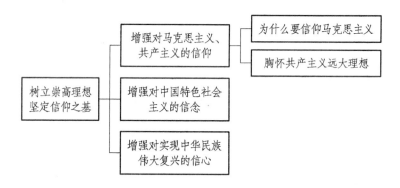

二、理论教学

➢ 教学目的

理想信念之火一经点燃就会产生巨大的精神力量。无论过去、现在还是将来，对马克思主义的信仰，对社会主义和共产主义的信念，对中国共产党的信任，对实现中华民族伟大复兴中国梦的信心，都是指引和支撑中华民族迎来从站起来、富起来到强起来伟大飞跃的强大精神力量。通过本专题的教学，引导学生树立马克思主义科学信仰、共产主义远大和中国特色社会主义共同理想，正确认识远大理想和共同理想的关系，不断增强"四个自信"，走好新时代的长征路，增强实现中华民族伟大复兴中国梦的信心。

> ➤　教学导入

电视剧《觉醒年代》让很多人热血沸腾，深刻感受到思想的光芒、理想的魅力和青春的力量。

很多年轻观众留言："课本里的人物活了，课本里的事件活了，课本里的历史活了!"历史活了，那段中国人应该珍惜、铭记、感谢的历史才更加可信；中国先进的知识分子、热血青年为了中国的进步和现代化而做出的惊天动地的伟业才更加可敬。

李大钊常用"我们已经在路上了"鼓励他人。他在说这句话时，每次都是手放胸口。这一动作设计传达出一种先行者、探路者的自豪与自信，以及探索真理道路上的义无反顾。

（金安平：《历史需要富有感染力的表达——观电视剧〈觉醒年代〉》，载《人民日报》2021年4月8日，第20版）

思考：李大钊在探索真理道路上的义无反顾。李大钊等人所处的一百年前的中国是什么样？百年后的今天是什么样？我们的事业的最高目标是什么？我们如何实现中华民族之振兴？在新时代，什么样的理想信念值得毕生坚守、终身奋斗？

> ➤　教学重难点

【重点1】中国特色社会主义为什么"好"？

中国特色社会主义，承载着几代中国共产党人的理想和探索，寄托着无数仁人志士的夙愿和期盼，凝聚着亿万人民的奋斗和牺牲，是近代以来中国社会发展的必然选择。中国特色社会主义是科学社会主义而不是别的什么主义，在当代中国，坚持中国特色社会主义，就是真正坚持科学社会主义。中国特色社会主义不是从天上掉下来的，而是中国共产党带领中国人民历经千辛万苦找到的实现中国梦的正确道路。中国共产党的领导是中国特色社会主义最本质的特征，是中国特色社会主义制度的最大优势，是党和国家的根本所在、命脉所在，是全国各族人民的利益所系、命运所系。中国特色社会主义既是我们必须不断推进的伟大事业，又是我们开辟未来的根本保证。当今中国，只有中国共产党才能领导中国人民坚持和发展中国特色社会主义，才能担当起带领中国人民创造幸福生活，实现中华民族伟大复兴的历史使命。

【重点2】中华民族伟大复兴为什么一定"成"？

实现中华民族伟大复兴，是中华民族近代以来最伟大的梦想。这个梦想，就是要实现国家富强、民族振兴、人民幸福，它凝聚了几代中国人的夙愿，体现了中华民族和中国人民的整体利益，是每一个中华儿女的共同期盼。实现中华民族伟大复兴的中国梦是一项光荣而艰巨的事业。中华民族伟大复兴，绝不是轻轻松松、敲锣打鼓就能实现的，必须付出艰苦的努力。中国共产党一经成立，就义无反顾肩负起实现中华民族伟大复兴的历史使命。进入新发展阶段，中国人民实现中华民族伟大复兴的愿望和信心无比强烈，中华民族伟大复兴的前进步伐势不可挡。

【难点1】马克思主义为什么"行"？

马克思主义作为我们立党立国的根本指导思想，是近代以来中国历史发展的必然结果，是中国人民长期探索的历史选择，也是由马克思主义严密的科学体系、鲜明的阶级立场和巨大的实践指导作用决定的。马克思主义是我们认识世界、改造世界的强大思想武器。马克思主义是科学的理论，创造性地揭示了人类社会发展规律；马克思主义是人民的理论，第一次创立了人民实现自身解放的思想体系；马克思主义是实践的理论，指引着人民改造世界的行动；马克思主义是不断发展的开放的理论，始终站在时代前沿。

➢ **教学案例精选与点评**

【案例1】习近平讲述的故事——《真理之甘 信仰之源》

"真理的味道非常甜"，陈望道翻译《共产党宣言》的故事，习近平总书记曾多次提及。

1920年春天，一个年轻的小伙子出于对马克思主义的崇敬与信仰，开始翻译《共产党宣言》，在柴房里，29岁的陈望道毫不介意夜里寒气袭人，时时刻刻聚精会神斟词酌句，一丝不苟。有一天，陈望道的母亲看到废寝忘食的儿子，送来粽子给他当点心充饥，外加一碟红糖，留沾粽子。过了一阵，母亲来取碗筷，惊奇地发现儿子满嘴乌黑，红糖却原封未动。老人家爱怜又带几分生气，问道："吃完啦，这糖甜不甜呀？"陈望道仍浑然不觉，头也不抬说："甜，真甜。"母亲无奈地笑笑说："你倒是自己看看，墨汁都被你蘸完啦。"陈望道这才意识到自己蘸的不是红糖而是墨汁。从此，真理的味道格外香甜的故事就传开了。陈望道《共产党宣言》译本虽然诞生于小山村，但是以其强大的光芒照亮了中国。

（《再提陈望道　习近平还讲过哪些红色故事》，载人民网 2020 年 6 月 30 日，http://politics.people. com.cn/ n1/2020/0630/c1001-31764832.html。）

思考讨论：

陈望道同志翻译的首个中文全译本《共产党宣言》有什么重要意义？为什么真理的味道格外香甜？为什么要信仰马克思主义，胸怀共产主义远大理想？

案例点评：

陈望道翻译《共产党宣言》就像点燃一盏灯，点燃黑暗里的一盏灯，推动了马克思主义理论在中国进一步系统地、广泛地传播，让更多的有识青年了解马克思主义。真理的味道格外香甜，我们要坚定地信仰马克思主义是因为马克思主义是我们认识世界、改造世界的强大思想武器。首先，马克思主义是科学的理论，创造性地揭示了人类社会发展规律。其次，马克思主义是人民的理论，第一次创立了人民实现自身解放的思想体系。再次，马克思主义是实践的理论，指引着人民改造世界的行动。最后，马克思主义是不断发展的开放的理论，始终站在时代前沿。一百多年来，中国共产党坚持解放思想和实事求是相统一、培元固本和守正创新相统一，不断开辟马克思主义新境界，产生了毛泽东思想、邓小平理论、"三个代表"重要思想、科学发展观，产生了习近平新时代中国特色社会主义思想，为党和人民事业发展提供了科学理论指导。

【案例 2】中国特色社会主义为什么"好"

20 世纪 80 年代末 90 年代初，东欧剧变、苏联解体后，西方出现了所谓"历史终结论""社会主义失败论"。在社会主义国家内部，也出现了诸如"马克思主义还灵不灵""社会主义还行不行"之类的疑虑。中国特色社会主义的成功实践，中国综合国力与日俱增、人民生活水平不断提高的事实，让这种论调彻底破产，让这种疑虑日益消散。中国特色社会主义的伟大实践特别是党的十八大以来砥砺奋进的历程充分表明，科学社会主义在中国焕发出强大生机活力并不断开辟新境界，中国特色社会主义的旗帜在中国大地上高高飘扬，中国特色社会主义道路越走越宽广。

造福最广大人民群众。判断一种制度优劣，还要看其为谁服务、为谁谋利。中国共产党人的初心和使命，就是为中国人民谋幸福，为中华民族谋复兴。我们党带领人民走社会主义道路、坚持和发展中国特色社会主义，就是为了实现中国共产党人的初心和使命，造福最广大人民群众，最终实现中华民族伟大复兴。

习近平同志指出，"中国共产党的追求就是让老百姓生活越来越好"。改革开放以来，我们党始终坚持在发展中保障和改善民生，全面推进幼有所育、学有所教、劳有所得、病有所医、老有所养、住有所居、弱有所扶，不断改善人民生活、增进人民福祉。从 1978 年到 2017 年，全国居民人均可支配收入由 171 元增加到 2.6 万元，中等收入群体持续扩大。我国贫困人口累计减少 7.4 亿人，贫困发生率下降 94.4 个百分点，谱写了人类反贫困史上的辉煌篇章。事实充分证明，中国特色社会主义在推动国家经济社会发展进步的同时，有力保证了人民生活水平提高，不断增进人民福祉，让中国人民朝着共同富裕的目标稳步前进。

（《中国特色社会主义为什么"好"》，载新华网 2019 年 5 月 10 日，http://www.xinhuanet.com/politics/2019-05/10/c_1124476636.htm。）

思考讨论：

是什么让西方出现所谓"历史终结论""社会主义失败论"彻底破产？中国特色社会主义为什么好？为什么要增强对中国特色社会主义的信念？

案例点评：

让西方出现的所谓"历史终结论""社会主义失败论"彻底破产的原因，是中国特色社会主义的成功实践。道路关乎党的命脉，关乎国家前途、民族命运、人民幸福。我们党紧紧依靠人民，把马克思主义基本原理同中国实际和时代特征结合起来，独立自主走自己的路，历经千辛万苦，付出各种代价，取得革命建设改革伟大胜利，开创和发展了中国特色社会主义，从根本上改变了中国人民和中华民族的前途命运。只有社会主义才能救中国，只有中国特色社会主义才能发展中国。中国特色社会主义道路，中国特色社会主义理论体系，中国特色社会主义制度，是党和人民奋斗、创造、积累的根本成就，必须倍加珍惜、始终坚持、不断发展。

【案例3】《复兴之路》大型主题数字博物馆

《复兴之路》大型主题数字博物馆以时间为基本脉络，以图片和视频以及知识问答为主要方式，展示中华民族伟大复兴之路；以第一次鸦片战争前的世界到中国沦为半殖民地半封建社会，再到辛亥革命期间，中国社会各阶层救国图强的各种探索为线索，重点展现中国共产党从诞生、发展、壮大并领导中国人民建立新中国的历程，中国共产党肩负起民族独立、人民解放的历史重任；以中华人民共和国成立后社会主义制度的确立和中国共产党独立自主探索国家发展道路，展现了建设社会主义新中国的曲折发展和国际环境的新变化。博物馆最后重点展现了改革开放、建设中国特色社会主义的伟大历程。

（《复兴之路》大型主题数字博物馆 http://finance.cctv.com/special/fuxing/02/index.shtml。）

思考讨论：

了解了《复兴之路》大型主题数字博物馆，你有什么感想？中国是怎样一步步在复兴之路上取得一系列重大成就的？为什么中华民族伟大复兴一定能实现？如何增强对实现中华民族伟大复兴的信心？

案例点评：

《复兴之路》大型主题数字博物馆回顾了中华民族的昨天，展示了中华民族的今天，宣示了中华民族的明天，给人以深刻教育和启示。中华民族的昨天，可以说是"雄关漫道真如铁"，中国人民从不屈服，不断奋起抗争，开始了救亡图存的努力，充分展示了以爱国主义为核心的民族精神和实现中华民族伟大复兴的坚定决心。中华民族的今天，正可谓"人间正道是沧桑"，在中国共产党的领导下，终于掌握了自己的命运，不断艰辛探索，找到了实现中华民族伟大复兴的正确道路，取得了举世瞩目的成果。中华民族的明天，可以说是"长风破浪会有时"，经过鸦片战争以来180多年的持续奋斗，中华民族伟大复兴展现出光明的前景。道路决定命运。我们要坚持中国特色社会主义道路自信，坚定不移走中国特色社会主义道路。

➢ 拓展学习

（1）马克思、恩格斯：《共产党宣言》，载《马克思恩格斯选集》第一卷，人民出版社 2012 年版。

（2）习近平：《在纪念马克思诞辰 200 周年大会上的讲话》，人民出版社 2018 年版。

➢ 习题演练

每位老师编写本章的学习试题，和我们在线考试的题库结合起来，以二维码的形式呈现，学生扫码练习。

三、实践活动

➢ 实践项目 "中国特色社会主义发展成就"成果汇报

【目标要求】

理想信念之火一经点燃就会产生巨大的精神力量。教师应该要求学生结合专业特点，通过搜集资料、小组研讨、制作 PPT、课堂汇报的方式展示中国特色社会主义发展成就，并探讨其原因。增强大学生的中国特色社会主义道路自信、理论自信、制度自信、文化自信，自觉做共产主义远大理想和中国特色社会主义共同理想的坚定信仰者、忠实实践者，为崇高理想信念而矢志奋斗。

【活动方案】

（1）活动时间：45 分钟。

（2）活动地点：思政课信息化智慧课室。

（3）活动方式：调研汇报。

（4）活动流程：

① 6~8 人为一组，分工合作，以"中国特色社会主义发展成就"为主题，搜集资料，撰写报告；

② 学生根据报告内容制作 PPT；

③ 主持人致开幕词，介绍学生评委和评分标准；

④ 所有小组代表进行演讲汇报，时间不超过 3 分钟；

⑤ 任课教师根据小组代表演讲的情况，确定每位学生的活动得分。

【活动评价】

计分表

评分项目	分值	得分
仪表形象	10	
肢体语言	10	
演讲内容	65	
PPT 制作	15	
总分	100	

【实践成果】

活动结束后，请学生按照要求及时收集、整理活动的照片、PPT、汇报稿等。

专题九　放飞青春梦想　实现复兴之梦

一、学习导航

➤　经典论述

广大青年要坚定不移听党话、跟党走，怀抱梦想又脚踏实地，敢想敢为又善作善成，立志做有理想、敢担当、能吃苦、肯奋斗的新时代好青年，让青春在全面建设社会主义现代化国家的火热实践中绽放绚丽之花。

（习近平：《高举中国特色社会主义伟大旗帜　为全面建设社会主义现代化国家而团结奋斗——在中国共产党第二十次全国代表大会上的报告》，载《人民日报》2022 年 10 月 26 日，第 1 版。）

➤　设计思路

理想信念是一个思想认识问题，更是一个实践问题。本专题按照"价值引领、能力本位、智慧赋能"的教学设计理念,重点解决理想和现实的辩证关系,个人理想和社会理想的辩证关系,对本专题教学进行理论和实践一体化教学设计,遵循以学生为中心,解决学生理论和现实困惑。在理论教学中,通过教学目标、教学导入、教学重难点、教学案例、拓展学习、习题演练等环节,引导学生将理论知识内化于心,正确认识理想和现实、个人理想和社会理想之间的关系,引导学生为实现中国梦注入青春能量。在教学过程中,以"智慧思政"为主要实施路径落实理实一体,侧重培养学生善于表达、善于思考、善于行动的能力。在此基础上,在实践活动中,通过设计"理想与现实"辩论赛等实践活动,加深对理论知识的学习,促进知行合一。

➢ 知识图谱

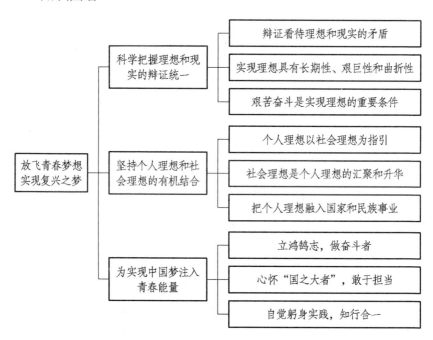

二、理论教学

➢ 教学目的

通过学习,学生能够回答理想与现实、个人理想与社会理想关系的内涵,能运用理想与现实的辩证关系理解理想对实现中国梦的作用。在此基础上，学生能体悟个人理想与社会理想相统一的道理，立下为中国梦奋斗之志，能理解实现理想的长期性、艰巨性和曲折性，培育工匠精神，自觉发扬艰苦奋斗、脚踏实地的作风。

> ➤　教学导入

2021，众多媒体盘点的年度热词，勾勒出它的不平凡：建党百年、强国有我、共同富裕、大国之治、"神舟""祝融"……明快而澎湃的和声，与共和国铿锵的脚步共鸣！但是，也有一个违和的跳音："躺平"。

躺平虽非今天社会的主流，但传递了一部分年轻人的心态：社会物质丰裕下的安于现状、时代开阖变迁中的犹疑观望、发展再攀高峰时的畏难情绪……但看看社交媒体就会发现，大部分聊躺平的年轻人，嘴上说着随便，心里装着不甘；与其说是放弃目标，不如说是惧难偷懒。

（关铭闻：《躺平不可取——建功新时代系列评论之一》，载《光明日报》2021年12月27日，第1版。）

思考：你是如何面对理想与现实之间的差距的？个人理想与社会理想如何统一？如何在实现中国梦中放飞青春梦想？

总结：躺平看上去是对困难低头，对未来放弃追求的状态，实则是自己还有要求，对未来还有追求，期待自己的理想能够实现，是当代年轻人面对竞争的自嘲，是没有理清理想和现实的辩证关系。

> ➤　教学重难点

【重点】理想和现实的辩证统一关系

理想与现实是对立统一的。理想和现实存在着对立的一面，二者的矛盾与冲突，属于"应然"和"实然"的矛盾。理想与现实又是统一的。理想受现实的规定和制约，是在对现实认识的基础上发展起来的。实现理想具有长期性、艰巨性和曲折性。理想的实现是一个过程，艰苦奋斗是实现理想的重要条件，只有见诸行动才有说服力。

【难点1】坚持个人理想与社会理想的有机结合

个人与社会有机地联系在一起，二者相互依存、相互制约、共同发展。同样，社会理想与个人理想也不是彼此孤立的，它们之间相互联系、相互影响、相互制约。个人理想以社会理想为指引，个人理想的确立要以社会理想为引导，个人理想的实现依赖于社会理想的实现。社会理想是个人理想的汇聚和升华。社会理想归根到底要靠全体社会成员的共同努力来实现，并具体体现在每个社会成员为实现个人理想而进行的生动实践中。

【难点2】为实现中国梦注入青春能量

青年的前途离不开国家的前途，没有国家的前途也就没有青年的前途。大学生肩负着实现中华民族伟大复兴中国梦的历史重任，只有把实现理想的道路建立在脚踏实地的奋斗上，才能放飞青春梦想，实现人生理想。青年要志存高远，立鸿鹄志，做奋斗者。大学生要牢记"空谈误国、实干兴邦"，志存高远、脚踏实地、埋头苦干，充分展现自己的抱负和激情，在实干中成就一番事业。

➤ 教学案例精选与点评

【案例1】黄国平博士论文致谢

黄国平博士论文的《致谢》在网上引发热议，内容大体如下：

我走了很远的路吃了很多的苦，才将这份博士学位论文送到你的面前。二十二载求学路一路风雨泥泞，许多不容易。我出生在一个小山坳里，母亲在我十二岁时离家。父亲在家的日子不多，即便在我病得不能自己去医院的时候，也仅是留下勉强够治病的钱后又走了。我十七岁时，他因交通事故离世后，我哭得稀里糊涂，因为再得重病时没有谁来管我了。同年，和我住在一起的婆婆病故，真的无能为力。她照顾我十七年，下葬时却仅是一副薄薄的棺材。人情冷暖，生离死别，固然让人痛苦与无奈，而贫穷则可能让人失去希望。人后的苦尚且还能克服，人前的尊严却无比脆弱。上课的时候，因拖欠学费而经常被老师叫出教室约谈。雨天湿漉着上课，屁股后面说不定还是泥。夏天光着脚走在滚烫的路上。冬天穿着破旧衣服打着寒颤穿过那条长长的过道领作业本。这些都可能成为压垮骆驼的最后一根稻草。

身处命运的旋涡，耗尽心力去争取那些可能本就是稀松平常的东西，每次转折都显得那么的身不由己。幸运的是，命运到底还有一丝怜惜。进入大学后，计算机终于成了我一生的事业与希望，胃溃疡和胃出血也终与我作别。我很庆幸保研时选择了自动化所，感谢研究生部的老师们将我从别的部门调剂到模式识别实验室，感谢导师宗成庆老师选择了我，宗老师将我引入了科学研究的大门，博士这五年无疑是我过去最幸福的时光。

理想不伟大，只愿年过半百，归来仍是少年，希望还有机会重新认识这个世界，不辜负这一生吃过的苦。最后如果还能做出点让别人生活更美好的事，那这辈子就赚了。感谢×××老师和××老师为我的研究提出诸多建设性的意见和建议。与他们的交流过程中，我也被他们坦诚为人、踏实做事的处事风格所感染。感谢所有和我一起在课题组工作的老师们和学习的同学们。我们在研究上共同努力，互相学习，如亲兄弟姐妹一般谈笑风生。感谢父母给了我生命，感谢婆婆和叔辈对我的抚养，感谢一路上让我生活变得美好或者不那么美好的人和事。最后，对参加论文评审、答辩的各位老师表示衷心的感谢！

（《中科院一博士论文走红，作者来自四川》，载四川日报微信公众号 2021年4月18日。）

思考讨论：

（1）黄国平的一篇论文致谢和他给网友们的回信登上热搜，黄国平是谁？为什么他的《致谢》能看哭千万网友？

（2）你看完他的故事有什么感受？理想和现实的关系是怎样的？黄国平通过什么实现自己的理想？

（3）黄国平在给网友的回信中说道："祝愿大家努力终有所成。"如何才能在事业上有所成就？

案例点评：

黄国平是中国科学院自动化所的一名博士生，因其毕业论文致谢部分意外在网上走红。他在致谢中回顾了自己与命运抗争，从小山村到了中科院博士毕业这一路走来的艰辛和奋斗，最终实现理想，改变自己的命运，引起网友的共鸣。

通过黄国平的经历，我们应该辩证看待理想与现实的矛盾，认识到理想和现实并不是对立的。首先要正确认识理想和现实的关系。现实生活中有一些人用理想来否定现实，当发现现实不符合理想预期的时候，就对现实大失所望，甚至对现实采取全盘否定的态度。还有一些人用现实来否定理想，在追求理想的过程中一遇到困难就产生畏难情绪，甚至放弃理想。我们的国家，我们的民族，从积贫积弱一步一步走到今天的发展繁荣，靠的就是一代又一代人的顽强拼搏，靠的就是中华民族自强不息的奋斗精神。大学生要像黄国平一样，把敢于吃苦、勇于奋斗的精神落实到日常的学习、生活和工作中，努力实现理想。

【案例2】"七一勋章"获得者黄文秀

北京师范大学硕士毕业后，黄文秀回乡工作，2018年担任广西壮族自治区百色市乐业县百坭村的驻村第一书记。黄文秀的家庭并不富裕，父亲身患重病，但在重重压力之下，黄文秀总是乐观开朗、积极向上。她刚上任时，发现现实情况比想象的更复杂：该村建档立卡贫困户103户474人，贫困发生率22%，是深度贫困村。百坭村建档立卡贫困户居住分散在几个不同的山头，对于她这个不熟悉地形的"新手"来说，要在最短时间内掌握全村贫困户的详细情况，是非常困难的。但她没有失去信心，仍然坚持深入的开展群众工作，常常脱下外套帮贫困户家扫院子；贫困户不让她进家门她就去两次、三次；贫困户不在家，她就去田里，边帮他们干农活边聊天。时间久了，村民们见得她多了，开始慢慢地接受她。经过两个月的摸底，她基本掌握了全村概况，百坭村共有472户2 068人，建档立卡贫困户195户883人，2017年未脱贫为154户691人，因学致贫和因残、因病致贫占比最高。驻村一年，她把全村所有的贫困户访了一遍又一遍，在"扶贫心得"中她写道："在我驻村满一年的那天，我的汽车仪表盘的里程数正好增加了两万五千公里，我简单地发了一个朋友圈：'我心中的长征，驻村一周年愉快'。"

（赵晓雯：《记驻村第一书记黄文秀：两万五千公里扶贫路是她的"长征"》，载中国网2021年5月28日，http://www.china.com.cn/news/txt/2021-05-28/content_77532715.htm。）

思考讨论：

（1）通过本案例你有什么感想？作为北京师范大学的毕业生，黄文秀可以有什么选择？她最后的选择体现了个人理想和社会理想的什么关系？

（2）黄文秀在实现理想的过程中遇到了什么困难？她如何克服这些困难？她的付出有什么重要意义？

（3）青年大学生应该向黄文秀学习什么？

案例点评：

我们为黄文秀点赞。作为北京师范大学毕业生的她本可以留在大城市工作，但是为了家乡的未来她回到了老家，帮助村民顺利脱贫。黄文秀同志坚守初心、对党忠诚，心系群众、担当实干，品德高尚、克己奉公，知重负重、坚韧不拔，用生命诠释了一名共产党员应有的价值追求和使命担当，是习近平新时代中国特色社会主义思想的坚定信仰者和忠实践行者，是新时代共产党员不忘初心、牢记使命、永远奋斗的典范。我们要向黄文秀等有志青年学习，立鸿鹄志，做奋斗者。

> ➤ 拓展学习

（1）电视系列片《正道沧桑——社会主义五百年》，第 48 集《复兴之梦》。
（2）电影《建党伟业》，2011 年 6 月 15 日上映，韩三平、黄建新执导。

> ➤ 习题演练

每位老师编写本章的学习试题，和我们在线考试的题库结合起来，以二维码的形式呈现，学生扫码练习。

三、实践活动

> ➤ 实践项目 "理想与现实"辩论赛

正方：仰望星空更重要。
反方：脚踏实地更重要。

【目标要求】

通过此次辩论赛，大学生要学会辩证看待理想与现实的矛盾，不用理想否定现实，也不用现实否定理想，通过辩论把握理想和现实的辩证关系，明确个人理想和社会理想的有机统一。

【活动方案】

（1）活动时间：90 分钟。
（2）活动地点：思政课信息化智慧课室。
（3）活动方式：辩论赛。

（4）活动流程：

①学生投票确定辩题和正反方；

②自主选择辩友，以及主持人、评委、计时员等工作人员；

③主持人致开幕词，介绍到场评委、嘉宾并介绍比赛规则、评分细则；

④比赛开始，根据辩论赛制，开展现场辩论；

⑤现场观众提问、质询；

⑥辩论赛结束，评委公布分数，全班投票选出最佳辩手，主持人宣布比赛结果；

⑦任课教师根据辩论效果和活动参与情况，确定每位学生的活动得分。

【活动评价】

计分表

评分项目	分值	得分
参与分数	50	
工作人员	10	
辩论获胜方	20	
现场参与人员	20	
总分	100	

【实践成果】

活动结束后，请学生按照要求及时收集、整理演讲活动的照片、辩论稿等。

专题十　学习中国精神　弘扬兴国之魂

一、学习导航

➢　经典论述

人无精神则不立，国无精神则不强。唯有精神上站得住、站得稳，一个民族才能在历史洪流中屹立不倒、挺立潮头。同困难作斗争，是物质的角力，也是精神的对垒。

（习近平：《在全国抗击新冠肺炎疫情表彰大会上的讲话》，人民出版社2020年版，第16页。）

➤ 设计思路

国家强盛离不开精神的强盛，民族复兴离不开精神的支撑。中国精神作为兴国强国之魂，是实现中华民族伟大复兴不可或缺的精神支撑，学习中国精神至关重要。本专题主要讲述中国精神的来源、中国精神的科学内涵、中国精神的重要作用等基本问题，引导学生理解中国精神对于实现中华民族伟大复兴的中国梦的重要意义。按照"价值引领、能力本位、智慧赋能"的教学设计理念，对本专题教学进行理论和实践一体化教学设计，以学生为中心，以问题链形式，遵循"中国精神从哪里来""中国精神是什么""如何弘扬中国精神"的逻辑规律把握中国精神。在理论教学中，通过教学目标、教学导入、教学重难点、教学案例、拓展学习、习题演练等环节，引导学生将理论知识内化于心。在教学过程中，以"智慧思政"为主要实施路径落实理实一体，侧重引导培养学生善于表达、善于思考、善于行动的能力，把握中国精神。在此基础上，在实践活动中，通过设计"传承中国故事 弘扬中国精神"诵读大赛，外化于行，促进知行合一。

➤ 知识图谱

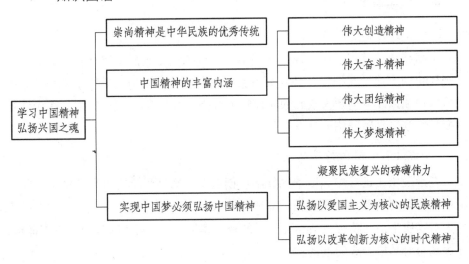

二、理论教学

➤ 教学目的

通过学习，学生能了解中国精神的渊源、能够复述中国精神的基本内容。在此基础上，能够正确认识中国精神的时代价值，树立自觉地传承和弘扬中国精神的意识，坚定中国特色社会主义文化自信。能增强对中国精神的理论认识和实践理解，让中国精神成为自己学习生活的精神指引和强大的精神支撑，在专业学习过程中自觉培育和践行中国精神，用实际行动展现出中国精神的青春风采。

➤ 教学导入

"作为 00 后，你眼中的中国精神是什么？"

有同学说，我们眼中的中国精神是"撸起袖子加油干"；是团结奋斗、众志成城；是自立自强，是创造新世界……国之魂者，立国之本。

总结：中国精神是中华民族之魂，是我们茁壮成长的营养剂，是中华民族实现伟大复兴的力量之源。作为当代大学生，我们担负着民族复兴的时代使命，必须明确中国精神的内涵，掌握弘扬中国精神的路径方法。

➤ 教学重难点

【重点】实现中国梦必须弘扬中国精神

中国精神是兴国强国之魂。实现中华民族伟大复兴的中国梦，开启社会主义现代化国家建设新征程，必须大力弘扬中国精神，弘扬以爱国主义为核心的民族精神和以改革创新为核心的时代精神振奋起全民族的"精气神"，用中国精神凝聚民族复兴磅礴伟力。

【难点1】中国精神从哪里来？

在漫漫历史进程中，中华民族不仅创造出光辉灿烂享誉世界的中华文明，也塑造出独特的精神气质和精神品格，形成了崇尚精神的优秀传统。它首先表现为对物质生活与精神生活相互关系的独到理解，也表现为对理想的不懈追求，亦表现为对品格养成的重视。

【难点 2】中国精神是什么？

伟大创造精神、伟大奋斗精神、伟大团结精神、伟大梦想精神，传承中华民族宝贵精神基因，汲取时代的丰厚精神滋养，是对中国精神内涵的系统阐释。在几千年的历史长河中，中国人民始终辛勤劳作、发明创造；中国人民始终革故鼎新、自强不息；中国人民始终团结一心、同舟共济；中国人民始终心怀梦想、不懈追求。中国共产党是中国精神的忠实继承者和坚定弘扬者，中国共产党人的精神谱系极大丰富了中国精神的内涵，激励中国人民攻坚克难，不断从胜利走向新的胜利。

➤ 教学案例精选与点评

【案例】中国精神，到底在哪里？我们必须要搞清楚！

中国精神在哪里？在英雄的生命和鲜血里！

1840 年以来，中国受尽列强欺辱，14 年的艰苦抗战，打败日本侵略者，新中国成立后，抗美援朝，打得艰苦卓绝，打得可歌可泣！

中国精神在哪儿？中国精神在那名单手擎天的士兵 70 年前发出的呐喊里！

"同志们，为了新中国前进！"1948 年 5 月 25 日，董存瑞的生命绽放在怒天的炮火里，那一年，他才 19 岁！

中国精神在哪儿？中国精神在董万瑞将军的眼泪里！

洪水退去、送别英雄，在离别的站台上，将军落泪！与大堤共存亡、与洪魔共进退！当时这位 56 岁的老人，长江大堤上年龄最大、军阶最高的人，他与战士同战斗、72 小时不合眼！

中国精神在哪里？在平民英雄的英勇无畏里！

在保安李国武生命的最后一秒，他高高举起双手，下一秒，他跟坠楼的女子，一起倒在了血泊之中！

中国精神在哪里？在平凡人的真善美里！

一名司机为行夜路的孩子亮着灯光照路 20 分钟，直到孩子的前方出现了灯光。让司机意外的是，孩子突然下车，深深弯腰鞠躬！

惟有推崇中国之精神，才能化为中国之力量！

（共青团中央：《中国精神，到底在哪里？我们必须要搞清楚！》，载共青团中央官方微信公众号 2018 年 6 月 6 日，https：//mp.weixin.qq.com/s/skS0S5SOS kycN9nmY1ca5g。）

思考讨论：

（1）读完这段文字你有什么感受？为什么这篇文章催人泪下？中国精神对于实现中华民族伟大复兴有何作用？

（2）文中描述的中国精神源自哪里？中国精神的内涵是什么？如何推崇中国之精神，才能化为中国之力量？

案例点评：

人无精神则不立，国无精神则不强。唯有精神上站得住、站得稳，一个民族才能在历史洪流中屹立不倒、挺立潮头。中国精神作为兴国强国之魂，是实现中华民族伟大复兴不可或缺的精神支撑。伟大时代创造伟大精神，伟大精神推动伟大时代。牢记中国精神、弘扬中国精神是我们的使命，也是历史赋予我们的责任。

> ➤ 拓展学习

观看中央广播电视总台视频《中国精神》。

> ➤ 习题演练

每位老师编写本章的学习试题，和我们在线考试的题库结合起来，以二维码的形式呈现，学生扫码练习。

三、实践活动

> ➤ 实践项目 "传承中国故事 弘扬中国精神"诵读大赛

【目标要求】

人无精神不立，国无精神不强。中国精神是兴国强国之魂。学子们以青春之声吟中国故事，了解中国故事中的中国精神，展现中华优秀传统文化和语言文字的魅力，弘扬中国精神，抒发爱党爱国情怀。

【活动方案】

（1）活动时间：90 分钟。

（2）活动地点：思政课信息化智慧课室。

（3）活动方式：诵读比赛。

（4）活动流程：

① 6~8 人为一组，分工合作，以"传承中国故事 弘扬中国精神"为主题搜集资料，制作 PPT；

② 学生自选故事诵读，诵读时间不超过 10 分钟；

③ 主持人致开幕词，介绍到场评委、嘉宾并介绍比赛规则、评分细则；

④ 比赛开始，每组推选的选手根据比赛前的抽签顺序进行比赛；

⑤ 每位选手诵读完后，主持人根据评委打分情况向观众及选手公布评比分数；

⑥ 待所有的选手比赛完后，主持人宣布比赛结果；

⑦ 任课教师根据选手表演的情况，确定每位同学的活动得分；

⑧ 任课教师推荐优秀选手参加学校决赛。

【活动评价】

计分表

评分项目	分值	得分
仪表形象	10	
肢体语言	20	
演讲内容	40	
表现力	15	
PPT 制作	15	
总分	100	

【实践成果】

活动结束后，请学生按照要求及时收集、整理活动的照片、活动计划、PPT、文稿等。

专题十一　弘扬民族精神　践行爱国之责

一、学习导航

➤ 经典论述

爱国主义是我们民族精神的核心，是中国人民和中华民族同心同德、自强不息的精神纽带。面对国家和民族生死存亡，全体中华儿女同仇敌忾、众志成城，奏响了气吞山河的爱国主义壮歌。爱国主义是激励中国人民维护民族独立和民族尊严、在历史洪流中奋勇向前的强大精神动力，是驱动中华民族这艘航船乘风破浪、奋勇前行的强劲引擎，是引领中国人民和中华民族迸发排山倒海的历史伟力、战胜前进道路上一切艰难险阻的壮丽旗帜！

（习近平：《在纪念中国人民抗日战争暨世界反法西斯战争胜利75周年座谈会上的讲话》，人民出版社2020年版，第5页。）

➤ 设计思路

中国特色社会主义进入新时代，实现中华民族伟大复兴的中国梦是新时代爱国主义的鲜明主题。弘扬民族精神，践行爱国之责。本专题主要讲述新时代爱国主义的四个要求，按照"价值引领、能力本位、智慧赋能"的教学设计理念，对本专题教学进行理论和实践一体化教学设计，以学生为中心，引导学生了解新时代也要坚持爱国主义，从坚持爱国爱党爱社会主义相统一、维护祖国统一和民族团结、尊重和传承中华民族历史文化、坚持立足中国又面向世界四个方面把握新时代爱国主义的要求。在理论教学中，通过教学目标、教学导入、教学重难点、教学案例、课后拓展、习题演练等环节，引导学生将理论知识内化于心。在教学过程中，以"智慧思政"为主要实施路径落实理实一体，引导学生理性辨析社会错误观点和不良现象，增强爱国主义情感，维护国家根本利益，着重培养学生善于表达、善于思考、善于行动的能力，把握中国精神。在此基础上，在实践活动中，通过设计"辩论明理——经济全球化背景下是否还需要爱国主义"主题辩论实践活动，加深学生对理论知识的学习，并付诸实践，增强学生分析、解决问题的能力，促进知行合一。

➤ 知识图谱

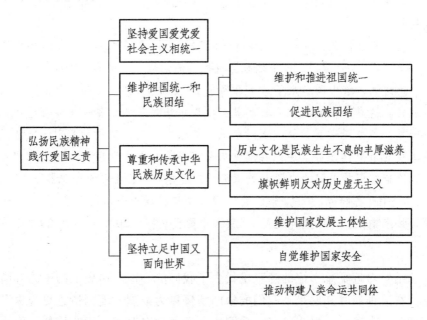

二、理论教学

➤ 教学目的

通过学习，学生能了解爱国主义相关知识，了解新时代爱国主义的四个基本要求，即坚持爱国爱党爱社会主义相统一、维护祖国统一和民族团结、尊重和传承中华民族历史文化、坚持立足中国又面向世界。在此基础上使学生在复杂的环境中理性辨析社会错误观点和不良现象，增强爱国主义情感，维护国家根本利益。

➤ 教学导入

上海的中共一大会址、嘉兴南湖红船，是中国共产党梦想起航的地方。2017年深秋，中国共产党的十九大刚刚闭幕一周，习近平总书记带领中央政治局常委同志专程赶赴这里。两个纪念馆中，有 3 幅相似的图片：一幅，中国近代时事漫画《时局图》，列强如熊、鹰、犬、蛤蟆，盘踞在中国版图上。一幅，清末给列强赔款的惊人数字，浸透着中国人民血泪的白银如开闸河水般装入洋人的口袋。一幅，马克思观察中国国情后写下的一段话："一个人口几乎占人类三分之一的大帝国，不顾时势，安于现状，人为地隔绝于世并因此竭力以天朝尽善尽美的幻想自欺。"

习近平总书记久久凝视，连连感叹："多屈辱啊！多耻辱啊！那时的中国是待宰的肥羊。"莽莽神州，已倒之狂澜待挽；茫茫华夏，中流之砥柱伊谁？十月革命一声炮响，给中国送来了马克思列宁主义。1921年，五四运动后，中国共产党成立。这是一个自成立之日起就把实现中华民族伟大复兴作为自己历史使命的政党。雄关漫道真如铁。面对争取民族独立、人民解放和实现国家富强、人民幸福的历史性任务，中国共产党把马克思主义基本原理同中国具体实际相结合，给苦苦探寻出路的中国人民指明了前进方向、提供了全新选择！

（李志伟、肖静芳、牛锐、张国欣：《引领中华民族走向伟大复兴的百年——写在中国共产党成立100周年之际》，载《中国民族报》2021年6月29日，第1版。）

总结：习近平总书记的感叹也代表了我们的心声，历史上的中国有诸多磨难，在这种屈辱和磨难下我们的家国情怀更为浓烈，爱国情感更为深厚，我们期盼国富民强、民族复兴。爱国主义情感没有改变，历久弥新，但是爱国主义的基本要求具有时代性，会随着时代的发展变化而变化。同学们是否理解爱国与爱党爱社会主义之间的必然联系，是否理解经济全球化对爱国主义的冲击？请带上这些问题，一同走进今天的课堂——新时代爱国主义的基本要求。

➢ **教学重难点**

【重点1】尊重和传承中华民族历史文化

对祖国悠久历史、深厚文化的理解和接受，是培育和发展爱国主义情感的重要条件。历史文化是一个民族生生不息的丰厚滋养，中华优秀传统文化是中华民族的精神命脉。抛弃传统，丢掉根本，就等于割断了自己的精神命脉，我们不是历史虚无主义者，也不是文化虚无主义者，要旗帜鲜明地反对历史虚无主义。

【重点2】坚持立足中国又面向世界

中国的命运与世界命运紧密相关。弘扬新时代的爱国主义，要求我们正确认识立足中国与面向世界的辩证统一关系，维护国家发展主体性，自觉维护国家安全，推动构建人类命运共同体。

【难点1】坚持爱国爱党爱社会主义相统一

中华人民共和国是中国共产党领导的社会主义国家，祖国的命运和党的命运、社会主义命运密不可分。当代中国，爱国主义的本质就是坚持爱国和爱党、爱社会主义的高度统一。新时代大学生不仅要在认识上深刻理解爱国爱党爱社会主义的高度统一，更要以实际行动践行爱国主义。

【难点2】维护祖国统一和民族团结

国家统一和民族团结是中华民族根本利益所在。弘扬新时代爱国主义，要坚持以维护祖国统一和民族团结为着力点，维护全国各族人民大团结的政治局面，巩固和发展最广泛的爱国统一战线。

保持香港、澳门长期繁荣稳定，实现祖国完全统一，是实现中华民族伟大复兴的必然要求，是不可阻挡的历史进程，也是全体中华儿女的共同心愿。

处理好民族问题、促进民族团结，是关系祖国统一和边疆巩固的大事，是关系民族团结和社会稳定的大事，是关系国家长治久安和中华民族繁荣昌盛的大事。新时代大学生要自觉做民族团结进步事业的建设者、维护者和促进者。

➤　教学案例精选与点评

【案例1】"伟大历程　辉煌成就——　庆祝中华人民共和国成立 70 周年大型成就展"线上展馆

"伟大历程　辉煌成就——庆祝中华人民共和国成立 70 周年大型成就展"在北京展览馆开幕，24 日起正式向公众开放。展览以"开辟和发展中国特色社会主义道路、建设社会主义现代化国家"为主题，分为"序言、屹立东方、改革开放、走向复兴、人间正道"五大部分，以编年体式形式向公众展示中华人民共和国成立 70 年来的伟大历程和辉煌成就。

本次展览既突出"国事""大事"，又强调老百姓身边的"家事""小事"。展品中，有蛟龙号、C919 大飞机、神威·太湖之光这些"大国重器"，也有粮票、缝纫机等与公众生活息息相关的用品。除了图片展板、产品原件、沙盘模型、视频资料，展览还对建造红旗渠、决战脱贫攻坚、棚户区改造等进行场景重现。

（中国青年网：《"伟大历程·辉煌成就——庆祝中华人民共和国成立70周年大型成就展"开展》，载百家号2019年9月25日，https://baijiahao.baidu.com/s?id=1645615966618820752。）

思考讨论：

（1）在庆祝中华人民共和国成立70周年的大型成就展中，你最大的感受是什么？

（2）时代在变，我们的爱国情感变了吗？新时代，爱国主义的主题是什么？

（3）为什么说爱国爱党爱社会主义是相统一的？

案例点评：

70年沧桑巨变，70年非凡历程。我们为祖国70年日新月异的发展而振奋，爱国情感在心底油然而生。不管时代如何变迁，我们的爱国情感始终如一，未曾改变。实现国家富强、民族复兴的梦想是新时代爱国主义的鲜明主题。爱国爱党爱社会主义统一于中华民族伟大复兴的历史进程中。作为青年大学生，爱国不能停留在口号上，而是要落实在日常的学习生活中。青年大学生当不忘初心、牢记使命，砥砺前行，以高度的责任感和使命感，用奋斗创造新的发展业绩，用奉献书写新时代青年最美的时代华章。

【案例2】女子连发两帖侮辱烈士董存瑞，获刑7个月

2021年10月12日，北京市东城区人民法院对被告人许某侵害英雄烈士名誉、荣誉案作出一审判决，依法判处许某有期徒刑七个月；于判决生效之日起十日内在国内主要门户网站及全国性媒体公开赔礼道歉、消除影响。

经查明，2021年3月，被告人许某使用微博账户先后发布2条包含侮辱英雄烈士董存瑞内容的信息，阅读次数达9万余次，引发广大人民群众的强烈愤慨，造成恶劣社会影响。庭审中，许某自愿认罪认罚。

法院认为，英雄烈士是中华民族的脊梁，英雄烈士事迹和精神是中华民族的共同历史记忆和社会主义核心价值观的重要体现，是社会公共利益的重要组成部分。被告人许某的行为侮辱了英雄烈士的名誉、荣誉，损害了社会公共利益，情节严重，已构成侵害英雄烈士名誉、荣誉罪，依法应予刑罚处罚，并承担相应的民事责任。

（《造成恶劣社会影响 北京一女子发帖侮辱英烈获刑 7 个月》，载人民网 2021 年 10 月 13 日，http://society.people.com.cn/n1/2021/1013/c1008-32252474.html。）

思考讨论：

许某侮辱、诋毁烈士的行为有何危害？你如何看待？

案例点评：

近年来，公众言行侵害到英雄烈士的名誉、荣誉的案例屡有发生，引起了各界的广泛关注与愤慨。中国共产党、人民军队和中华人民共和国历史上涌现的无数英雄烈士，近代以来的英烈先驱和革命先行者，为国家和人民作出了重大牺牲和重要贡献。作为大学生，要崇尚、学习、捍卫英雄烈士，学习他们的精神，明确历史文化是中华民族生生不息的丰厚滋养，不做历史虚无主义者，也不做文化虚无主义者，树立大历史观和正确党史观，真正理解历史、把握历史，增强历史自觉和历史自信。

➢ 拓展学习

（1）方志敏：《可爱的中国》，人民文学出版社 1991 年版。
（2）《新时代爱国主义教育实施纲要》，人民出版社 2019 年版。

➢ 习题演练

每位老师编写本章的学习试题，和我们在线考试的题库结合起来，以二维码的形式呈现，学生扫码练习。

三、实践活动

➢ 实践项目 "经济全球化背景下是否还需要爱国主义"主题辩论赛

正方：经济全球化背景下还需要爱国主义。
反方：经济全球化背景下不需要爱国主义。

【目标要求】

实现中华民族伟大复兴的中国梦，是当代中国爱国主义的鲜明主题。青年大学生要继承中华民族爱国主义光荣传统，自觉做新时代的忠诚爱国者。通过辩论赛，大学生应深入了解中国的命运与世界的命运紧密相关，当今社会越来越成为你中有我、我中有你的命运共同体。弘扬新时代的爱国主义，要求我们正确处理立足中国与面向世界的辩证统一关系。新时代的大学生应高扬爱国主义旗帜，把爱国之情、强国之志、报国之行统一起来。

【活动方案】

（1）活动时间：90分钟。

（2）活动地点：思政课信息化智慧课室。

（3）活动方式：辩论赛。

（4）活动流程：

①班级学生投票确定辩题和正反方；

②自主选择辩友、主持、评委、计时员等工作人员；

③主持人致开幕词，介绍到场评委、嘉宾并介绍比赛规则、评分细则；

④比赛开始，根据辩论赛制，现场辩论；

⑤现场观众提问、质询；

⑥辩论赛结束，评委公布分数，全班投票选出最佳辩手，主持人宣布比赛结果；

⑦任课教师根据辩论效果和活动参与情况，确定每个学生的活动得分。

【活动评价】

计分表

评分项目	分值	得分
参与分数	50	
工作人员	10	
辩论获胜方	20	
现场参与人员	20	
总分	100	

【实践成果】

活动结束后，请学生按照要求及时收集、整理演讲活动的照片、辩论稿等。

专题十二 坚持时代精神 迸发创新之力

一、学习导航

➢ 经典论述

教育、科技、人才是全面建设社会主义现代化国家的基础性、战略性支撑。必须坚持科技是第一生产力、人才是第一资源、创新是第一动力，深入实施科教兴国战略、人才强国战略、创新驱动发展战略，开辟发展新领域新赛道，不断塑造发展新动能新优势。

（习近平：《高举中国特色社会主义伟大旗帜 为全面建设社会主义现代化国家而团结奋斗——在中国共产党第二十次全国代表大会上的报告》，载《人民日报》2022 年 10 月 26 日，第 1 版。）

➢ 设计思路

坚持时代精神，迸发创新之力。改革创新是当代中国最突出、最鲜明的特点，时代孕育出改革创新精神。大学生富有想象力和创造力，是改革创新的生力军。本专题主要讲述为什么要坚持改革创新、如何做改革创新生力军这两个基本问题，引导学生理解改革创新对国家和社会发展的重要性和必要性，按照"价值引领、能力本位、智慧赋能"的教学设计理念，对本专题教学进行理论和实践一体化教学设计，以学生为中心，坚持"问题导向"，以问题链形式，遵循"为什么要坚持改革创新""如何做改革创新生力军"的逻辑规律，在理论教学中，通过教学目标、教学导入、教学重难点、教学案例、拓展学习、习题演练等环节，引导学生将理论知识内化于心。在教学过程中，以"智慧思政"为主要实施路径落实理实一体，侧重引导培养学生善于表达、善于思考、善于创作的能力。在此基础上，在实践活动中，通过设计"以物传情"实践活动，外化于行，促进知行合一。

➤ 知识图谱

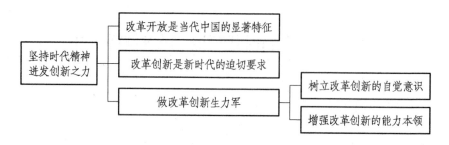

二、理论教学

➤ 教学目的

大学生富有想象力和创造力，是改革创新的生力军。通过学习，学生能了解改革创新的重要意义，树立改革创新的自觉意识，增强改革创新的能力本领。要引导大学生在改革创新的实践中奉献祖国、服务人民、实现价值，让改革创新成为大学生青春远航的强大动力。

➤ 教学导入

2021年6月12日晚，河南广播电视台推出端午节特别节目《端午奇妙游》，其中，水下舞蹈《洛神水赋》唯一出场人洛神的曼妙身姿出神入化，御用神笔曹植的描写显见词穷。据官方统计数据，自播出以来，微博相关话题阅读量近50亿次，48小时内热搜上榜19次，视频的播放量超过1亿次。"用创新的形式和匠心为传统文化赋能，不断释放传统文化中的活力、魅力，推动中华优秀传统文化更好融入当代人们生活。"河南卫视总监刘林军说，水下洛神让古朴的文明"活"起来，新鲜起来，穿越历史，更穿透荧幕隔阂。

（王胜昔：《"水下洛神"如何从创意变成现实》，载《光明日报》2021年6月22日，第9版。）

总结：河南卫视推出的《中国节日》是传承中华优秀传统文化的成功案例，从《唐宫夜宴》《洛神水赋》《龙门金刚》……河南卫视"杀疯了"。河南卫视凭借什么"杀疯了"？节目创作团队扎根于河南深厚的历史文化，结合传统习俗和当代人的需求、期待进行了再创作。团队敢于创新节目形式，敢于打破陈规，让更多文艺创新"出圈""破壁"。

➢　**教学重难点**

【重点】为什么要坚持改革创新？

坚持改革创新具有重要性。改革开放是当代中国最鲜明的特色。改革开放是党在新的历史条件下领导人民进行的新的伟大革命，是决定当代中国命运的关键抉择。坚持改革创新具有必要性。改革创新是新时代的迫切要求。首先，创新决定未来，改革关乎国运。其次，创新是推动人类社会发展的第一动力。从某种意义上说，创新决定着世界政治经济力量对比的变化，也决定着各国各民族的前途命运。最后，创新能力是当今国际竞争新优势的集中体现。改革创新是赢得未来的必然要求。

【难点】如何做改革创新生力军？

青年时期是创新创造的宝贵时期。新时代的大学生要树立改革创新的自觉意识，自觉增强改革创新的责任感，树立敢于突破陈规、大胆探索未知、勇于创新创造的思想观念，在实践中有直面困难的勇气，有突破难关的精神，锐意进取，奋力前行。新时代的大学生还要增强改革创新的能力本领。具体来说，大学生需要夯实创新基础、培养创新思维、投身改革创新实践。

➢　**教学案例精选与点评**

【案例1】"大潮起珠江"线上展馆

"大潮起珠江——广东改革开放 40 周年展览"面积 6 300 平方米，展览分为序厅、"敢为人先　勇立潮头（1978—1992）"、"增创优势　砥砺前行（1992—2012）"、"走在前列　当好窗口（2012—2018）"、尾厅五个部分，全面、生动和立体地展现广东改革开放 40 年的壮阔历程和辉煌成就，展示了广东坚持改革不停顿、开放不止步，奋力实现"四个走在全国前列"、当好"两个重要窗口"的生动实践。20 世纪 80 年代，深圳蛇口工业区竖立起"时间就是金钱，效率就是生命"标语牌，在全国产生了巨大影响。珠水春潮，40 年来珠江两岸从低矮楼房逐渐变成高楼林立；壮美广东，21 个地级以上市霓虹璀璨景色迷人……展厅内清晰的图片，记录下广东牢记习近平总书记嘱托，全省上下改革开放再出发的新成绩：粤港澳大湾区 2017 年经济总量达 10 万亿元，是我国开放程度最高、经济活力最强的区域之一；港珠澳大桥总长 55 千米，是目前世界最长跨海大桥；从 2015 年启动建设的广东自贸区，今年前三季度实际利用外资已达到 45.7 亿美元……

（"大潮起珠江——广东改革开放网上展馆"http: //www.gdggkf.com/。）

思考讨论：

（1）看完展览，你的直观感受是什么？改革开放 40 多年我们取得了哪些成就，发生了哪些变化？

（2）生活方式的改变及重大科技成就的取得的背后体现的是一种什么精神？

（3）为什么新时代要继续发扬改革创新的时代精神？

案例点评：

看完展览，我们能感受到中国变化之快、变化之大。在物质生活方面，我们的选择更加多样；在精神生活方面，人民的面貌焕然一新；在科技领域，我们取得众多进展和突破。港珠澳大桥总长 55 千米，是目前世界最长的跨海大桥；被誉为中国新"四大发明"之一的中国高铁，正走出国门，驶向世界……

改革是中国的第二次革命，改革是一个国家、一个民族的生存发展之道。以党的十一届三中全会为标志，我国从此进入了改革开放和社会主义现代化建设的历史新时期。40 多年众志成城，40 多年砥砺奋进，中国人民用双手书写了国家和民族发展的壮丽史诗。实践充分证明，改革开放是当代中国发展进步的活力之源，它只有进行时，没有完成时。

在新一轮科技革命和产业变革中，我国能否在未来发展中后来居上、弯道超车，主要就看能否在创新驱动发展上迈出实实在在的步伐。必须把创新作为引领发展的第一动力，把人才作为支撑发展的第一资源，把创新摆在国家发展全局的核心位置，把创新驱动发展战略作为国家重大战略，让创新贯穿党和国家一切工作，让创新在全社会蔚然成风。

【案例 2】青年工匠黄德智：精益求精研技术、学以致用育人才

黄德智并非科班出身，但凭着勤奋好学、刻苦钻研的执着劲，黄德智在短短五年的时间里，由普通的机床操作工破格晋升为公司有史以来最年轻的高级技师。毕业九年后，年仅 31 岁的他被评为"全国劳动模范"，受到党和国家领导人的亲切接见，成为青年人的榜样。

好学与实践奠定人生基石。1998 年，黄德智进入广州番禺职业技术学院学习，选择了适合自己的学校和专业，母校的校训"学以致用"也深刻地影响了他的人生。工匠精神造就劳模技师。2001 年黄德智毕业后，进入了广州机床厂有限公司工作。他从基层学起，一步一个脚印，踏踏实实地系统学习，凭着年轻、有冲劲、对数控加工比较熟悉的优势，他主动挑起了新产品核心部件的精密制造任务。潜心技术改造，先后设计、制造了 60 余种自制工装和特殊刀具，完成小改小革项目 200 多项，参与技术改造项目 30 余个，仅仅是对工装的改进这一项就节约了将近 80 万元的资金；精密车床自动化加工就使效率提高了 15%，设备利用率提高了 10%；成功完成了宝洁公司 CPR 项目等高精尖的零件加工任务，得到了德国、波兰、匈牙利等用户的认可。

培育青年人才助力制造强国。黄德智成立了技能大师工作室，后被评为国家级技能大师工作室。从源头上增强了年轻人对制造业的兴趣，吸引了一大帮新生力量，产出教科研成果 40 多项，培养高端数控技术人才一千多人次，其中有十多个是全国技能大赛和世界技能大赛的选手。他积极带动身边的人响应习近平总书记关于建设世界科技强国的号召，主动融入集团企业的发展战略，始终保持迎难而上、艰苦奋斗、甘于奉献的工人本色，以实干创新精神，努力为广州建设成为国家重要中心城市贡献力量。

（广州青年报：《青年工匠黄德智　精益求精研技术　学以致用育人才》，载搜狐网 2018 年 9 月 27 日，https：//www.sohu.com/a/ 256459210_374623。）

思考讨论：

看完黄德智的故事，你有什么启发？他身上具有什么样的精神值得我们学习？我们如何培养改革创新精神，做改革创新的生力军？

案例点评：

通过校友黄德智，我们感受到青年时期是创新创造的宝贵时期。新时代的大学生置身于实现中华民族伟大复兴的时代洪流之中，应当把握时代脉搏，迎接时代挑战，增强创新创造的能力和本领，勇做改革创新的实践者，将弘扬改革创新精神贯穿于实践中、体现在行动上。

> ➤ 拓展学习

中共中央文献研究室:《习近平关于科技创新论述摘编》,中央文献出版社2016年版。

> ➤ 习题演练

每位老师编写本章的学习试题,和我们在线考试的题库结合起来,以二维码的形式呈现,学生扫码练习。

三、实践活动

> ➤ 实践项目1 "以物传情——创作主题珠宝作品"大赛(以珠宝首饰专业为例)

青年时期是创新创造的宝贵时期,新时代大学生应以时代使命为己任,迎接时代挑战,增强创新创造的能力和本领。学生们结合自身专业特长,设计红色主题珠宝作品,勇做改革创新的实践者。

【活动方案】

(1)活动时间:课外时间+课堂45分钟。

(2)活动地点:思政课信息化智慧课室。

(3)活动方式:创作比赛。

(4)活动流程:

①6~8人为一组,分工合作,搜集资料,确定创作主题;

②学生将作品初稿手绘出来,交给专业课教师和思政课教师修改;

③学生创作、打磨作品;

④学生将作品实物带到教室讲解展示;

⑤比赛开始,每组推选的选手根据比赛前的抽签顺序介绍作品的创作思路、创作技巧与感想;

⑥评委打分,主持人宣布比赛结果;

⑦任课教师根据选手展示的情况,确定每个学生的活动得分;

⑧任课教师推荐优秀选手参加下一轮比赛。

【活动评价】

计分表

评分项目	分值	得分
作品创新程度	40	
作品寓意	20	
作品完成度	20	
现场表现力	10	
团队合作	10	
总分	100	

【实践成果】

　　活动结束后，请学生按照要求及时收集、整理活动的照片、活动计划、文稿等。

专题十三 学习道德理论 倡导传统美德

一、学习导航

> 经典论述

道德之于个人、之于社会，都具有基础性意义，做人做事第一位的是崇德修身。

（习近平：《青年要自觉践行社会主义核心价值观——在北京大学师生座谈会上的讲话》，人民出版社 2014 年版，第 10 页）

> 设计思路

道德是立身兴国之本，对个人和社会都具有基础性意义。本专题主要讲述道德的起源与本质、道德的功能与作用、中华传统美德，重点论述马克思主义道德观。根据"价值引领、能力本位、智慧赋能"的教学设计理念，对本专题教学进行理论和实践一体化教学设计，引导学生将理论知识内化于心，并通过实践活动环节外化于行。在理论教学中，设计教学目标、教学导入、教学重难点、教学案例、教学资源、拓展学习、习题演练等教学环节，让学生掌握道德的基础理论和马克思主义道德观。在实践活动中，设计道德主题辩论活动，加深对道德理论知识的学习，提升道德认知能力，付诸实践，促进知行合一。

> 思维导图

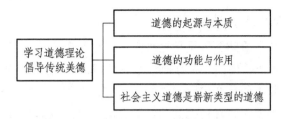

二、理论教学

> 教学目的

大学时期是道德观形成和发展的重要时期，在这个时期形成的道德观念对大学生一生影响很大。通过本专题的学习，学生能够了解道德的基础理论，掌握马克思主义道德观，自觉传承中华传统美德；帮助学生形成正确的道德认知，引导学生立德成人、立志成才，培养良好道德情操，区分不同道德观念的实质，树立马克思主义道德观。

> 教学导入

英国哲学家菲莉帕·富特于 1967 年提出了著名的"包车难题"。难题的内容十分简洁：一辆有轨电车失去了控制，司机看见前方的轨道上有五个人。他可以任凭电车继续前行，这样他们五人一定都会被撞而死（这五个人不知何故都无法离开轨道）；他也可以将电车转向，开到一条岔道上，而这样只会撞死另一个人。

（托马斯·卡思卡特：《电车难题》，朱沉之译，北京大学出版社 2014 年版。）

思考：电车司机应该如何选择？他是否应当把电车开到人少的轨道上，撞死一个人，而不是五个人呢？

总结：从一个功利主义者的角度来看，司机应该选择拉杆转向，拯救五个人只杀死一个人。但是功利主义的批判者认为，一旦拉了拉杆，你就成为一个不道德行为的同谋——你要为另一条轨道上单独的一个人的死负部分责任。然而，其他人认为，你身处这种状况下就要求你要有所作为，你的不作为将会是同等的不道德。总之，不存在完全的道德行为，这就是重点所在。那么，什么是道德？其本质是什么？有何功能和作用？在社会主义现代化建设的今天，道德有了哪些变化发展？这些均是本专题要完成的任务。

➢ **教学重难点**

【重点】道德的本质问题

道德的起源与本质问题无疑是伦理学的根本问题之一。依照不同的根据，呈现出了不同的流派，例如"天意神启论""先天人性论""情感欲望论""动物本能论"等。离开人的社会实践、人的生活、人类的历史发展来思考道德的起源和基础，是无法真正解释道德的起源问题的，更难以理解道德的本质。马克思主义道德观从"道德是反映社会经济关系的特殊意识形态""道德是社会利益关系的特殊调节方式""道德是一种实践精神"等维度去把握道德的本质。

【难点】道德认知与道德实践的融合

作为一种实践精神，道德是一种旨在通过把握世界的善恶现象而规范人们的行为，并通过人们的实践活动体现出来的社会意识。也就是说，道德在本质上是知行合一的；道德立足现实而追求理想，并以理想来改造和提升现实。因此，对于道德的认识与把握不应满足于能够从人类社会历史发展中所形成的复杂多变的道德观念中辨析真伪，更重要的是怎样由道德认知上升到道德实践，实现道德认知与道德实践的有机统一，从而真正做到"改变世界"。

➢ **教学案例精选与点评**

【案例】于漪：培根铸魂，从教 70 年培养三代特级教师

93 岁的于漪是无数中国教师心中的偶像。从教 70 年，开设了近 2 000 节公开课、培养了三代特级教师、写下了 400 多万字的论文专著。2019 年，她获得了"人民教育家"这一中华人民共和国首次颁发的国家荣誉称号。2002 年 10 月，央视《面对面》节目推出《共和国功勋人物》，在上海专访了于漪。

于漪出生在江苏镇江，1937 年，日本侵略者长驱直入时，她就读的小学被迫解散。在最后一节音乐课上，年轻的老师教孩子们唱的是《苏武牧羊》。

于漪："老师教一句我们就唱一句，结果教着教着这个老师就非常激动，激动了以后他就流泪了，他说明天学校就关门了，我们一定要打回来，当时我们小孩子，没有听到过那种大字眼，但是老师这种激情，这种流泪，让我们幼小的心灵一下子懂事了。"

记者："很多时候，我们只有在这种过程里面，幼小的心灵对于国家才会有概念。"

于漪："什么叫家破人亡，不是四个字写在纸上，说在嘴上，那种苦难，那种人民遭受的灾难刻骨铭心、永世不忘。所以一定要学历史，我们这种受屈辱的历史是不能够忘记的。"

经历了逃难之后，于漪辗转考到了镇江中学，这所学校的校训是"一切为民族"，在这里，国文老师教授《陈情表》中"茕茕子立"一词时，给她留下终生难忘的记忆。

于漪："他说注意这个词读'茕'，大家要看清楚，这个下面不是一撇，是一竖，笔直，笔直。他在黑板上就写了一个大字'茕'，笔直，笔直，记得再穷脊梁骨要硬，他教的是字形字音，给我们撒播的是做人道理。我们今天讲上课要有德育，这不就是德育吗？"

记者："这一个竖就说明了一切？"

于漪："笔直，笔直，他做个样子给我们。学校的校训'一切为民族'，这五个大字就成为我血液里头最最重要的东西。基础教育是给人从事基本建设的，基础这个根要打得正，扎得深，它就不会被风吹雨打歪掉。如果从小根不正不深就不行了，基础不牢，地动山摇。每个孩子都是国家的宝贝，家长的宝贝，你要把每一个孩子教好。有很多人问我，你为什么一辈子要做基础教育？我说我自己深受优质基础教育的培养，师恩难忘。要把这些传承下来，要发展，要创新。"

（王宁：《于漪：培根铸魂 从教 70 年培养三代特级教师》，载央视新闻客户端 2022 年 10 月 27 日，http://content-static.cctvnews.cctv.com/snow-book/index.html?item_id=16151983918837547963&t=1665951。内容有删减。）

案例点评：

国无德不兴，人无德不立。修德，既要立意高远，又要立足平实；要立志报效祖国，服务人民，这是大德，养大德者方可成大业。人民教育家于漪在成长阶段深受校训"一切为民族"影响，并以自己一生的教书育人践行大德。一个社会的道德规范和道德原则确立之后，最重要的就是要使这些道德原则和道德规范能够转化成人们的思想品德和行为实践，养成良好的道德习惯，形成完善的道德人格；一种道德能否真正地掌握现实社会，主要取决于它是否能转化为社会成员们自愿自觉的道德修养和积极的道德实践。伟大时代呼唤伟大精神，崇高事业需要榜样引领。当代大学生要向人民教育家于漪学习，崇德向善、见贤思齐，弘扬真善美，传播正能量。

> 拓展学习

（1）中共中央文献研究室：《习近平关于社会主义文化建设论述摘编》，中央文献出版社 2017 年版，第 135-149 页。

（2）《新时代公民道德建设实施纲要》，人民出版社 2019 年版。

> 习题演练

每位老师编写本章的学习试题，和我们在线考试的题库结合起来，以二维码的形式呈现，学生扫码练习。

三、实践活动

> 实践项目　"道德"主题辩论赛

【目标要求】

通过开展"道德"主题辩论赛，深化学生对道德基本理论的理解与把握。同时，充分发挥学生主体作用，在辩论赛中训练学生的思维、表达能力。

【活动方案】

（1）活动时间：90 分钟。

（2）活动地点：思政课信息化智慧课室。

（3）活动方式：辩论赛。

（4）活动流程：

①任课教师拟定辩论赛主题，指导学生开展辩论赛；

②各班选出主持人、辩手、评委和其他工作人员；

③学生按相应流程准备、开展辩论赛活动；

④观众帮助本班辩手准备资料，比赛时认真听，积极参与提问，与辩手互动；

⑤任课教师发言，总结本次辩论赛存在的优缺点。

【活动评价】

根据学生参与整个辩论赛的表现给予评价。

计分表

评分项目	分值	得分
参与分数	50	
工作人员	10	
辩论获胜方	20	
现场参与人员	20	
总分	100	

【实践成果】

活动结束后，请学生按照要求及时收集、整理辩论赛的照片、辩论稿、活动总结等。

专题十四　传承革命道德　弘扬社会主义道德

一、学习导航

> 经典论述

一百年来，在应对各种困难挑战中，我们党锤炼了不畏强敌、不惧风险、敢于斗争、勇于胜利的风骨和品质。这是我们党最鲜明的特质和特点。

（习近平：《在党史学习教育动员大会上的讲话》，人民出版社 2021 年版，第 19 页。）

> 设计思路

中国革命道德是对中华传统美德的延续和发展。传承和发扬中国革命道德，是弘扬中华传统美德的题中应有之义，是加强社会主义道德建设的客观需要，也是激励大学生锤炼优良道德品质的必然要求。本专题主要讲述中国革命道德的主要内容和当代价值、社会主义道德的本质要求、集体主义的内涵与层次性。根据"价值引领、能力本位、智慧赋能"的教学设计理念，对本专题教学进行理论和实践一体化教学设计，引导学生将理论知识内化于心，并通过实践活动环节外化于行。在理论教学中，设计教学目标、教学导入、教学重难点、教学案例、拓展学习、习题演练等教学环节，让学生掌握中国革命道德的主要内容和当代价值、社会主义道德的本质要求、集体主义的内涵与层次性。在实践活动中，设计"毛泽东诗词朗诵"活动、"木棉红"党史研学社调研活动，通过经典诗词的朗诵与鉴赏以及党史研学调研活动，加深对中国革命道德基本理论的学习，从革命的历史中汲取智慧和力量，把理想信念的火种、红色传统的基因一代代传下去，让革命事业薪火相传、血脉永续。

> 思维导图

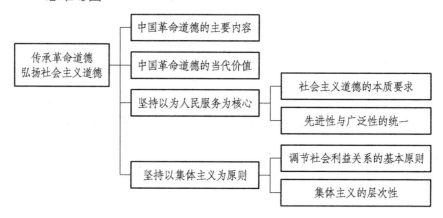

二、理论教学

> 教学目的

中国革命道德，是对中华传统美德的延续和发展。传承和发扬中国革命道德，是弘扬中华传统美德的题中应有之义，是加强社会主义道德建设的客观需要，也是激励大学生锤炼优良道德品质的必然要求。通过本专题的学习，学生应了解中国社会和中国革命的历史，了解中国革命道德的精神谱系、具体内容与精神实质，自觉传承中国革命道德；引导学生树立正确的民族观、国家观，扎根人民、奉献国家；充分利用中共三大会址纪念馆、鸦片战争博物馆等粤港澳大湾区丰富的红色资源开展革命教育，引导青年正确认识世界和中国发展大势，把理想信念建立在对科学理论的理性认同、对历史规律的正确认识和对基本国情的准确把握上。

➤ **教学导入**

2022年10月，北京人民大会堂，党的二十大胜利召开。1945年4月，杨家岭中央大礼堂，中国共产党第七次全国代表大会在这里召开。从1945年到2022年，77年沧桑巨变，从755名党代表到2 296名党代表，从121万名党员到9 600多万名党员。党中央和毛泽东等老一辈革命家在延安生活和战斗了13年，领导中国革命事业从低潮走向高潮、实现历史性转折，扭转了中国前途命运。2022年10月27日，党的二十大闭幕后，习近平总书记带领新一届中共中央政治局常委来到延安，瞻仰延安革命纪念地，回望壮阔历史，重温峥嵘岁月，作出鲜明宣示，发出新的号召。

（《总书记为何说这里是"一本永远读不完的书"》，载光明网2022年10月30日，https://m.gmw.cn/baijia/2022-10/30/36124291.html。内容有删改。）

总结：跨越70多年后的今天，在党的二十大闭幕之际，在向第二个百年奋斗目标进军的关键时刻，习近平总书记带领新当选的二十届中共中央政治局常委瞻仰革命圣地，缅怀老一辈革命家的丰功伟绩，宣示新一届中央领导集体赓续红色血脉、传承奋斗精神，在新的赶考之路上向历史和人民交出新的优异答卷的坚定信念。坚定的信念离不开红色血脉的传承，百年奋斗历程，呈现出不同时期的革命道德。中国革命道德，是中国共产党人、人民军队、一切先进分子和人民群众在中国革命、建设、改革中所形成的优秀道德，是马克思主义与中国革命、建设、改革的伟大实践相结合的产物，是中华民族极其宝贵的财富。中国革命道德萌芽于五四运动前后，发端于中国共产党成立以后蓬勃发展的伟大工人运动和农民运动，经过土地革命战争、抗日战争、解放战争和社会主义革命、建设、改革的长期发展，逐渐形成并不断发扬光大。

➤ **教学重难点**

【重点】中国革命道德的本质内涵

中国革命道德，是指中国共产党人、人民军队、一切先进分子和人民群众在中国革命、建设、改革中所形成的优秀道德，是马克思主义与中国革命、建设、改革的伟大实践相结合的产物，是中华民族极其宝贵的道德财富。中国革命道德具有丰富而独特的内涵，包括革命道德的原则、要求、态度、修养、风尚等方面，具有丰富的内容。坚持社会主义和共产主义理想信念的不屈不挠的精神，是革命道德的灵魂。

【难点】传承中国革命道德，坚定共产主义理想信念

随着全球化深入发展、互联网更新迭代及其引发的新媒体技术的加速发展，各种社会思潮的传播给我国主流意识形态带来严峻挑战。当前，我们既要正视人民群众的物质利益，不断提高和改善人民的物质生活，又要进行理想信念的教育，充实人民群众的精神生活。弘扬中国革命道德，有利于树立和培养人民群众的社会主义和共产主义的理想信念，有利于坚持和发展中国特色社会主义道路。

> 教学案例精选与点评

【案例】20 颗闪耀红星——广州红色人物群英谱之彭湃篇

彭湃曾任第一届农讲所主任、中共中央农委书记、中共中央军事委员会委员等职，被毛泽东称为"农民运动大王"，是中国农民运动的领袖之一。

1913 年，彭湃就读于海丰中学，在学校期间，他常常阅读进步书籍和刊物。1916 年，他和同学一起参加五七国耻反日示威游行。中学毕业后，彭湃前往日本早稻田大学留学，就读于政治经济学系。在日本留学期间，他参加了早稻田大学学生成立的建设者同盟，这个组织重点关注农民问题，强调农民运动的重要性，这段经历对彭湃后来坚定推动农民运动发展的影响很大。

1921 年，彭湃回国后来到广州，并加入了早期团组织。同年 7 月，他在海丰组织成立了社会主义研究社，带领社员研究马克思主义和十月革命的经验，并组织社员阅读研究《庶民的胜利》《布尔什维克的胜利》等一系列关于马克思主义的文章。彭湃在海丰曾组织学校师生举行爱国游行示威，但因动摇了当地地主阶级的利益而失败。这段斗争经历也使彭湃意识到，"背后绝无半个工农"的爱国运动，是难以发展为社会革命的。从此，他下定决心深入农村从事农民运动。

1924 年 4 月，彭湃来到广州，正式加入中国共产党，同时就任国民党中央农民部秘书，负责处理农民部日常工作。彭湃从自身开展农民运动的实践中认识到，要大力推动开展农民运动，亟须培养一批农民运动骨干。他通过自己在农民部任职这一便利，积极建议开办农民运动讲习所。在彭湃的倡导下，同年 7 月，国民党中央执行委员会批准同意在广州开办农民运动讲习所。

从 1924 年 7 月至 1926 年 9 月，广州一共举办了六届农民运动讲习所。彭湃担任第一届和第五届农讲所主任，并作为教员教授了海丰及东江农民运动状况等课程，系统讲授农民运动的经验。他讲课通俗易懂，十分生动，因而很受学生欢迎。彭湃组织农讲所学生学习马克思列宁主义、国民革命、开展农民运动的方法等理论，同时还对学生进行严格的军事训练。农讲所学员后来在全国多地都成为农民运动的骨干。他本人撰写的《海丰农民运动报告》也被毛泽东选入《农民问题丛刊》，作为指导农民运动的重要文献。

1925 年 5 月，广州召开了广东省第一次农民代表大会，成立了广东省农民协会，彭湃当选常务委员。随后广州又召开了广东省第二次农民代表大会，彭湃继续当选常务委员。当时广东省的农会会员人数达到 62 万，占全国农会会员总人数的三分之二，广东成为全国农民运动的中心。彭湃经常不顾个人安危，深入各地指导农民运动。1926 年 8 月底，广州市郊区花县（今花都）反动民团总局长江侠庵纠集土匪和地主武装民团进攻农民协会，还焚烧十四条村，造成当地农民死伤一百多人。面对这一惨案，彭湃作为广东省农民协会的代表前往花县进行调查。在调查的过程中，彭湃坚决与农民站在一起，和当时的国民革命军总司令部代表作斗争，揭露了国民党右派勾结地主武装破坏农会的阴谋。在彭湃等人的不懈努力下，调查委员会最后判处反动地主武装交出全部枪支，赔偿农民的全部损失，并保证不再发生类似的不法行为。

在广州工作期间，彭湃经常深入工人当中，关心他们的生活，为他们解决困难。他了解到广州的人力车工人很多是海陆丰等地的破产农民，生活艰苦，于是到人力车工人中，组织工人反抗车主、工头的压迫和剥削。1924 年 6 月 26日，在彭湃等人的努力下，广州市人力车工人第一协作社成立，随后又成立了第二、第三协作社。

1925 年 6 月，省港大罢工爆发，彭湃积极发动全省农民支援罢工，并组织农民自卫军与工人纠察队并肩战斗，切断对香港的大米、蔬菜供应，停止与英商贸易等。同年 8 月 4 日，他出席了省港罢工工人代表第八次大会，并发表演说，支持罢工工人的斗争，明确提出"工人大联合"。10 月 18 日，彭湃在省港罢工工人代表第三十六次大会上做报告，指出："中国实行国民革命，工人想革命成功，不能忽视农民，农民想革命成功，不能忽视工人，这已成为铁律。"随着北伐战争的胜利，革命中心向北转移。

1927 年 3 月，彭湃和陈延年、苏兆征等一起从广州到武汉工作。他不仅担任中央农民运动讲习所教员，还与毛泽东、方志敏等人一同成立了中华全国农民协会，当选执行委员会委员，肩负领导全国农民运动的重任。

1929 年 8 月 24 日下午，彭湃在上海新闸路经远里参加江苏省委军委会议时，因叛徒白鑫告密，被工部局巡捕。狱中，他面对敌人的威逼利诱和严刑拷打，始终英勇不屈，坚定不移。同年 8 月 30 日，彭湃被国民党反动派秘密杀害于上海龙华警备司令部，年仅 33 岁。

彭湃将自己的一生无私奉献给革命理想，"责任、人民、国家"六个字贯穿了他的生命。他真诚关爱劳苦大众，心怀改造旧社会的宏愿，骨子里根植为革命而奋不顾身的精神。在他牺牲后，中共中央对他作了高度评价："他这样的革命斗争历史早已深入全国广大工农劳苦群众心中，而成为广大群众最爱护的领袖。"

（广州市文化广电旅游局：《20 颗红星——广州红色人物群英谱之彭湃篇》，载广州市文化广电旅游局官网 2022 年 7 月 13 日，http://wglj.gz.gov.cn/ztmb/dsxxjy/dszl/content/post_8418874.html。内容有删减。）

案例点评：

赓续红色血脉，传承奋斗精神。一个革命者唯有牢固树立并自觉坚持革命道德观，才能在革命事业的艰难困苦中经受严峻考验；才能在身处顺境时保持清醒的头脑，身处逆境时仍然坚韧不拔，保持应有的革命节操；才能视国家和民族的利益为最大价值而为之不懈努力、奋斗终身。为绝大多数人谋利益，这是共产党人信仰的核心价值，彭湃以他的无私和毅力践行信仰。在今天，发扬光大革命道德能够引导人们正确对待个人利益和社会利益、国家利益，能够帮助人们在深刻把握历史、认识社会、审视人生的基础上，正确处理人生矛盾，以极大的热情投身社会主义建设事业。

> ➤ 拓展学习

（1）《中共中央关于党的百年奋斗重大成就和历史经验的决议》，载《人民日报》2021 年 11 月 17 日，第 1 版。

（2）习近平：《在庆祝中国共产党成立 100 周年大会上的讲话》，载《人民日报》2021 年 7 月 2 日，第 2 版。

（3）罗国杰：《中国革命道德》，中国人民大学出版社 2013 年版。

> 习题演练

每位老师编写本章的学习试题，和我们在线考试的题库结合起来，以二维码的形式呈现，学生扫码练习。

三、实践活动

> 实践项目1 "毛泽东诗词朗诵"活动

【目标要求】

传诵毛泽东诗词，感受伟人政治情怀、民族气节以及思想境界；回顾中国共产党以无比坚定的信念和顽强不屈的精神；让红色经典薪火相传，历久弥新。

【具体要求】

以小组为单位开展活动，整个活动分为"故事分享""诗词朗诵""诗词鉴赏"三个环节。首先，小组长组织小组成员选择朗诵的诗词，并选出一名代表分享所选诗词的写作背景（党史故事）。其次，由小组全体成员朗诵诗词。最后，由一名代表阐述小组对所选诗词的理解与把握、现实启示。

【活动评价】

根据学生参与整个朗诵活动的表现给予评价。

【实践成果】

形成活动总结、视频资料。

> 实践项目2 "木棉红"党史研学社调研活动

【目标要求】

教师通过集中讲授社会调研的方法和意义，指导学生形成访谈提纲，明确调研目标，并最终形成书面调研报告。学生通过实地走访和入户调研，拓宽自己对乡村社会状况的认识，以深入了解实施乡村振兴战略前后农村生产生活方式的变化，深刻认识打赢脱贫攻坚战的伟大意义。

【具体要求】

调研活动围绕"学习、研究、践行"三方面开展，具体内容为加强党史理论学习，通过经典著作研读、重大主题活动研究，结合校团委暑期"三下乡"

活动、思政课堂等形成调研报告，实现"学、知、行"的统一。运用社会调研的专业方法，在乡村基层开展考察调研，了解乡村的人情风貌、国情社情，厚植学生家国情怀。

【活动评价】

根据学生参与研学活动的表现给予评价。

计分表

评分项目	分值	得分
仪表形象	10	
肢体语言	20	
朗诵内容	40	
表现力	15	
PPT 制作	15	
总分	100	

【实践成果】

活动结束后，请学生形成规范的调研报告，积极申报年度科技创新战略（攀登计划）专项资金。

专题十五　遵守社会公德　争做合格公民

一、学习导航

> 经典论述

要培育和践行社会主义核心价值观，推进社会公德、职业道德、家庭美德、个人品德建设，深化群众性精神文明创建活动，着力培养担当民族复兴大任的时代新人，让社会主义道德的阳光温暖人间，让文明的雨露滋润社会，为奋进新时代、共筑中国梦提供强大精神力量和道德支撑。

（《习近平对全国道德模范表彰活动作出重要指示强调 深化群众性精神文明创建活动 着力培养担当民族复兴大任的时代新人》，载中国政府网 2019 年 9 月 5 日，https：//www.gov.cn/xinwen/2019-09/05/content_5427496.htm。）

> ➤ 设计思路

社会公德与公共生活密切相关，公共生活需要道德规范来约束和协同。社会公德作为社会公共生活中应当遵循的行为准则，在维护公共秩序方面具有重要的作用。本专题主要讲述社会公德的内涵、网络生活的道德要求。根据"价值引领、能力本位、智慧赋能"的教学设计理念，对本专题教学进行理论和实践一体化教学设计，引导学生将理论知识内化于心，并通过实践活动环节外化于行。在理论教学中，设计教学目标、教学导入、教学重难点、教学案例、拓展学习、习题演练等教学中，让学生掌握社会公德的具体内涵、了解道德修养的基本方法。在实践活动中，设计"社会公德情况"调研活动，加深对社会公德养成理论知识的学习，强化公共生活、私人生活的界限意识，自觉培养公德意识，养成遵守社会公德的良好行为习惯。

> ➤ 思维导图

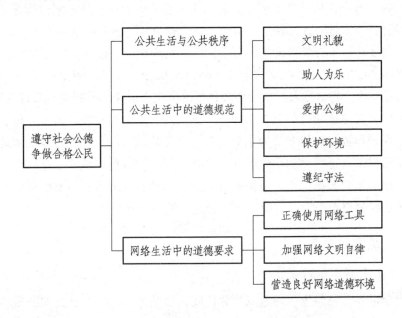

二、理论教学

➤ 教学目的

通过学习，大学生能够进一步明确"个人生活""公共生活"的界限，自觉培养公德意识，养成遵守社会公德的良好行为习惯；在社会交往中，积极引领构建良好公共秩序；帮助学生认识目前社会公德、职业道德、网络道德和家庭美德的现状及存在问题，树立正确的社会主义道德观。

➤ 教学导入

浙江杭州，地铁上发生了十分暖心的一幕，有一个农民工大哥，因为太累，坐地铁的时候睡着了，慢慢地斜靠在旁边一个小伙肩膀上，小伙不忍心打扰，于是就保持那个姿势一动不动。

拍摄者李女士介绍，那个小哥看起来很善良，农民工大哥刚刚上车，他就赶紧把位置给让了出来，他让农民工大哥赶紧放下东西休息一会。过了两个站旁边那个人下车了，他才坐到了那个位置，大概过了十几分钟吧，旁边的大哥就睡着了，慢慢地就斜靠在他的肩膀上。小伙本来在专注玩手机，突然间民工大哥靠上来他也感觉到了，但是他依然保持着那个姿势一动不动，就怕会吵醒大哥。他们两个就保持这个姿势，直到小伙坐地铁到站，他才把旁边的民工大哥叫醒，让他坐好一点要摔了，旁边人看了都说这个小伙子很有修养。

（《浙江：民工大哥因太累靠在小伙肩膀上睡觉，小伙一动不动直到下车》，载搜狐网 2022 年 4 月 18 日，https: //www.sohu.com/a/538809732_121048182。）

总结：社会公德是人们在社会公共生活中应当遵守的道德规范及行为准则，是新时代公民道德建设的重要着力点。推动践行以文明礼貌、助人为乐、爱护公物、保护环境、遵纪守法为主要内容的社会公德，离不开众多像杭州地铁上借肩膀给民工大哥睡觉的小伙子那样自觉践履公德规范的榜样示范，也需要不断优化社会公德赖以产生的道德教育环境，为社会成员夯实道德前提、厚植道德沃土、凝聚道德助力，帮助广大社会成员做一个好公民。

➤ 教学重难点

【重点】公共生活的特征

当今世界，公共生活的领域更为广阔，公共生活的重要性更加凸显。公共生活具有以下四个方面的特征。一是活动范围的广泛性。公共生活的场所和领域不断扩展、空间不断扩大，特别是网络使公共生活进一步扩展到虚拟世界。二是活动内容的开放性。公共生活是由社会成员共同参与、共同创造的公共空间，它涉及的活动内容是开放的。三是交往对象的复杂性。随着科学技术的迅猛发展，人们在公共生活中的交往对象不再局限于熟识的人，而是进入公共场所的任何人，这就增加了人际交往信息的不对称性和行为后果的不可预期性。四是活动方式的多样性。当代社会的发展使人们的生活方式发生了新的变化，人们可以根据自身的需要及年龄、兴趣、职业、经济条件等因素，选择和变换参与公共生活的具体方式。

【难点】如何营造清朗网络空间

人类已进入互联网时代，我国已成为网络大国。网络走进千家万户，融入社会生活的方方面面，这既会影响人们的求知途径、思维方式、价值观念，也会影响人们对国家、社会、人生的看法。从本质上说，网络交往仍然是人与人的现实交往，网络生活也是人的真实生活。网络生活中的道德要求，是人们在网络生活中为了维护正常的网络公共秩序需要共同遵守的基本道德准则，是社会公德在网络空间的运用和扩展。

青少年作为使用网络的主流人群，他们往往容易受到网络中的各种思潮的影响，这就要求党的新闻舆论工作者要牢牢坚持党性原则，牢牢坚持马克思主义新闻观，牢牢坚持正确舆论导向，牢牢坚持正面宣传为主。一方面，要保持事物的客观公正性报道，同时要做好正面宣传，批判假丑恶、弘扬真善美。另一方面，通过网络弘扬社会正能量。积极正面的社会宣传对于青少年的健康成长有着积极的作用，可以更好地引导青少年网民明确权利义务，树立正确的世界观，人生观、道德观。

➤　**教学案例精选与点评**

【案例】大凉山网红背后的灰色地带

对于大凉山网红圈来说，远在360多公里外的四川蒲江县是一个特殊所在。包装大凉山网红的不少供应链老板都是蒲江县人。这里还是一些所谓"大凉山特产"的仓储地和发货地。

蒲江县隶属于成都市。当地一位从事了近20年水果种植的县人大代表告诉《中国新闻周刊》记者，蒲江水果种植发达，主要出产猕猴桃、柑橘等，农业产业链条非常完整，从事农资服务的公司也非常多。除传统的营销形式外，电商发达，很重视自媒体销售，也就是网红带货。

蒲江人为何会到大凉山包装网红做供应链生意？一位在西昌从事农产品供应的人士这样分析："因为蒲江水果生意做得好，一些人的嗅觉比较灵敏，一发现网红，就马上赶过去签约。"

2023 年 4 月 17 日，《中国新闻周刊》在某视频平台先后下单了"曲布灵儿专属"的"大凉山青花椒"一份、"孟阳推荐"的雪燕一份、"凉山阿哥"推荐的"大凉山老树薄皮核桃"一份寄至蒲江县，4 月 19 日均收到货品，其中"曲布灵儿专属"货品快递单标注的寄货人信息是"曲布，西昌市"，而网上物流信息显示，该件是在 4 月 18 日由"四川省成都市蒲江县公司"揽收；"孟阳推荐"货品快递单标注的寄出地址是昭觉县比尔乡，而物流信息显示，该件是由"蒲江大宗处理中心"收寄；"凉山阿哥"推荐的核桃邮寄快递单标注的寄出地址，则直接是蒲江县大塘镇南街。

位于蒲江县大塘镇新街 258 号的一栋建筑，是一处典型的"大凉山特产"仓储与打包发货"基地"。这是一栋看上去很普通的临街二层门面楼，门前经常会停放着的特斯拉、宝马等高档轿车，又让它看上去不是那么寻常。

（刘向南：《大凉山网红背后的灰色地带》，载百家号 2023 年 5 月 17 日，https：//baijiahao.baidu.com/s?id=1766104687749860100&wfr=spider&for=pc。内容有删减。）

案例点评：

道德是社会交往的产物，当人们的交往方式和交往的物质手段发生了变化，将带来道德关系的变化。与电子信息网络相适应，人类面临了新的道德要求和选择，网络道德也就应运而生。与传统道德比较，网络道德的一个突出特点或发展趋势，在于从道德他律到道德自律的明显变化。由于互联网的种种特点，类似于传统社会中道德他律的种种"外力"在一定程度上失去了作用，网络社会形成了一个相对自由的"自由时空"，这给网络道德建设提出了巨大的挑战，网络在检验着人们道德意识的强弱和道德水平的高低。

➤ 拓展学习

（1）《中办国办印发〈关于加强网络文明建设的意见〉》，载《人民日报》2021年 9 月 15 日，第 1 版。

（2）徐仲伟：《网络社会公德建设研究》，中国人民大学出版社 2018 年版。

➤ 习题演练

每位老师编写本章的学习试题，和我们在线考试的题库结合起来，以二维码的形式呈现，学生扫码练习。

三、实践活动

➤ 实践项目　开展社会公德情况调研

【目标要求】

通过调研，学生能够掌握开展社会调研和撰写调研报告的方法；更重要的是通过调研，帮助学生认识目前社会公德、网络道德的现状与存在的问题，全面了解宏大的时代、鲜活的实践、生动的现实，进一步把握中国之问、世界之问、人民之问、时代之问，真正实现"思政小课堂"与"社会大课堂"的有机融合。

【活动方案】

（1）教师命题，指导并组织学生以小组为单位，开展社会公德、网络道德等方面的调查。

（2）学生自行分组，教师指导学生选择并确定实践主题，做好实践前期准备工作。

（3）教师带队，学生以小组为单位开展实地调研或制作问卷开展线上调研。

（4）学生进行实践成果分享。

（5）教师批改学生实践成果。

【活动评价】

根据学生参与整个调研活动的表现给予评价。

计分表

评分项目	分值	得分
参与活动	30	
完成情况	50	
收获提升	20	
总分	100	

【实践成果】

学生以小组为单位制作实践成果,如调研报告、微电影、PPT 等。

专题十六　恪守职业道德　争做优秀员工

一、学习导航

> 经典论述

在长期实践中,我们培育形成了爱岗敬业、争创一流、艰苦奋斗、勇于创新、淡泊名利、甘于奉献的劳模精神,崇尚劳动、热爱劳动、辛勤劳动、诚实劳动的劳动精神,执着专注、精益求精、一丝不苟、追求卓越的工匠精神。劳模精神、劳动精神、工匠精神是以爱国主义为核心的民族精神和以改革创新为核心的时代精神的生动体现,是鼓舞全党全国各族人民风雨无阻、勇敢前进的强大精神动力。

(习近平:《在全国劳动模范和先进工作者表彰大会上的讲话》,人民出版社2020 年版,第 4 页。)

> 设计思路

职业生活中的道德规范,不仅对各行各业的从业者具有引导和约束作用,而且也是促进社会持续健康、有序发展的必要条件。本专题主要讲述职业道德的内涵以及树立正确的择业观与创业观的基本方法。根据"价值引领、能力本位、智慧赋能"的教学设计理念,对本专题教学进行理论和实践一体化教学设计,引导学生将理论知识内化于心,并通过实践活动外化于行。在理论教学中,设计教学目标、教学导入、教学重难点、教学案例、拓展学习、习题演练等教学环节,让学生掌握职业道德的具体内涵、了解职业道德养成的基本方法。在实践活动中,设计以"劳模就在身边"为主题的劳模访谈活动,加深对职业道德养成理论知识的学习,并付诸实践,促进知行合一。

> 思维导图

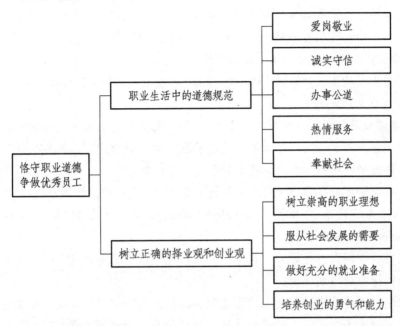

二、理论教学

> 教学目的

随着现代社会分工的发展和专业化程度的提高，市场竞争日趋激烈，整个社会对从业人员职业观念、职业态度、职业纪律和职业作风的要求越来越高。职业生活中的道德规范，不仅对各行各业的从业者具有引导和约束作用，而且也是促进社会持续健康、有序发展的必要条件。通过本专题的学习，学生能够对职业、社会分工有更全面的认识，打破传统的职业教育偏见，正确看待职业教育，抓住机遇，坚定信念，德技并修，形成正确的劳动观念，为实现梦想做好准备；坚信人人皆可成才、人人尽展其才，积极为中国优质制造作出贡献。

> 教学导入

据澎湃新闻，2022 年全国"两会"期间，全国人大代表、小康集团董事长张兴海围绕产业发展、民生就业等热点提出了《关于金融资本上规模投资参与科技型创新型企业高质量发展的建议》和《关于鼓励和政策支持年轻人争当产业工人的建议》。

在《关于鼓励和政策支持年轻人争当产业工人的建议》中，张兴海提到，产业工人空心化现象愈加突出。相关数据显示，2020年，我国制造业人才缺口2 200万，近五年平均每年150万人离开制造业。与制造业劳动力流失形成鲜明对比的是快递从业人数突破1 000万，2020年疫情期间两个月内新增骑手58万人中40%曾是产业工人。

"建议鼓励年轻人少送外卖、多进工厂。"张兴海在接受人民日报客户端重庆频道采访时表示，当下不少年轻人选择送外卖、送快递，不愿进工厂当产业工人，导致制造业招工困难，这不利于社会长远发展。

（《小康集团张兴海：建议鼓励年轻人当产业工人，少送快递当骑手》，载百家号2022年3月5日，https://baijiahao.baidu.com/s?id=1726442001173208876&wfr=spider&for=pc。）

思考：如何看待年轻人"扎堆"外卖行业？送外卖还是进工厂？应如何树立正确的择业观与创业观？

总结：随着外卖等新业态的快速发展，相比传统的雇主模式，新业态自由就业形式成为不少年轻人的就业选择。从就业看，劳动者的就业观念发生转变是重要的因素之一。正如部分网友所言，有的工厂工作待遇不如当快递员高，制造业的工作枯燥、管理制度严格、工作时间相对固定，年轻人对工厂的工作环境有所抱怨。从制造业企业看，招工难、用工难已经不是新鲜事，每年节假日过后总有类似新闻出现。制造业企业也是有苦难言，制造业原本依靠廉价劳动力控制企业成本，很难开出高薪。即便招来人，也面临着如何"留住人"的难题。改变制造业被"嫌弃"的窘境，或许更需要"对症下药"。一方面，我们要尊重年轻人自由选择职业的权利，无论是送快递还是去工厂，都是用自己的双手创造美好生活；另一方面，"留下人"还要靠企业自身。要改变年轻人对工厂的印象，应进一步保障工人的劳动权益，为工人提供清晰的职业和薪酬上升路径，完善专业化培训机制，进一步改善制造业企业的工作环境，提供更多员工关怀，吸引更多年轻人重新认知、选择制造业。

> ➢ 教学重难点

【重点】职业生活与劳动观念

职业生活是人们参与社会分工，用专业的技能和知识创造物质财富或精神财富，获取合理报酬，丰富社会物质生活或精神生活的生活方式。

人类是劳动创造的，社会是劳动创造的。劳动没有高低贵贱之分，任何一份职业都很光荣。正确的劳动观念是维系人们职业活动和职业生活的思想观念保障。在职业生活中，必须牢固树立"劳动最光荣、劳动最崇高、劳动最伟大、劳动最美丽"的观念，通过劳动创造更加美好的生活。

【难点】树立正确的择业观和创业观

就业是最大的民生。就业牵涉大学生自身和千家万户的利益，也影响国家和社会的发展。每个大学生都要面临就业的现实。树立正确的择业观和创业观，对于大学生顺利走进职业生活具有重要的现实意义。

树立崇高的职业理想。职业活动不仅是人们谋生的手段，也是人们奉献社会、完善自身的必要条件。

服从社会发展的需要。择业和创业固然要考虑个人的兴趣和意愿，同时也要充分考虑现实的可能性和社会的需要，把自己对职业的期望与社会的需要、现实的可能结合起来。

做好充分的择业准备。素质是立身之基，技能是立业之本。大学生有了真才实学，才能在未来适应多种岗位。

培养创业的勇气和能力。创业是通过发挥自己的主动性和创造性，开辟新的工作岗位、拓展职业活动范围、创造新业绩的实践过程。

➤　教学案例精选与点评

【案例】"00 后"广东小伙拼搏七年，终成世界技能冠军

如今，手机移动 App 已成为人们的生活必需品，移动应用开发也成为当下的热门职业。前不久，在世界技能大赛特别赛上，代表中国参赛的广东选手杨书明从来自世界各地的顶尖高手中脱颖而出，成为移动应用开发项目的首位金牌获得者。

2015 年，杨书明初中毕业后进入广州市工贸技师学院，主修网站开发与维护专业；随后进入竞赛班。从 2016 年起，他便开始征战第 44 届和第 45 届世界技能大赛，但都未能代表国家参赛。两度冲击世赛无果，杨书明感到相当沮丧，但在教练和学校的鼓励下，他调整心态，继续冲击参赛资格，一周安排六天训练，每天训练起码 12 个小时；进行英语练习及比赛模块的训练，一直持续到晚

上八点，训练结束后还会进行当天的技术总结，忙完所有事情已经差不多是晚上九点，有时甚至会更晚。三度冲击世赛，最终站上领奖台的那一刻，杨书明感到十分激动，"感觉七年付出的汗水一下子就释怀了"。

（《犀利！"00后"广东小伙拼搏七年，终成世界技能冠军》，载新浪财经2022年10月28日，https://cj.sina.com.cn/articles/view/1686546714/6486a91a02001s5zp。内容有删减。）

案例点评：

劳动没有高低贵贱之分，任何一份职业都很光荣。正确的劳动观念是维系人们职业活动和职业生活的思想观念保障。在职业生活中，必须牢固树立"劳动最光荣、劳动最崇高、劳动最伟大、劳动最美丽"的观念，通过劳动创造更加美好的生活。一切劳动者，只要肯学肯干肯钻研，练就一身真本领，掌握一手好技术，就能立足岗位成长成才，就能在劳动中发现广阔的天地，在劳动中体现价值、展现风采、感受快乐。大学生应认识到，任何一名劳动者，无论从事的劳动技术含量如何，只要兢兢业业、精益求精，就一定能够造就闪光的人生。

➢ 拓展学习

（1）[美]加里·伯尼森：《从求职到入职》，王青梅译，清华大学出版社2020年版。

（2）刘文：《走近劳模》，上海人民出版社2017年版。

➢ 习题演练

每位老师编写本章的学习试题，和我们在线考试的题库结合起来，以二维码的形式呈现，学生扫码练习。

三、实践活动

➢ 实践项目　"劳模就在身边"访谈活动

邀请全国五一劳动奖章获得者黄德智、全国技术能手黄宇亨以及各行业精英，开展"劳模就在身边"先进人物进校园宣讲活动，开展劳模访谈。

【目标要求】

开展访谈，了解他们求学、求职以及走向成功的全过程，感受"技能成就精彩人生"，把握行业最新动态，将自己对职业的期望与社会的需要、现实的尽可能结合起来。

【具体要求】

根据所学专业，选择优秀校友代表、行业精英开展主题宣讲与访谈；做好访谈提纲；访谈结束之后撰写总结报告。

【活动评价】

计分表

评分项目	分值	得分
参与活动	30	
完成情况	50	
收获提升	20	
总分	100	

【实践成果】

活动结束后，学生进行新闻报道或撰写总结报告。

专题十七　弘扬家庭美德　经营幸福人生

一、学习导航

➢ 经典论述

家庭是社会的基本细胞，是人生的第一所学校。不论时代发生多大变化，不论生活格局发生多大变化，我们都要重视家庭建设，注重家庭、注重家教、注重家风，紧密结合培育和弘扬社会主义核心价值观，发扬光大中华民族传统家庭美德，促进家庭和睦，促进亲人相亲相爱，促进下一代健康成长，促进老年人老有所养，使千千万万个家庭成为国家发展、民族进步、社会和谐的重要基点。

（习近平：《在 2015 年春节团拜会上的讲话》，载《人民日报》2015 年 2 月 18 日，第 2 版。）

> 设计思路

本专题主要阐述注重家庭家教家风、恋爱婚姻家庭中的道德规范以及如何树立正确的恋爱观和婚姻观。根据"价值引领、能力本位、智慧赋能"的教学设计理念，对本专题教学进行理论和实践一体化教学设计，引导学生将理论知识内化于心，并通过实践活动环节外化于行。在理论教学中，设计教学目标、教学导入、教学重难点、教学案例、拓展学习、习题演练等教学环节，让学生掌握恋爱、婚姻家庭中的道德规范、了解树立正确的恋爱观和婚姻观需处理好各种认识误区。在实践活动中，设计微电影拍摄活动，以"爱"为主题，拍摄身边发生的故事，从不同侧面记录幸福点滴，加深对正确的恋爱观婚姻观的认识与理解。

> 思维导图

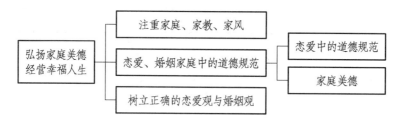

二、理论教学

> 教学目的

通过本专题的学习，青年学生能够树立正确的恋爱观，正确处理好异性之间的交往，处理好恋爱与学习的关系，关心集体、关爱他人和社会的关系，为美好的婚姻打好基础，也能够进一步强化在婚姻中的责任与担当。

> 教学导入

前些日子，有网友到广州民政局预约离婚时发现，自己未来一个月已"无婚可离"。原来，广州多个区申请离婚的人太多，导致预约号"一票难求"。很快，在微博，相关话题"广州离婚排号要抢"升到了热搜第一。一些黄牛嗅到了"商机"，声称，600元可代抢离婚预约名额……

民政部数据显示，2020年全年，我国共有813.1万对新人登记结婚，373.3万对伴侣登记离婚。换言之，就是每当2.17对新人结婚的同时，就有1对夫妻离婚了。难怪网友们时不时嘀咕几句："一段姻缘，怎么走着走着就散了？"

（《813万对结婚，2020年全国结婚大数据》，载澎湃新闻2021年2月21日，https：//m.thepaper.cn/baijiahao_11405955。内容有删改。）

思考：幸福的婚姻如何经营、维系？什么是爱情？婚姻与爱情的不同阶段应遵循什么道德规范？

总结：随着社会经济的发展以及外来思想的影响，人们的婚姻观念发生了很大的变化，离婚不再是人们刻意回避的话题。我们今天从"广州离婚排号要抢"的热搜出发，思考高质量的婚姻家庭生活如何维系，恋爱、婚姻、家庭三个不同阶段要遵循什么道德规范？

婚姻是家庭产生的重要前提，家庭又是缔结婚姻的必然结果。婚姻的成功体现为家庭的幸福，家庭的美满又彰显出婚姻的意义。婚姻不仅代表两情相悦，而且代表责任和义务，因而一旦结婚成家，就要及时调整和转换角色，承担起相应的责任和义务。

> ➤ 教学重难点

【重点】恋爱中的道德规范

爱情是一对男女基于一定的社会基础和共同的生活理想，在各自内心形成的相互倾慕并渴望对方成为自己终身伴侣的一种强烈、纯真、专一的感情。恋爱作为一种人际交往，也必然要受到道德的约束。恋爱是建立幸福婚姻家庭的前奏，恪守恋爱中的道德规范关系到未来婚姻家庭生活的幸福。大学生要树立正确的恋爱观，对爱情采取审慎严肃的态度，处理好学习和恋爱的关系，妥善解决恋爱中出现的误会、失恋等问题，避免在恋爱问题上把握和处置失当。

【难点】婚姻家庭中的道德规范

婚姻是指由法律所确认的男女两性的结合以及由此而产生的夫妻关系。家庭是指在婚姻关系、血缘关系或收养关系基础上产生的亲属之间所构成的社会生活单位。婚姻是家庭产生的重要前提，家庭又是缔结婚姻的必然结果。婚姻的成功体现为家庭的幸福，家庭的美满又彰显出婚姻的意义。婚姻不仅代表两情相悦，更代表责任和义务，因而一旦结婚成家，就要及时调整和转换角色，承担起相应的责任和义务。家庭美德以尊老爱幼、男女平等、夫妻和睦、勤俭持家、邻里团结为主要内容，在维系和谐美满的婚姻家庭关系中具有重要而独特的功能。

➢ 教学案例精选与点评

【案例】张顺东、李国秀：没脚走出致富路 无手绣出幸福花

他们是故事的主人公张顺东、李国秀。夫妻二人加起来只有一只手，两条腿，但他们用残缺的身体，书写了世间最美家庭的模样。他们用辛勤的劳作，把儿女养大成人，他们用坚强的意志，甩掉了贫困帽子，创造了来之不易的幸福生活。张顺东1974年出生在云南省昆明市东川区乌龙镇坪子村，他6岁放羊时被高压电击伤，失去了右手，双脚重伤。19岁那年，他认识了邻村的姑娘李国秀。1993年，张顺东、李国秀喜结连理。庄稼人，有耕种才能有饭吃。两个人只有一只手，他们有能力、有决心面对以后的生活吗？张顺东认为生活不是说出来的，是靠干出来的，夫妻同心，黄土才能变成金。夫妻二人彼此珍爱对方，你就是我的手，我就是你的脚。坚强，自信，乐观的张顺东、李国秀，没有向命运屈服，在困苦中相互扶持，相亲相爱。2017年，在国家危房改造资金的扶持下，家里盖上了新房，年收入逐步提高，张顺东家成为村里最早一批脱贫户。对张顺东、李国秀而言，因为加倍努力了，所以倍感幸福。

（《张顺东 李国秀：没脚走出致富路 无手绣出幸福花》，载百家号2022年3月5日，https://baijiahao.baidu.com/s?id=1726417818682576287&wfr=spider&for=pc。内容有删减。）

案例点评：

家庭是指在婚姻关系、血缘关系或收养关系基础上产生的亲属之间所构成的社会生活单位。婚姻是家庭产生的重要前提，家庭又是缔结婚姻的必然结果。婚姻的成功体现为家庭的幸福，家庭的美满又彰显出婚姻的意义。婚姻不仅代表两情相悦，更代表责任和义务，因而一旦结婚成家，就要及时调整和转换角色，承担起相应的责任和义务。家庭美德以尊老爱幼、男女平等、夫妻和睦、勤俭持家、邻里团结为主要内容，在维系和谐美满的婚姻家庭关系中具有重要而独特的功能。没脚走出致富之路，没有绣出幸福之花。张顺东、李国秀，身残志坚，顽强拼搏，乐观向上，乘着国家扶贫政策的东风，脱贫致富，走上幸福的道路。

➢ 拓展学习

（1）中共中央党史和文献研究院：《习近平关于注重家庭家教家风建设论述

摘编》，中央文献出版社 2021 年版。

（2）尹红领、王雪萍：《新时代家庭美德建设读本》，中国言实出版社 2020 年版。

➢ 习题演练

每位老师编写本章的学习试题，和在线考试的题库结合起来，以二维码的形式呈现，学生扫码练习。

三、实践活动

➢ 实践项目 微电影拍摄

【目标要求】

以"爱"为主题，拍摄身边发生的故事，从不同侧面记录幸福点滴。

【具体要求】

（1）以小组为单位拍摄视频，按拍摄需求确定导演、编辑、演员、后期制作等人员。

（2）视频时长不超过 8 分钟，建议以 WMV、MP4、MOV 等格式输出，采用 1024×768、1280×720 或 1920×1080 的分辨率。

【活动评价】

教师根据学生参与整个视频录制的表现给予评价。

计分表

评分项目	分值	得分
内容主题	30	
画面音质	20	
演绎生动性	20	
创造独特、构思新颖性	20	
综合印象	10	
总分	100	

【实践成果】

活动结束后，请学生将拍摄的视频及分工合作表提交至任课教师处。

专题十八　锤炼个人品德　提升道德修养

一、学习导航

> 经典论述

要锤炼品德，自觉树立和践行社会主义核心价值观，自觉用中华优秀传统文化、革命文化、社会主义先进文化培根铸魂、启智润心，加强道德修养，明辨是非曲直，增强自我定力，矢志追求更有高度、更有境界、更有品位的人生。

（《习近平在清华大学考察时强调　坚持中国特色世界一流大学建设目标方向　为服务国家富强民族复兴人民幸福贡献力量》，载《人民日报》2021年4月20日，第1版。）

> 设计思路

个人品德在社会道德建设中具有基础性作用。社会公德、职业道德和家庭美德建设，最终都要落实到个人品德的养成上。本专题主要讲述个人品德的内涵以及道德修养的基本方法。根据"价值引领、能力本位、智慧赋能"的教学设计理念，对本专题教学进行理论和实践一体化教学设计，引导学生将理论知识内化于心，并通过实践活动外化于行。在理论教学中，设计教学目标、教学导入、教学重难点、教学案例、拓展学习、习题演练等教学环节，让学生掌握个人品德的具体内涵、了解道德修养的基本方法。在实践活动中，设计以"劳动我最棒　服务你我他"为主题的志愿服务活动，加深对个人品德养成理论知识的学习，改变知而不行的现状，实现知行合一。

➤ 思维导图

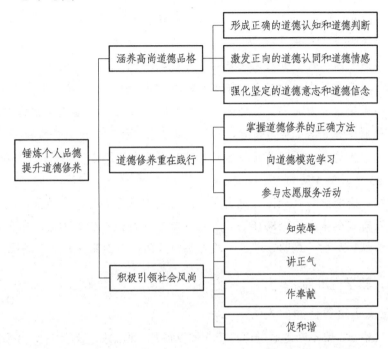

二、理论教学

➤ 教学目的

个人品德在社会道德建设中具有基础性作用。在现实生活中，社会公德、职业道德和家庭美德的状况，最终都是以每个社会成员的道德品质为基础的。社会公德、职业道德和家庭美德建设，最终都要落实到个人品德的养成上。通过本专题的学习，学生能够了解个人品德的具体内涵，把握道德认知、道德情感、道德意志、道德信念和道德行为的内在统一，掌握道德修养的正确方法，真正实现道德认知向道德行为的转化，实现道德认知的"真知"。

➤ 教学导入

在 2008 年北京奥运会中，147 万北京奥运会志愿者们优质的服务获得了全世界的好评，国际奥委会首次在闭幕式上增加了向志愿者代表献花的仪式。

2008 年 8 月 24 日晚，在北京国家体育场"鸟巢"举行的奥运会闭幕式上，国际奥委会运动员委员会新当选的委员代表上万名参加北京奥运会的运动员，向 12 名北京奥运会志愿者献花，感谢志愿者们为北京奥运会的成功举办所作出的无私奉献。

北京奥运会一共有 150 万志愿者投入服务，是历届奥运会投入志愿者服务人数最多的一届，他们分别在北京以及协办城市提供志愿者服务。

志愿者们通过真诚的态度、细致入微的服务，赢得了众多参赛人员的好评。志愿者的微笑已成为北京奥运会的一张名片。这 12 位志愿者就是他们中的优秀代表，他们中有 8 名赛会志愿者、2 名城市志愿者和 2 名社会志愿者。

（《国际奥委会新增闭幕式程序新委员献花感谢志愿者》，载《浙江日报》2008 年 8 月 25 日，第 4 版。）

总结：志愿服务在全国各地普及，志愿者在众多国际国内重要活动、日常生活中发挥着越来越重要的作用。当代大学生应通过积极参加志愿服务活动，培育"奉献、友爱、互助、进步"的志愿服务精神，养成优秀个人品德。

➤ 教学重难点

【重点】道德修养的方法

个人品德需要不断地通过道德修养加以提升。道德修养作为人类道德实践活动的重要形式之一，是指个体自觉地将一定社会的道德规范、准则及要求内化为内在的道德品质，以促进人格的自我陶冶、自我培育和自我完善的实践过程。加强道德修养，一是要"学思并重"，要善于学习各种道德理论和知识，更要善于思考，并且把善于学习和善于思考有机地统一起来。二是要"省察克治"，即通过反省检验以发现和找出自己思想与行为中的不良倾向，并及时对它们进行抑制和克服；在日常生活中，我们要经常在自己内心深处用道德标准检查、反省，找出那些坏思想、坏念头并加以纠正。三是要"慎独自律"，即在无人知晓、没有外在监督的情况下，坚守自己的道德信念，自觉按道德要求行事，不因无人监督而恣意妄为。四是要"知行合一"，即把提高道德认识与躬行道德实践统一起来，以促进道德要求内化为个人的道德品质，外化为实际的道德行为。五是要"积善成德"，即通过积累善行，使之巩固强化，逐渐凝结成优良的品德。

【难点】道德认知与道德践行的内在统一

道德修养重在践行。在道德认知向道德行为转化的过程中，道德意志和道德信念是关键环节。道德意志和道德信念是人们在践履道德原则、规范的过程中表现出的自觉克服一切困难和障碍的毅力，通过道德意志和信念的坚守，道德行为才能体现出恒久性。青年大学生需要明白"从善如登"的深刻道理，磨炼道德意志，坚定道德信念，学会克服学习、生活、交往、成长中的各种困难和挫折，远离干扰、避免懈怠、战胜诱惑，在砥砺中前行，在拼搏中进取，并做到持之以恒、久久为功，从而形成高尚的道德品格。

➤ 教学案例精选与点评

【案例】广州南站"最帅"大学生志愿者 周业忠

在广州市第 74 场疫情防控新闻发布会（广州南站专场）上，5 名行业代表依次发言，他们中有一名用微笑迎接返穗旅客的大二学生志愿者，他就是广州番禺职业技术学院（以下简称番职院）智能制造学院机械制造与自动化专业 2018 级的周业忠同学。

周业忠出生于 1999 年，是广东汕头人。在疫情防控阻击战中，他积极响应由广州南站地区志愿服务突击队发起的网上招募志愿者活动。作为番职院 2019 年度志愿服务之星，周业忠本着"奉献、友爱、互助、进步"的志愿精神，积极参与志愿服务活动。疫情期间，周业忠主动到村口为进村、出村的村民测量体温并做好登记信息。2019 年在校期间，他作为学生骨干共组织志愿活动 10 余项，参与志愿服务 45 项，年度志愿服务总时长达 1017 小时。

（陈玉霞：《青春战"疫"，最帅"番职志愿之星"温暖旅客返穗之路》，载羊城晚报·羊城派 2020 年 4 月 21 日 http://ycpai.ycwb.com/ycppad/ content/2020-04/21/content_773386.html。内容有删减。）

案例点评：

志愿服务是培育和弘扬社会主义核心价值观的重要载体。志愿服务的精神是奉献、友爱、互助、进步。其中，奉献精神是精髓。志愿服务已经成为大学生参与社会实践、成长成才的重要舞台，成为大学生关爱他人、传播青春正能量的重要途径。大学生要积极投身志愿服务活动，一是要到最需要的地方去，带头把志愿服务活动做进基层、做进社区、做进家庭。二是要帮助弱势群体，在志愿服务活动中多关注空巢老人、留守儿童、困难职工、农民工及其子女、残疾人等社会弱势群体，向他们送温暖、献爱心。三是要注重结合自身的能力、专业、特长，在实践中长知识、强本领、增才干。

> ➤ 拓展学习

（1）栾淳钰：《家风建设中的个人品德养成研究》，中国社会科学出版社 2021 年版。

（2）谭建光：《如何做好文明实践志愿服务》，广东人民出版社 2020 年版。

> ➤ 习题演练

每位老师编写本章的学习试题，和在线考试的题库结合起来，以二维码的形式呈现，学生扫码练习。

三、实践活动

> ➤ 实践项目　"劳动我最棒　服务你我他"主题志愿服务活动

【目标要求】

道德力量是实现国家发展、社会和谐、人民幸福的重要因素。道德修养重在践行，"从我做起、从现在做起、从身边小事做起"。通过"劳动我最棒　服务你我他"主题志愿服务活动，学生能够从服务社会和帮助他人中获得成就感和幸福感。

【具体要求】

开展以"劳动我最棒　服务你我他"为主题的社区志愿者服务活动或每年参与 1~2 次无偿献血活动。

【活动评价】

教师根据学生参与志愿服务时间、内容及表现给予评价。

计分表

评分项目	分值	得分
参与活动	30	
完成情况	50	
收获提升	20	
总分	100	

【实践成果】

活动结束后，学生提交志愿服务报告和活动照片。

专题十九　揭秘法的本质　掌握社会主义法

一、学习导航

➤　经典论述

法律是什么？最形象的说法就是准绳。用法律的准绳去衡量、规范、引导社会生活，这就是法治。

（习近平：《在中共十八届四中全会第二次全体会议上的讲话》，载《习近平关于全面依法治国论述摘编》，中央文献出版社 2015 年版，第 8-9 页。）

➤　设计思路

在漫长的文明演进中，法律作为维护公平正义的重要手段，发挥着特殊的社会规范作用。大学生了解法律的含义及其历史，掌握法律的本质，是学习法治理论、增强法治观念的基础。本专题理论教学从基本理论入手，从含义、产生与发展两个维度对法律进行了阐释，重点从法的创制与实施、法律借以产生的物质生活条件、法律所体现的意志等角度来认识法律本质，使大学生对法律有全面深刻的理解。根据唯物史观，进一步分析法律制度的性质和基本内容总是与其所处的生产关系相适应的，所以法律的发展经历了不同的历史类型。通过比较鉴别奴隶制法律、封建制法律、资本主义法律这些建立在私有制经济基础上的剥削阶级类型法律，使学生顺理成章地理解社会主义法律是人类历史上以公有制为基础的新型法律。在掌握法学理论的基础上，正确理解社会主义法律的本质特征和运行机制，深刻领会社会主义法律在中国特色社会主义建设中的重要作用和时代价值。在理论教学中，注重引导学生以既有法律知识开展探究式、研讨式学习，化"熟知"为"真知"；为解决法学理论较为抽象的问题，注重引用习近平总书记对法律的生动概括和法律案例，紧密联系社会和生活实际，化"抽象"为"具体"。在实践教学中，通过辩论赛、创意普法大赛等活动、化"知识"为"行动"，化"能力"为"素质"。

➢ 知识图谱

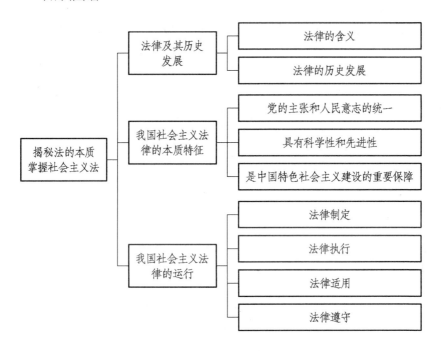

二、理论教学

➢ 教学目的

通过本专题的学习，学生能够理解和掌握马克思主义法学基本理论，了解法律的含义及其历史发展，把握法的本质，正确理解社会主义法律的本质特征和运行机制，深刻领会社会主义法律是中国特色社会主义建设的重要保障，增强学习社会主义法律的自觉性和主动性，为坚持走中国特色社会主义法治道路奠定理论基础和价值认同。

➢ 教学导入

实习期向公司提出离职被拒怎么办？民法典为您解答！大学应届毕业生谢某在实习时，签订协议4个月后，因个人原因向领导提前3周提出离职，遭到拒绝，对方公司提出必须在规定时间把课程上完才同意辞职。实习协议上写着需要提前7天书面告知，并且需要征得同意才能结束实习协议，谢某应该怎么做？

"实习"一般不能认定为劳动关系，而且也不代表将来会与用人单位建立劳动关系。虽然实习协议不具备劳动合同的法律属性，但可以适用民法典合同编的相关规定，合同是民事主体之间设立、变更、终止民事法律关系的协议。依法成立的合同，受法律保护，对当事人也具有法律约束力。但实习协议中约定一定要得到同意才能离职，而且实习协议很可能是为了重复使用而预先拟定，并在订立合同时未与对方协商的格式条款。该格式条款明显限制了一方主要权利，应属无效。根据民法典相关规定，谢某可以提交书面辞职信，并保留好相关证据，比如公司负责人员的签收单；或通过邮政快递辞职信，保留好签收回单，以及与公司沟通相关内容的录音录像等。如果该公司是经批准的专门见习基地或单位，还可向学校或当地人才服务中心反映或咨询投诉渠道。

（《生活中遇到这些问题该咋办？民法典为您解答！》，载百家号 2021 年 11 月 26 日，https://baijiahao.baidu.com/s?id=1717466225795460226& wfr= spider& for=pc。）

总结：《中华人民共和国民法典》自 2021 年 1 月 1 日起施行。民法典被称为"社会生活的百科全书"，生活中遇到的邻里纠纷、婚姻家庭、生产经营、个人信息保护、私有财产权利保护等问题都可以在其中找到依据。

"法律是什么？最形象的说法就是准绳。用法律的准绳去衡量、规范、引导社会生活"。准，水平，亦指水准器。绳，量直度的墨线。法律是判断是非曲直、评价行为性质的标准。法律作为特殊的社会规范，对人们的行为起到指引、评价、预测、教育和制裁等作用。大学生应正确认识法律的规范作用，自觉尊法学法用法守法，以法律作为行为的准绳。

> 教学重难点

【重点1】法律的阶级本质

法律是由国家制定或认可，并由国家强制力保证实施的，反映由特定社会物质生活条件所决定的统治阶级意志的规范体系。马克思主义认为，法律是统治阶级意志的体现，是有阶级性的，而不是超阶级的"全民意志"的体现。法律所体现的统治阶级的意志也并不是凭空产生的，归根结底是由这一阶级的物质生活条件决定的，是由这一社会的经济基础决定并反过来为经济基础服务的。法律所反映的统治阶级的意志，并不是统治阶级内部某个党派、某个集团或者某个人的个别意志，也不是这些个别意志的简单相加，而是统治阶级的整体意志、共同意志，而且也不是说其他阶级的意志在法律中丝毫得不到反映。在有些情况下，法律的内容不仅反映统治阶级的意志，同时也在一定程度上反映了被统治阶级以及其他一些阶级、阶层的某些愿望和要求。

【重点2】社会主义法律的作用

法律的作用是指法律对人们的行为和社会关系所产生的影响和效果。法律的作用可分为规范作用和社会作用。法律的规范作用是指法律作为一种规范体系对人们行为的调整作用，包括指引作用、评价作用、教育作用、预测作用和强制作用。法律的社会作用包括维护阶级统治方面的作用和执行公共事务方面的作用。我国社会主义法律正是通过发挥其引领和规范作用而实现其对中国特色社会主义建设的保障作用。

【难点】社会主义法律的本质特征

社会主义法律是最广大人民群众意志的集中体现，是实现人民当家作主、实行人民民主专政的重要保证。社会主义法律反映了社会主义生产关系的本质要求，为实现普遍意义的平等、自由奠定了坚实基础，开辟了广阔空间，实现了对历史上各种类型法律制度的超越。从法律所体现的意志来看，我国社会主义法律体现了党和人民意志的统一，社会主义法律维护人民的根本利益，巩固中国共产党的领导地位；从法律的实质内容来看，我国社会主义法律既是广大人民意志和利益的体现，又是社会历史发展规律的体现；既具有先进性，又具有科学性，是科学性和先进性的统一；从法律的作用来看，我国社会主义法律是中国特色社会主义建设的重要保证。经济发展、政治清明、文化昌盛、社会公正、生态良好，都离不开社会主义法律的引领、规范和保障。

> ➢ 教学案例精选与点评

【案例】社会主义法律为"绿水青山"保驾护航

党的十八大以来，我国从环境立法、执法、司法、守法等多个环节建立起生态文明制度的"四梁八柱"，为实现人与自然和谐共生的中国式现代化提供了坚实的法治保障。

法律制定。为解决最迫切、最突出的环境污染问题，我国先后制定了核安全法、环境保护税法、资源税法、生物安全法、长江保护法、湿地保护法，正在制定国家公园法、青藏高原生态保护法等生态文明专门法，为生态文明建设提供全方位、多领域的立法保障。

法律执行。党的十八大以来，各级生态环境部门持续深化生态环境保护综合行政执法改革，使各项环保措施得以落地实施。2021 年，全国环境行政处罚案件是新环保法实施前的 1.6 倍，法律制度实施效果显著。

法律适用。最高人民法院和最高人民检察院出台了一系列司法解释，发布指导性案例，发挥案例示范引领和规则补充作用，有力遏制了环境违法、犯罪行为。

法律遵守。在党中央的领导下，我国深入贯彻习近平生态文明思想，大力弘扬生态价值观念。全社会共同参与的生态环境治理体系基本形成，公民生态文明素养大幅提升，为实现中国式现代化夯实了守法保障。

（秦天宝：《强化生态环境法治保障　推进人与自然和谐共生的中国式现代化》，载《民主与法制》2022 年第 40 期，第 28-30 页。）

思考讨论：

从生态环境法治保障各环节，谈谈社会主义法律的运行。

案例点评：

法律的运行是一个从创制、实施到实现的过程。这个过程主要包括法律制定、法律执行、法律适用、法律遵守等环节。通过法律制定、法律执行、法律适用、法律遵守等环节，生态环境法律保护和改善环境、防治污染和公害、保障公众健康、推进生态文明建设、促进经济社会可持续发展的立法目的得以实现，为推动绿色发展，促进人与自然和谐共生起到了重要作用。

> ➤ 拓展学习

（1）习近平：《坚持、完善和发展中国特色社会主义国家制度与法律制度》，载《求是》2019 年第 23 期。

（2）《中华人民共和国民法典》，人民出版社 2020 年版。

（3）中华人民共和国国务院新闻办公室：《中国特色社会主义法律体系》，人民出版社 2011 年版。

> ➤ 习题演练

每位教师编写本章的学习试题，和在线考试的题库结合起来，以二维码的形式呈现，学生扫码练习。

三、实践活动

> ➤ 实践项目1 辩论赛：人工智能的规范发展主要靠技术还是靠法律？

新一代人工智能蓬勃发展，为经济社会发展注入了新动能，同时涉及诸多伦理和法律规范新问题。这些问题能否得到妥善解决，关系到人工智能新技术发展的未来。

正方：人工智能的规范发展主要靠技术。

反方：人工智能的规范发展主要靠法律。

【目标要求】

通过开展辩论活动，学生围绕辩题自主查阅资料、探究问题、论辩交锋，理解人工智能的发展不是单纯的技术问题，还需要法律的保驾护航，进而理解法律对社会生活的引领、规范和保障作用，同时提高学生思辨能力、表达能力、协作能力等。

【活动方案】

（1）活动时间：课外时间 1 周+课内 2 学时。

（2）活动地点：信息化智慧课室。

（3）活动方式：课外准备+课内辩论。

（4）活动流程：

① 任课教师通过线上教学平台发布辩题及辩论规则，全体学生通过线上抽签选出辩论赛主持人 1 人，评委 5 人，正、反方正式辩手各 4 人；

② 任课教师指导学生线下查阅资料、研究讨论，熟悉辩论流程；

③ 任课教师组织学生在课内开展辩论活动；

④ 辩论结束后，评委代表发言，宣布获胜方；学生代表发言，交流本次活动心得体会；任课教师对本次活动进行总结。

【活动评价】

计分表

评分项目	分值	得分
参与情况	30	
完成质量	50	
收获提升	20	
总分	100	

【实践成果】

活动结束后，学生提交辩论赛主持稿、辩手发言稿、活动视频或相片。

➢ 实践项目 2 "青春与法同行"创意普法大赛

身处校园的大学生离法律并不遥远，经常会遇到隐私权、劳动权、继承权的相关问题。与大学生关系关系密切的法律有《中华人民共和国宪法》《中华人民共和国刑法》《中华人民共和国民法典》《中华人民共和国劳动法》等。学习必要法律知识，守护大学生成长成才。

【目标要求】

学生从与自身关系密切的法律入手，发挥专长，通过诗歌、书画、手抄报、短视频、微电影等多种方式制作创意普法作品，用年轻人喜闻乐见的方式普及法律知识，激发学生学法能动性，发挥自我教育和朋辈教育作用。

【活动方案】

（1）活动时间：课外时间1周+课内1学时。

（2）活动地点：信息化智慧课室。

（3）活动方式：课外准备+课内展示。

（4）活动流程：

① 任课教师通过线上教学平台发布创意普法大赛规则，学生以个人或团队（不超过5人）参加；

② 任课教师指导学生完成普法作品，学生在线上教学平台提交作品；

③ 任课教师和学生在线上对作品投票，选出优秀普法作品；

④ 课内学生展示优秀普法作品；

⑤ 学生分享活动心得体会，任课教师对本次活动进行总结；

⑥ 任课教师将优秀普法作品整理汇编，通过课程网站、公众号宣传推广优秀作品。

【活动评价】

计分表

评分项目	分值	得分
提交作品	30	
作品质量	50	
收获提升	20	
总分	100	

【实践成果】

活动结束后，学生提交各种形式的创意普法作品，包括课堂展示视频或照片。

专题二十　学习法治思想　坚持法治道路

一、学习导航

➢ 经典论述

全面依法治国是国家治理的一场深刻革命，关系党执政兴国，关系人民幸福安康，关系党和国家长治久安。必须更好发挥法治固根本、稳预期、利长远的保障作用，在法治轨道上全面建设社会主义现代化国家。

（习近平：《高举中国特色社会主义伟大旗帜　为全面建设社会主义现代化国家而团结奋斗——在中国共产党第二十次全国代表大会上的报告》，载《人民日报》2022 年 10 月 26 日，第 1 版。）

➢ 设计思路

虽然现代国家治理大都强调法治，但法治模式并没有放之四海皆准的统一标准。一个国家走什么样的法治道路，必须与本国国情和社会制度相适应。鞋子合不合脚，自己穿了才知道。全面推进依法治国，必须穿适合自己的鞋，走对的路。本专题理论教学以中国法治建设发展进程为历史逻辑，以党的十八大以来社会主义法治建设发生的历史性变革和取得的历史性成就为现实逻辑，以习近平法治思想为理论逻辑，引导学生理解全面依法治国这一国家治理的深刻革命，领会习近平法治思想基本内涵和重大意义，理解中国特色社会主义法治道路的基本原则。理论教学要解决法治理论繁杂抽象等问题，一是以小见大，从我国法治发展进程中一个个具体的标志性事件或人物切入全面依法治国的宏观命题；二是立足现实，以党的十八大以来全面依法治国取得的重大进展，特别是法治建设如何积极回应人民群众新要求新期待为落脚点，让学生在现实中感受习近平法治思想引领法治中国建设迈向良法善治新境界；三是直面问题，针对现实中"党大还是法大"等伪命题和政治陷阱，释疑解惑，引导学生善思明辨。在实践教学中，通过摘抄习近平法治思想的"金句"、观看《法治中国》政论专题片等活动，让学生自主学习领会习近平法治思想，直观、形象地感受党的十八大以来全面依法治国取得的成就，深刻理解坚持走中国特色社会主义法治道路的意义，积极投身于全面依法治国的行动中。

> 知识图谱

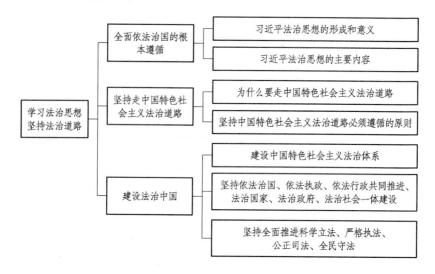

二、理论教学

> 教学目的

通过本专题的学习，学生能够了解我国法治发展进程，掌握习近平法治思想的形成过程、重大意义和主要内容，明确坚持走中国特色社会主义法治道路的基本原则，理解建设中国特色社会主义法治体系的主要内容，增强走中国特色社会主义法治道路的自觉性和坚定性，积极参与建设法治国家、法治政府、法治社会，投身于科学立法、严格执法、公正司法、全民守法的法治实践。

> 教学导入

2012 年 12 月，习近平总书记出席首都各界纪念现行宪法公布施行 30 周年大会并发表重要讲话，明确提出："要更加注重发挥法治在国家治理和社会管理中的重要作用，全面推进依法治国，加快建设社会主义法治国家。"

2014 年 10 月，党的十八届四中全会开启大幕。"全面推进依法治国"，第一次镌刻在党的中央全会的历史坐标上，在建设社会主义法治国家的征程上树起一座新的里程碑。

2020 年 5 月，《中华人民共和国民法典》诞生。作为中华人民共和国成立以来第一部以"法典"命名的法律，被誉为"新时代人民权利宣言书"，是推进全面依法治国的重大标志性成果。

2020 年 11 月，党的历史上首次召开的中央全面依法治国工作会议，将习近平法治思想明确为全面依法治国的指导思想，对当前和今后一个时期推进全面依法治国作出战略部署。

2021 年 1 月，中共中央印发《法治中国建设规划（2020-2025 年)》。在这份新中国成立以来第一个关于法治中国建设的专门规划中，迈向社会主义法治国家的"路线图"清晰可见。

（《迈出法治中国建设新步伐——新时代推进全面依法治国述评》载中国政府网 2022 年 8 月 31 日，https://www.gov.cn/xinwen/2022-08/31/content_5707616.htm。内容有删改。）

总结：全面依法治国是国家治理的一场深刻革命。党的十八大以来，我国社会主义法治建设发生历史性变革、取得历史性成就。以习近平法治思想为引领，立柱架梁，党对全面依法治国的领导更加坚强有力，全面依法治国顶层设计更加完善，全面依法治国总体格局基本形成。以中国式现代化全面推进中华民族伟大复兴，必须坚持走中国特色社会主义法治道路，更好发挥法治固根本、稳预期、利长远的保障作用。

➢ 教学重难点

【重点 1】习近平法治思想是全面依法治国的根本遵循

党的十八大以来，以习近平同志为核心的党中央在领导全面依法治国、建设法治中国的伟大实践中，从历史与现实相贯通、国际和国内相关联、理论和实际相结合上，深刻回答了为什么要全面依法治国、怎样全面依法治国等 21 世纪中国法治进程面临的重大时代课题，提出了一系列全面依法治国新理念新思想新战略。2020 年 11 月，中央全面依法治国工作会议正式提出习近平法治思想，并将其确立为全面依法治国的指导思想和根本遵循。

习近平法治思想的基本精神、核心要义和实践精神主要包括六个方面：一是关于政治方向，深刻回答全面依法治国由谁领导、依靠谁、走什么道路等大是大非问题，指明了中国特色社会主义法治的前进方向；二是关于战略地位，深刻回答了为什么要全面依法治国的这一重大认识问题，揭示了全面依法治国是新时代坚持和发展中国特色社会主义的基本方略，是党领导人民治理国家的基本方式；三是关于工作布局，深刻回答了如何推进全面依法治国的重大实践问题，明确了全面依法治国的总目标、总抓手和基本思路；四是关于总任务，深刻回答了全面依法治国如何突破的问题，提出了当前和今后一个时期全面依法治国的重点任务；五是关于重大关系，深刻回答了如何正确处理政治与法治、改革与法治、德治与法治等重大问题，提供了法治中国建设的认识论和方法论；六是关于重要保障，深刻回答了全面依法治国需要什么保障的问题，强调了全面依法治国是一个系统工程，需要包括政治、制度、思想、组织、人才、运行、科技等全面坚强的保障体系。

习近平法治思想是习近平新时代中国特色社会主义思想的重要组成部分，系统地创新发展了中国特色社会主义法治理论，实现了马克思主义法治理论的新飞跃，推动新时代中国特色社会主义法治建设发生历史性变革、取得历史性成就，引领法治中国建设迈向良法善治新境界。当代大学生要深入学习习近平法治思想，深刻把握其重大意义，自觉增强政治认同、思想认同、理论认同、情感认同。

【重点2】坚持中国特色社会主义法治道路必须遵循的原则

走中国特色社会主义法治道路，必须坚持中国共产党的领导，坚持人民主体地位，坚持法律面前人人平等，坚持依法治国和以德治国相结合，坚持从中国实际出发。

【难点1】为什么要走中国特色社会主义法治道路？

走什么样的法治道路，是由一个国家的基本国情决定的。全面依法治国，必须从我国实际出发，同推进国家治理体系和治理能力现代化相适应，既不能罔顾国情、超越阶段，也不能因循守旧、墨守成规。

走适合自己的法治道路，决不照搬别国模式和做法。一些西方国家认为法治只有他们搞的那一种模式，不亦步亦趋跟他们搞那一套就要被打入"异类"。事实却是，一些发展中国家照搬照抄西方政治制度和政党模式，很多国家都陷入政治震荡、社会混乱，人民流离失所。鸦片战争后，许多仁人志士也曾想变法图强，但都以失败告终，历史和现实告诉我们，只有传承中华优秀传统文化，从我国革命、建设、改革的实践中探索适合自己的法治道路，同时合理吸收世界上优秀的法治文明成果，才能为全面建成社会主义现代化强国、实现中华民族伟大复兴夯实法治基础。

【难点 2】正确认识党的领导与依法治国的统一关系

坚持中国特色社会主义法治道路，其核心要义就是坚持中国共产党的领导。中国共产党是中国特色社会主义事业的领导核心，处在总揽全局、协调各方的地位。社会主义法治必须坚持党的领导，党的领导必须依靠社会主义法治。法是党的主张和人民意愿的统一体现，党领导人民制定宪法法律，党领导人民实施宪法法律，党自身必须在宪法法律范围内活动，这就是党的领导力量的体现。党的领导和依法治国是高度统一的。要把党的领导贯彻到依法治国全过程和各方面，坚持党的领导、人民当家作主、依法治国有机统一。坚持党的领导，就是要支持人民当家作主，实施好依法治国这个党领导人民治理国家的基本方略。

正确认识党的领导与依法治国的统一关系，要澄清"党大还是法大"的问题。"党大还是法大"是一个政治陷阱，是一个伪命题。党的领导和依法治国不是对立的，而是统一的。从逻辑上讲，党的本质是政治组织，而法的本质是行为规则，两者不存在谁比谁大的问题。我们说不存在"党大还是法大"的问题，是把党作为一个执政整体、就党的执政地位和领导地位而言的，具体到每个党组织、每个领导干部，就必须服从和遵守宪法法律。"权大还是法大"则是一个真命题。纵观人类政治文明史，权力是一把"双刃剑"，在法治道路上行使可以造福人民，在法律之外行使必然祸害国家和人民。

➤　**教学案例精选与点评**

【案例】从县委书记到中共中央总书记，"法治"始终是令人瞩目的关键词

大国治理，机杼万端。无论是带领一个县、谋划一个省，还是治理一个 13 亿多人口的大国，在习近平总书记关于治国理政的深邃思考和不懈奋斗中，"法治"始终是令人瞩目的关键词。

习近平在福建宁德担任地委书记时，经常深入基层，听取群众呼声。让当地干部群众至今印象深刻的是，习近平经常是带着律师"下访"，现场化解矛盾、解决难题，体现了他对运用法治方式解决社会问题的重视，提出"城市管理要更加规范化法制化。""逐步把城管工作纳入规范化、法制化的轨道，不断提高城市管理的水平。"

习近平在担任浙江省委书记期间，对法治有深刻论述，提出了"要牢固树立依法执政、依法行政和依法办事的法治理念""市场经济必然是法治经济""道德是法治的基石。法律只有以道德为支撑，才有广泛的社会基础而成为维系良治的良法"等观点。

习近平在上海工作期间，对法治的重视和推进一以贯之。他提出："不断提高执法水平，充分运用法律手段为发展创造良好、宽松的环境。""推进社会主义民主的制度化、规范化和程序化，保证人民依法行使民主权利。"

党的十八大后，习近平向全党全国各族人民发出了全面推进依法治国的动员令。他关于法治的系列重要论述，映照出习近平总书记对治国理政之道的深刻理解。在他的心中，法治，始终占有极为重要的分量。

（《〈法治中国〉开篇聚焦"奉法者强"总书记把依法治国纳入"四个全面"战略布局》，载央视网 2017 年 8 月 19 日，https://news.cctv.com/2017/08/19/ARTIndi 46ji2J1MFmMJ2xY0E170819.shtml。内容有删改。）

案例点评：

高度重视法治、大力推进法治，是习近平总书记治国理政的鲜明特点。在长期治国理政的实践中，他深切认识到，法律是治国理政最大、最重要的规矩，推进国家治理体系和治理能力现代化，必须厉行法治。党的十八大以来，习近平总书记高度重视全面依法治国，创造性提出了一系列全面依法治国新理念新思想新战略，形成习近平法治思想，指导和推动了社会主义法治建设发生历史性变革、取得历史性成就，全面依法治国取得重大进展。习近平法治思想，立足新时代中国特色社会主义伟大实践，全面系统地创新中国特色社会主义法治理论，实现了马克思主义法治理论的新飞跃。

➢ 拓展学习

（1）中共中央宣传部、中央全面依法治国委员会办公室：《习近平法治思想学习纲要》，人民出版社、学习出版社 2021 年版。

（2）习近平：《坚定不移走中国特色社会主义法治道路，为全面建设社会主义现代化国家提供有力法治保障》，载《求是》2021 年第 5 期。

（3）习近平：《坚持法治国家、法治政府、法治社会一体建设》，载《习近平谈治国理政》第一卷，外文出版社 2018 年版。

➢　习题演练

每位教师编写本章的学习试题，和在线考试的题库结合起来，以二维码的形式呈现，学生扫码练习。

三、实践活动

➢　**实践项目 1　习近平法治思想"金句"摘抄**

党的十八大以来，习近平总书记围绕全面依法治国作了一系列重要论述。这些论述立意高远，内涵丰富，思想深刻，形象生动，对深刻理解全面依法治国具有重要指导意义。

【目标要求】

通过搜集、摘抄习近平法治思想"金句"，学生能够从习近平总书记对法治生动、形象、深刻的论述中，领会习近平法治思想。

【具体要求】

（1）活动时间：课外时间一周+课内 1 学时。

（2）活动地点：思政课信息化智慧课室。

（3）活动方式：课外学习+课内展示。

（4）活动流程：

①任课教师线上教学平台发布《习近平关于全面依法治国重要论述摘编》学习链接；

②学生自主阅读，摘抄其中让自己感受最深的部分，并从论述原文、背景、意义等方面深入学习，制作学习交流 PPT；

③学生把 PPT 上传到线上教学平台，教师查阅学生完成情况；

④任课教师选派优秀代表在课堂展示，学生交流讨论；

⑤任课教师总结发言，总结本次活动存在的优缺点。

【活动评价】

计分表

评分项目	分值	得分
摘抄金句	20	
学习领会	50	
交流讨论	30	
总分	100	

【实践成果】

活动结束后，学生提交学习时的笔记、PPT以及活动过程的视频、照片等。

➤ 实践项目2 观看《法治中国》政论专题片

《法治中国》是由中国共产党中央委员会宣传部、中央电视台联合制作的政论专题片。该专题片以中华人民共和国的法治进程为主题，以党中央关于全面依法治国的重大战略部署为主线，从"奉法者强""大智立法""依法行政""公正司法"等方面，通过相关理论、重要思想和案例故事等多个层面的内容，深刻阐释了"什么是社会主义法治道路"这一问题，全面总结、生动展示了全面依法治国的历史性变革和辉煌成就。

【目标要求】

通过观看《法治中国》，学生能够直观、具体了解党的十八大以来党和国家关于全面依法治国重大战略部署，感受全面依法治国的历史性变革和辉煌成就，领会习近平法治思想核心要义，坚定走中国特色社会主义法治道路的信心。

【活动方案】

（1）活动时间：课外时间一周+课内1学时。

（2）活动地点：思政课信息化智慧课室。

（3）活动方式：课外观影+课内交流。

（4）活动流程：

① 教师线上发布《法治中国》视频和活动要求；

② 学生通过集中或者分散自主的方式观看《法治中国》1~2集专题片；

③ 教师指导学生撰写观后感，学生线上提交观后感；

④ 学生在课堂上交流观影体会，教师结合学生体会，深化学生对习近平法

治思想和中国特色社会主义法治道路的认识；

⑤ 教师将优秀观后感收录汇编成册，并通过线上教学平台展示。

【活动评价】

计分表

评分项目	分值	得分
完成观看	20	
撰写观后感	50	
交流讨论	30	
总分	100	

【实践成果】

活动结束后，学生提交观后感、PPT，以及活动视频、照片。

专题二十一　维护宪法权威　弘扬宪法精神

一、学习导航

➤　经典论述

维护宪法权威，就是维护党和人民共同意志的权威。捍卫宪法尊严，就是捍卫党和人民共同意志的尊严。保证宪法实施，就是保证人民根本利益的实现。只要我们切实尊重和有效实施宪法，人民当家作主就有保证，党和国家事业就能顺利发展。

（习近平：《在首都各界纪念现行宪法公布施行 30 周年大会上的讲话》，人民出版社 2012 年版，第 4 页。）

➤　设计思路

宪法是国家的根本法，是治国安邦的总章程。坚持依法治国，首先是依宪治国。本专题理论教学主要包括三方面内容：一是通过梳理我国宪法发展历程，重点阐明现行宪法修改的重要意义和启示，帮助学生深刻认识制定和实施宪法，推进依法治国，是实现国家富强、民族振兴、社会进步、人民幸福的必然要求；二是以宪法序言为抓手介绍宪法的主要内容，帮助学生理解宪法的地位和掌握宪法的基本原则；三是在前两个内容的基础上讲授加强宪法实施与监督的重大意义，引导学生不断增强宪法意识，在行动上履行维护宪法尊严、保证宪法实施的职责。第三个内容是大学阶段宪法教育的重点。在理论教学中，为解决本专题法学专业性较强的问题，引用习近平总书记关于宪法的重要论述，以通俗、形象、生动的话语帮助学生掌握相关理论。在实践教学中，注重调动学生学习宪法的自主性和积极性，开展宪法知识竞赛、"我与宪法"专题研讨等活动，让学生熟知宪法、尊重宪法，自觉维护宪法权威，弘扬宪法精神。

> 知识图谱

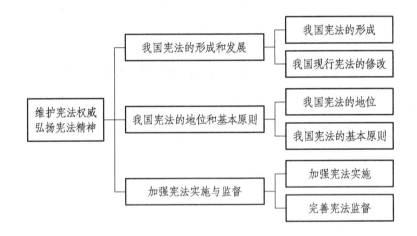

二、理论教学

> 教学目的

通过本专题的学习，学生能够深入了解我国宪法的形成和发展，明确现行宪法修改的重要意义，正确理解宪法的地位和基本原则，充分认识加强宪法实施与监督的重大意义和具体举措，进而能自觉尊崇宪法、学习宪法、遵守宪法、维护宪法、运用宪法，弘扬宪法精神，不断增强宪法意识，把宪法作为判断大是大非的准绳。

> ➤　教学导入

现实中不时听到这样一些声音：宪法规定的大多是一些原则性内容且很抽象，而且司法判决一般也不引用宪法条文，因而宪法是一部与公民生活关系不大、高高在上的"闲法"。一些人对宪法有这样的误解，主要是对宪法精神理解不够深刻。宪法在社会生活中扮演着不可或缺的角色，无时无刻不在运行。捍卫宪法尊严，就是捍卫党和人民共同意志的尊严。保证宪法实施，就是保证人民根本利益的实现。

1982 年 12 月 4 日，第五届全国人民代表大会第五次会议通过并公布施行经全面修改后的《中华人民共和国宪法》。2014 年 11 月 1 日第十二届全国人民代表大会常务委员会第十一次会议决定，将 12 月 4 日设立为国家宪法日。国家宪法日的设立，是对宪法至高无上法律地位的郑重确认，是重塑宪法权威，让宪法从"文本"走向"现实"，把宪法精神融入民众日常生活的重要途径。

（《让宪法真正成为"根本大法"》，载共产党员网 2014 年 11 月 16 日，https：//news.12371.cn/2014/11/16/VIDE1416137702468803.Shtml。）

总结：习近平总书记强调，"法治权威能不能树立起来，首先要看宪法有没有权威，必须把宣传和树立宪法权威作为全面推进依法治国的重大事项抓紧抓好，切实在宪法实施和监督上下功夫"[①]。宪法是国家的根本大法，是治国安邦的总章程，是写满人民权利的保证书。为避免宪法成为"闲法"，需要我们深刻理解宪法地位，领会宪法精神，增加宪法意识，加强宪法实施与监督，让宪法在社会生活中充分发挥作用。

> ➤　教学重难点

【重点 1】我国宪法的地位

我国宪法是国家的根本法，是党和人民意志的集中体现，是国家意志的最高表现形式。宪法至上地位主要体现在其特有的作用、效力和内容等方面。首先，我国宪法是国家发展、人民幸福、民族复兴的根本法治保障。其次，我国宪法是国家各项制度和法律法规的总依据，在中国特色社会主义法律体系中居于统帅地位，具有最高的法律地位、法律权威、法律效力。最后，我国宪法规

[①] 中共中央文献研究室. 习近平关于全面依法治国论述摘编[M]. 北京：中央文献出版社，2015：47.

定了国家的根本制度。

【重点2】我国宪法的基本原则

宪法的基本原则是贯穿宪法规范始终，对宪法的制定、修改、实施、遵守等环节起指导作用的基本准则。我国宪法的基本原则集中反映了规范权力运行、保障公民权利的基本精神，体现了社会主义法治的根本性质。主要包括党的领导原则、人民当家作主原则、尊重和保障人权原则、民主集中制原则。

【难点1】正确理解依宪治国和依宪执政

依法治国要坚持依宪治国、依宪执政，主要是由宪法的至上地位和根本作用决定的。我国现行宪法以国家根本法的形式，确立了中国特色社会主义道路、中国特色社会主义理论体系、中国特色社会主义制度、中国特色社会主义文化的发展成果，反映了我国各族人民的共同意志和根本利益，是党和国家的中心工作、基本原则、重大方针、重要政策在国家法制上的最高体现。

坚持依宪治国、依宪执政，要注意与西方"宪政"划清界限。"宪政"是西方资产阶级革命否定封建专制的产物，是对西方资本主义国家政治发展模式的概括，是西方法学理论对自身经验的理论总结，是特指西方的政治发展模式。我们讲依宪治国、依宪执政，同西方所谓"宪政"有着本质的区别。我们说的依宪治国、依宪执政，强调的是党领导人民制定宪法法律，党领导人民实施宪法法律，党自身也必须在宪法法律范围内活动。我们实行依宪治国、依宪执政，是党领导人民依据宪法长期执政、治理国家，绝不是要否定和放弃党的领导。

【难点2】加强宪法实施与监督

宪法的生命在于实施，宪法的权威也在于实施。我国宪法发展的历程说明，只要我们切实尊重和有效实施宪法，党和国家事业就能顺利发展。反之，如果宪法受到漠视、削弱甚至破坏，党和国家事业就会遭到挫折。宪法实施可以防止宪法规范与社会生活脱节，促进宪法有针对性地解决国家政治、经济、社会生活中的重大问题，强化宪法的引领、规范和保障功能，提升宪法的法律效力，增强宪法的权威，保障依法治国目标的最终实现。全国各族人民、一切国家机关和武装力量、各政党和各社会团体、各企业事业组织，都必须以宪法为根本的活动准则，并且负有维护宪法尊严、保证宪法实施的职责。

加强宪法实施，我们党首先要坚持依宪执政，宪法是我们党长期执政的根本法律依据。国家权力机关要加强和改进立法工作，继续完善以宪法为核心的中国特色社会主义法律体系，保证宪法确立的制度、原则和规则得到全面实施。国家行政机关要依宪施政、依法行政，坚持从党和国家事业全局出发，从人民根本利益出发，切实维护宪法权威。国家监察机关要以宪法为根本准则，履行好对行使公权力的公职人员监察全覆盖的法定职责。国家司法机关要保证独立公正行使审判权、检察权，确保司法权公正高效权威。全体人民要意识到宪法既是必须遵守的最高行为规范，也是保障自身权利最有力的武器，崇尚宪法、遵守宪法、维护宪法、运用宪法。

宪法的力量不仅因其地位崇高，更源于其有效监督。一是要健全人大工作机制。全国人大及其常委会履行宪法赋予的宪法监督职责，要加强对宪法法律实施情况的监督检查，坚决纠正违宪违法行为。二是要健全宪法解释机制。全国人大常委会根据宪法规定行使宪法解释权，依照宪法精神对宪法规定的内容、含义和界限作出解释，积极回应涉及宪法有关问题的关切。三是要健全备案审查机制。将所有的法规规章、司法解释和各类规范性文件依法依规纳入备案审查范围。四是要健全合宪性审查机制。我国的合宪性审查，就是由有关权力机关依据宪法和相关法律的规定，对于可能存在违反宪法规定的法律法规、规范性文件以及国家机关履行宪法职责的行为进行审查，并对违反宪法的问题予以纠正。此外，还要保障社会各方面积极参与宪法监督。我国一切权力属于人民，每一个公民对宪法既有自觉尊崇和维护的责任，又有参与监督的权利。

➤ 教学案例精选与点评

【案例 1】共和国历史上国家领导人首次进行宪法宣誓

2018 年 3 月 11 日，北京，人民大会堂，掌声雷动，十三届全国人大一次会议高票表决通过宪法修正案。确立习近平新时代中国特色社会主义思想的指导地位，充实坚持和加强中国共产党全面领导的内容，完善宪法确立的国家根本任务、奋斗目标和国家领导体制，确立国家监察制度……修改宪法，夯实了国家长治久安的制度根基。

6 天后，在十三届全国人大一次会议上习近平再次当选国家主席，习近平主席手抚宪法庄严宣誓。这也是新中国历史上首次举行国家领导人宪法宣誓仪式。"我宣誓：忠于中华人民共和国宪法，维护宪法权威，履行法定职责，忠于祖国、忠于人民，恪尽职守、廉洁奉公，接受人民监督，为建设富强民主文明和谐美丽的社会主义现代化强国努力奋斗！"铮铮誓言，以上率下，展现依宪治国、依宪执政的坚定意志。

宪法的根基在于人民发自内心的拥护，宪法的伟力在于人民出自真诚的信仰。习近平总书记强调，要在全党全社会深入开展尊崇宪法、学习宪法、遵守宪法、维护宪法、运用宪法的宣传教育活动，大力弘扬宪法精神，大力弘扬社会主义法治精神，不断增强人民群众宪法意识。各国家机关举行宪法宣誓仪式，引导和教育国家工作人员树立宪法意识，恪守宪法原则，履行宪法使命。

（徐隽：《有力维护宪法尊严和权威（坚持和完善人民代表大会制度）》，载《人民日报》2021年10月8日，第1版）

思考讨论：

谈谈宪法宣誓制度的重要意义？

案例点评：

2014年10月，十八届四中全会通过的《中共中央关于全面推进依法治国若干重大问题的决定》提出建立宪法宣誓制度。2015年7月1日，十二届全国人民代表大会常务委员会第十五次会议通过了《全国人民代表大会常务委员会关于实行宪法宣誓制度的决定》，明确了宪法宣誓的范围、誓词、仪式和场所，以立法方式确立了我国宪法宣誓制度。2018年2月24日，十二届全国人民代表大会常务委员会第三十三次会议对宪法宣誓作出适当修改。2018年3月11日，十三届全国人大一次会议通过的《中华人民共和国宪法修正案》增加了相关条款，明确了"国家工作人员就职时应当依照法律规定公开进行宪法宣誓"。宪法宣誓制度在宪法中正式确立下来。

2018年3月17日，在亿万人民的瞩目下，新当选的国家领导人进行宪法宣誓。这是我国国家领导人首次进行宪法宣誓，也是宪法宣誓制度实行以来首次在全国人民代表大会上面对全国人大代表举行宪法宣誓习近平总书记作为党、国家、军队最高领导人带头进行宪法宣誓，树立了尊崇宪法、维护宪法、恪守宪法的楷模，彰显了以习近平同志为核心的党中央坚持依宪治国、依宪执政的坚强决心。国家工作人员进行宪法宣誓，遵循特定的程序，具有庄严的仪式感，是对人民的神圣承诺，是立党为公、执政为民的庄严承诺，是为中国人民谋幸福、为中华民族谋复兴的郑重承诺。加强宪法实施，树立宪法权威，维护宪法尊严，有利于提高全社会的宪法意识。

【案例2】全国人大常委会法工委坚持"有错必纠"，切实维护国家法治
　　　　统一

2021年，全国人民代表大会常务委员会法制工作委员会着力增强备案审查制度刚性，就法规、司法解释等规范性文件中的合宪性、合法性、适当性等问题开展审查研究，对存在不符合宪法法律规定、明显不适当等问题的，督促制定机关予以改正。

引人关注的是，国务院有关主管部门对有的民族自治地方民族教育条例等法规提出合宪性审查建议，认为条例中的有关规定存在合宪性问题，不利于促进民族交往交流交融。经审查，宪法和有关法律已对推广普及国家通用语言文字作出明确规定，包括民族地区在内的全国各地区应当全面推行国家通用语言文字教育教学，有关法规中的相关内容应予纠正。经沟通，制定机关已废止有关法规。

（朱宁宁：《一年来共收到公民组织提出审查建议6339件落实有件必备推进有备必审坚持有错必纠》，载《法治日报》2021年12月22日，第2版。）

思考讨论：

备案审查如何落实宪法监督？

案例点评：

规范性文件备案审查是具有中国特色的宪法监督制度，是宪法监督制度的基础和着力点。2021年10月，习近平总书记在中央人大工作会议上发表重要讲话，将"全面贯彻实施宪法"摆在加强和改进新时代人大工作的首要位置，直接"点名"备案审查工作，强调要提高备案审查工作质量，坚决纠正违宪违法行为。全国人大常委会法制工作机构对报送备案的法规、司法解释和特别行政区法律主动进行审查，对违宪违法的法规、司法解释等予以纠正，做到"有件必备、有备必审、有错必纠"。

> ➤　拓展学习

（1）习近平：《在首都各界纪念现行宪法公布施行30周年大会上的讲话》，人民出版社2012年版。

（2）习近平：《论坚持人民当家作主》，中央文献出版社2021年版。

（3）韩大元：《新中国宪法发展70年》，广东人民出版社2020年版。

> 习题演练

每位教师编写本章的学习试题，和在线考试的题库结合起来，以二维码的形式呈现，学生扫码练习。

三、实践活动

> 实践项目1 宪法知识竞赛

【目标要求】

通过开展宪法知识竞赛，设置一定奖励，调动学生参与积极性，帮助学生掌握宪法知识，领会宪法精神。

【活动方案】

（1）活动时间：课外2周。

（2）活动方式：线上学习+线上答题。

（3）活动流程：

①任课教师通过线上教学平台发布知识竞赛活动方案和题库，学生在线自主学习；

②学生进入答题系统参与答题，系统从知识题库中随机选取20道题；在竞赛活动期间，学生参与答题的次数不限，结果取最高成绩；

③竞赛活动截止后，根据学生答题情况评比一、二、三等奖；

④任课教师分析学生对宪法知识的掌握情况，在后续教学中有针对性讲解；

⑤根据实际，任课教师指导优秀学生参与教育部组织的全国学生"学宪法讲宪法"相关活动。

【活动评价】

计分表

评分项目	分值	得分
完成答题	30	
答题情况	70	
总分	100	

【实践成果】

活动结束后，学生提交参与知识竞赛活动记录、心得体会、答题情况统计分析表。

> 　实践项目 2　"我与宪法"专题研讨

人的一生，都与宪法息息相关。从出生到离世，宪法涉及生命权、人身自由权、受教育权、选举权与被选举权、劳动权等权利，宪法陪伴我们一生，守护我们的美好生活。

【目标要求】

通过组织学生开展"我与宪法"专题研讨，学生能够联系现实生活和自身实际学宪法、讲宪法，感受宪法对社会生活的引导、规范和保障作用，进而增强宪法意识，提高运用宪法的能力。

【活动方案】

（1）活动时间：课外时间一周+课内 2 学时。

（2）活动地点：思政课信息化智慧课室。

（3）活动方式：课外小组讨论+课内代表展示。

（4）活动流程：

①教师课前通过线上教学平台推送人民日报微博文章《其实，你的一生都被宪法守护着》；

②学生课外以小组为单位，结合推送文章和自身实际，聚焦一个事件，讨论宪法如何影响我们的生活，将讨论情况整理成研讨报告，并制作展示 PPT；

③实践课上，每个小组选派代表展示该组研讨情况，教师和学生根据情况进行评分；

④学生分享本次实践活动心得体会；

⑤教师总结发言，结合学生实践体验，进一步强化学生对宪法的认识。

【活动评价】

计分表

评分项目	分值	得分
完成研讨	30	
结合实际	60	
按时完成	10	
总分	100	

【实践成果】

活动结束后，以小组为单位提交电子版研讨报告，包括小组讨论纪录、文献资料，小组代表展示时的 PPT、照片、视频等。

专题二十二　培养法治思维　提升法治素养

一、学习导航

➤ 经典论述

法治和人治问题是人类政治文明史上的一个基本问题，也是各国在实现现代化过程中必须面对和解决的一个重大问题。综观世界近现代史，凡是顺利实现现代化的国家，没有一个不是较好解决了法治和人治问题的。相反，一些国家虽然也一度实现快速发展，但并没有顺利迈进现代化的门槛，而是陷入这样或那样的"陷阱"，出现经济社会发展停滞甚至倒退的局面。后一种情况很大程度上与法治不彰有关。

（习近平：《在中共十八届四中全会第二次全体会议上的讲话》，载《习近平关于全面依法治国论述摘编》，中央文献出版社 2015 年版，第 12 页。）

➤ 设计思路

提升法治素养，在思想上要敬畏法律，崇尚法治，积极培养法治思维方式。本专题理论教学首先从人治与法治的对比入手，辨析法治思维与政治思维、经济思维、道德思维的区别，帮助学生从正当性、规范性、逻辑性、科学性四个方面准确把握法治思维的基本含义；其次从价值取向和规则意识两个维度，分析法律至上、权力制约、公平正义、权利保障、程序正当这五个法治思维的基本内容，引导学生有意识地养成守规则、受监督、谋平等、护人权、重程序的思维习惯。本专题理论教学不仅仅是概念原理的传授，而是注重法治价值引领，更关注学生思想转化和习惯养成。因此，实践教学通过学生身边的事例，开展社会热点事件分析、大学生法治素养调查等活动，让学生在面对实际情境时，特别是当自己理想目标、思想情感、行为方式、利益诉求等与法治价值、规则发生冲突时，能够崇尚法治，做出符合法律的选择，不断提高运用法治思维分析问题、解决问题的能力。

> 知识图谱

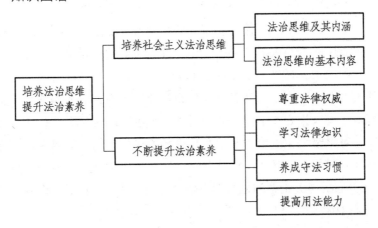

二、理论教学

> 教学目的

通过本专题的学习，学生能够理解和掌握法治思维的基本内涵和主要内容，深刻认识推进全面依法治国和大学生法治素质的内在关系，自觉养成法治思维习惯，提高运用法治思维分析问题、解决问题的能力，增强规则意识，培养崇尚法治的良好品质，不断提升法治素养。

> 教学导入

2020 年 7 月，南京一大学生偷外卖的新闻，引发舆情关注。江苏警方调查后发现，犯罪嫌疑人有据可查的偷外卖行为就有 10 多次。事件曝光之初，媒体报道中犯罪嫌疑人周某是某知名大学本科生，正在复习考研，为了供他上学，家中另外兄弟姐妹三人均已辍学。因为涉嫌多次盗窃，周某已被刑事拘留。"穷学生""偷外卖""刑拘"这几个关键词组合起来，似乎产生了神奇的化学反应，基于人类天然的同情心理，一个贫苦又努力求学，甚至为了果腹而不得不去偷外卖的悲惨人物形象跃然纸上，引发网友热议。网友讨论中，已然有不少观点偏向于周某，甚至有网友觉得外卖价值较低，不应构成犯罪。随后南京警方发布通报，有了让人吃惊的反转：非名牌大学毕业，有工作收入；非贫困所迫，系报复作案；非一时糊涂，系屡屡偷窃。

（《"大学生偷外卖"新闻反转是一堂生动法治课》，载光明网 2020 年 7 月 23 日，https：//m.gmw.cn/2020-07-23/content_1301391099.htm。）

总结：大学生的身份和偷外卖事件的强烈反差点燃了公众情绪，特别在媒体的最初报道中，当事大学生被贴上了"准备考研的穷学生"的标签后，不仅引发了公众的同情，还进一步在网络上引发了贫富差距、社会公平的话题。有人觉得外卖的金额不高，偷外卖也没什么社会危害性；有人同情偷外卖大学生的生活窘迫；有人担心一个年轻人因这件"小事"前途尽毁。公众从朴素的正义观出发，对犯错大学生给予同情和包容是值得肯定的。但当事人作为一名成年人，其偷外卖的行为既违反道德要求，又违反法律规范。根据最高法、最高检 2013 年公布的《关于办理盗窃刑事案件适用法律若干问题的解释》第三条的规定，二年内盗窃三次以上的，应当认定为"多次盗窃"。司法解释对于既遂三次以上的盗窃并无价值认定要求，根据警方的结论，周某既遂的偷外卖行为已达 10 多次，显然符合多次盗窃的判定。生活中人们会从不同的角度看待和分析问题，得出不尽相同的答案。面对涉法问题，特别是情与法的冲突时，我们要运用法治思维和法治方式，判断是非、权衡利弊、解决问题。

➢ 教学重难点

【重点 1】法治思维及其内涵

法治思维是以法治价值和法治精神为导向，运用法律原则、法律规则、法律方法思考和处理问题的思维模式。法治思维将法律作为判断是非和处理事物的准绳，要求崇尚法治，尊重法律，善于运用法律手段协调关系和解决问题。法治思维包含以下几层含义：第一，法治思维以法治价值和法治精神为指导，蕴含着公平、平等、民主、人权等法治理念，是一种正当性思维；第二，法治思维以法律原则和法律规则为依据，指导人们的社会行为，是一种规范性思维；第三，法治思维以法律手段和法律方法为依托，分析问题、处理问题、解决问题、解决纠纷，是一种逻辑思维；第四，法治思维是一种符合规律、尊重事实的科学思维。因此，法治思维是一种融法律的价值属性和工具理性于一体的特殊的高级法律意识，强调对法律原则和规则的认知与运用，更强调对法治价值和精神的认同与信守。

【重点2】法治思维的基本内容

法治思维主要表现为价值取向和规则意识两个方面。价值取向是指如何看待和对待法律，规则意识是指如何用法律看待和对待自身。法治思维主要包括法律至上、权力制约、公平正义、权利保障、正当程序等内容。

法律至上。法律至上是指在国家或社会的所有规范中，法律是地位最高、效力最广、强制力最大的规范。法律至上具体表现为法律的普遍适用性、优先适用性和不可违抗性。

权力制约。权力制约是指国家机关的权力必须受到法律的规制和约束。权力制约分为权力由法定、有权必有责、用权受监督、违法受追究四项要求。养成权力制约思维，要求自觉运用权力、勇于监督权力，同时自觉监督宪法、法律的实施。

公平正义。公平正义是指社会的政治利益、经济利益和其他利益在全体社会成员之间合理、公平分配和占有。一般来讲，公平正义主要包括权利公平、机会公平、规则公平和救济公平。权利公平包括三重含义：一是权利主体平等，国家对每个权利主体"不偏袒""非歧视"；二是享有的权利特别是基本权利平等；三是权利保护和权利救济平等。机会公平是指生活在同一社会中的成员拥有相同的发展机会和发展前景，反对任何形式的歧视。规则公平是指对所有人适用同一的规则和标准，不得因人而异。救济公平是指为权利受到侵害或处于弱势地位的公民提供平等有效的救济。养成公平正义思维，有利于增强实现公平正义的责任感，为促进全社会的公平正义而奋斗。

权利保障。权利保障主要是指对公民权利的法律保障，具体包括公民权利的宪法保障、立法保障、行政保护和司法保障。宪法保障是权利保障的前提和基础，立法保障是权利保障的重要条件，行政保障是权利保障的关键环节，司法保障是公民权利保障的最后防线。

程序正当。只有严格按照法律程序办事办案，处理结果才可能公正并具有公信力和权威性。程序的正当，表现在程序的合法性、中立性、参与性、公开性、时限性等方面。合法性是指程序运行合乎法律的规定，有关机关或个人不得违反或变相违反；中立性是指程序设计和运行应平等地对待各方当事人，不得偏向任何一方；参与性是指案件或纠纷的利害关系人都有机会进入办案程序，充分表达自己的利益诉求和意见主张，为解决纠纷发挥作用；公开性是指程序运行的过程和结果应当向当事人和社会公开，以接受各方监督，防止办案不公和暗箱操作，让正义以人们看得见的方式实现；时限性是指程序的运行必须有合理的期限，符合时间成本和效率原则的要求，不得无故拖延或没有终结。

【难点 1】法治思维与人治思维的区别

法治思维是与人治思维对立的思想方法。法治思维与人治思维的区别集中体现在四个方面：一是在依据上，法治思维认为国家的法律是治国理政的基本依据，处理法律问题要以事实为根据、以法律为准绳；而人治思维的本质是主张人高于法或权大于法，它片面强调依赖个人的魅力、德性和才智来治国平天下。二是在方式上，法治思维以一般性、普遍性的平等对待方式调节社会关系，解决矛盾纠纷，坚持法律面前人人平等原则，具有稳定性和一贯性；而人治思维按照个人意志和感情进行治理，治人者常以言代法、言出法随、朝令夕改，具有极大的任意性和非理性。三是在价值上，法治思维强调集中社会大众的意志来进行决策和判断，是一种"多数人之治"的思维；而人治思维是个人说了算的专断思维。四是在标准上，法治思维以法律为最高权威；而人治思维则奉个人的意志为最高权威。培养法治思维，必须摒弃人治思维。

【难点 2】养成法治思维和行为方式

法治思维是基于对法律的尊崇和对法治的信念判断是非、权衡利弊、解决问题的思维方式，其要义是把对法治的尊崇、对法律的敬畏转化为思维和行为方式，做到在法治之下，而不是法治之外，更不是法治之上想问题、做决策、办事情。对公民而言，法治思维就是当自己的理想目标、思想感情、行为方式、权利诉求和利益关系等与法律的价值、规则或要求发生冲突时，能够服从法律，作出符合法律的选择，按照法律的指引实施自己的行为。习近平总书记强调："法律要发挥作用，需要全社会信仰法律。"如果人情介入了法律和权力领域，就会带来问题，甚至带来严重问题。在日常生活中，大学生培养法治思维，要树立法律权威，自觉以法律视角观察、思考和解决问题，养成稳定的思维方式和行为习惯。

➤ 教学案例精选与点评

【案例】陆勇案：情与法的碰撞

2018 年上映的电影《我不是药神》，讲述了一个情与法冲突的故事。随着该剧的热播，其故事原型"陆勇案"重回公众视野。陆勇是江苏无锡一家针织品出口企业的老板。2002年，陆勇被检查出患有慢粒白血病，医生推荐他服用瑞士诺华公司生产的名为"格列卫"的抗癌药。服用这种药品，可以稳定病情、正常生活，但需不间断服用。这种药品的售价是2.35万元一盒，一名慢粒白血病患者每个月需要服用一盒。药费加治疗费用几乎掏空了他的家底。2004年6月，陆勇偶然了解到印度也生产类似"格列卫"的抗癌药，药效几乎相同，但一盒仅售4000元。陆勇开始服用印度产"格列卫"，并于当年8月在病友群里分享了这一消息。后有5个QQ群、千余名白血病患者，都与陆勇一样开始去银行汇款，从印度直接购买这种廉价抗癌药来维持生命。因为汇款程序复杂，许多人在购买时都请陆勇帮助。为方便给印度公司汇款，陆勇从网上买了3张借记卡，并将其中一张卡交给印度公司作为收款账户，另外两张卡因无法激活，被他丢弃。2013年8月下旬，湖南省沅江市公安局将曾购买借记卡的陆勇抓获。同年11月23日，陆勇被刑事拘留。2014年3月19日，陆勇被取保候审。2014年7月，陆勇因涉嫌妨害信用卡管理罪和销售假药罪被检察机关起诉。近千名白血病患者联名写信，请求对陆勇免予刑事处罚。

　　2015年1月27日，湖南省沅江市检察院对"抗癌药代购第一人"陆勇向法院撤回起诉。2月26日，沅江市检察院对陆勇作出不起诉决定。2015年2月26日，湖南省检察院公开发布了沅江市检察院对陆勇作出不起诉决定的法律文书和释法说理书，认定陆勇的购买和助人购买未经批准进口的抗癌药行为，违反《药品管理法》，但其行为非销售行为，不构成销售假药罪。陆勇通过淘宝网购卡并使用行为违法，但情节显著轻微，危害不大，不认为是犯罪，依法决定对陆勇不起诉。

　　（《2015年度检察机关十大法律监督案例》，载《检察日报》2016年2月1日，第4版。）

　　思考讨论：

　　请分析"陆勇案"所体现出的法治思维。

　　案例点评：

　　首先，检察机关秉承公正的法治理念，认为陆勇的行为虽然在一定程度上触及了国家对药品的管理秩序和对信用卡的管理秩序，但其行为对这些方面的实际危害程度，相对于白血病群体的生命权和健康权来讲，是难以相提并论的。如果不顾及后者而片面地将陆勇在主观上、客观上都惠及白血病患者的行为认定为犯罪，显然有悖于司法为民的价值观。这是法治思维正当性的体现。其次，检察机关依法审查后认定陆勇购买和帮助他人购买未经批准进口的抗癌药品的行为没有侵犯他人的生命权、健康权，不是销售行为，不符合《中华人民共和国刑法》规定的销售假药罪；认定陆勇通过淘宝网从郭某某处购买 3 张以他人身份信息开设的借记卡，并使用其中户名为夏某某的借记卡的行为，违反了金融管理法规，情节显著轻微，危害不大，根据《中华人民共和国刑法》第十三条的规定，不认为是犯罪。检察机关在"情"与"法"的碰撞中，严格依据法律作出"不起诉"决定，这是法治思维作为规范性思维的体现。检察机关作出"不起诉"决定，并发布《关于对陆某某妨害信用卡管理和销售假药案决定不起诉的释法说理书》，分析有理有据，这是法治思维作为逻辑思维的体现。最后，检察机关从客观事实出发，全面考察本案，根据司法为民的价值观，未将陆某某的行为作犯罪处理，体现了法治思维符合规律，尊重事实的特征。

➤ 拓展学习

（1）习近平：《在中共十八届四中全会第二次全体会议上的讲话》，载《习近平关于全面依法治国论述摘编》，中央文献出版社 2015 版。

（2）习近平：《各级领导干部要做好尊法学法守法用法的楷模》，载《习近平关于全面依法治国论述摘编》，中央文献出版社 2015 版。

（3）陈光中、唐玲：《法治思维与法治理念》，清华大学出版社 2016 年版。

➤ 习题演练

每位教师编写本章的学习试题，和在线考试的题库结合起来以二维码的形式呈现，学生扫码练习。

三、实践活动

➤ 实践项目1 运用法治思维分析社会热点事件

近年来频繁出现网络舆论反转现象。在网络舆论反转事件中，大多数网民能保持理性、冷静思考，但也有不少网友情绪性宣泄大于理性思考，缺乏法治精神和法治思维。遵循法治原则和法治精神，运用法治思维分析网络热点事件，能让我们保持理性，妥善发声，积极建言。

【目标要求】

任课教师选取学生关注的社会热点事件，引导学生运用法治思维分析问题，让学生在生活实际中感知法治思维的内涵及特征，培养运用法治思维分析问题、解决问题的习惯和能力。

【活动方案】

（1）活动时间：课外 1 周+课内 1 学时。

（2）活动地点：思政课信息化智慧课室。

（3）活动方式：小组研讨+小组展示。

（4）活动流程：

① 任课教师在线上教学平台征集学生关注的舆情热点事件，确定 5 个学生最关注的热点事件为本次实践案例；

② 每个小组选择一个热点事件，任课教师指导学生在线下充分讨论，运用法治思维分析该事件，撰写研讨报告和制作展示 PPT，并上传线上教学平台；

③ 任课教师批阅学生研讨情况，学生根据任课教师反馈修改完善研讨报告及 PPT；

④ 各小组选派代表汇报展示本组研讨情况；

⑤ 学生交流活动体会，任课教师总结本次活动情况；

⑥ 任课教师整理完善本次活动研讨报告，转化为课程案例资源，在线下教学平台发布，供学生后续学习使用。

【活动评价】

计分表

评分项目	分值	得分
事件征集	10	
小组研讨	50	
展示汇报	40	
总分	100	

【实践成果】

活动结束后，学生以小组为单位提交展现小组研究讨论过程笔记、图片，研讨分析报告及 PPT，法治思维案例资源；汇报展示视频或照片等。

> ➤ 实践项目 **2** 大学生法治素养调查

【目标要求】

学生通过自行设计问卷，调查了解大学生群体法治素养状况，发现当前大学生在法治素养方面存在的问题并研究解决对策，进而自觉地、有针对性地提高自身法治素养。

【活动方案】

（1）活动时间：课外 2 周+课内 1 学时。

（2）活动地点：思政课信息化智慧课室。

（3）活动方式：问卷调查+汇报展示。

（4）活动流程：

① 学生以小组为单位，自行设计大学生法治素养状况调查问卷。任课教师指导学生修改完善问卷；

② 学生通过线上和线下展开问题调查，在任课教师指导整理分析数据，撰写调查报告和制作汇报 PPT；

③ 任课教师批阅学生调查报告，学生根据任课教师反馈修改完善调查报告及 PPT；

④ 各小组选派代表汇报问卷调查情况；

⑤ 学生交流活动体会，任课教师总结本次活动情况。

【活动评价】

计分表

评分项目	分值	得分
问卷设计	20	
问卷调查	20	
分析报告	30	
汇报展示	30	
总分	100	

【实践成果】

活动结束后，学生提交调查问卷、报告及展示 PPT；汇报展示视频或照片等。

专题二十三　行使法律权利　履行法律义务

一、学习导航

➤　经典论述

任何组织或者个人都必须在宪法和法律范围内活动，任何公民、社会组织和国家机关都要以宪法和法律为行为准则，依照宪法和法律行使权利或权力、履行义务或职责。

（习近平：《在十八届中央政治局第四次集体学习时的讲话》，载《习近平关于全面依法治国论述摘编》，中央文献出版社 2015 年版，第 87-88 页。）

➤　设计思路

全面推进依法治国，必须坚持全民守法，落实到严格遵守法律规范，依法行使权利，切实履行义务。权利义务问题是人们经常遇到的现实问题，本专题旨在引导学生增强权利义务意识，妥善处理学习生活中的法律问题和各种矛盾，尊法学法守法用法，自觉抵制违法行为，维护法律权威，在实践中不断提升法治素养。在理论教学中先讲清依法行使权利与履行义务的基本要点，再讲如何落实到具体行动上。法律权利与义务相关问题，在中小学已经讲过不少，根据思政课大中小学循序渐进、螺旋上升地的一体化要求，在教学中要避免与学生过去所学知识简单重复，要在原有基础上进一步加深认识，做到从"熟知"到"真知"。在明晰权利义务概念的基础上，重点讲清权利义务的统一关系，引导学生认识法律既是保障自身权利的有力武器，也是必须遵守的行为规范。在了解公民基本权利和义务的基础上，着重分析行使权利和履行义务的要求，联系学生思想和行为实际，围绕学生关心关注的受教育权、贷款借款、校外兼职、消费者权利等问题讲方法论，帮助学生在具体权利义务中掌握行使权利和履行义务的普遍原则与方法，增强学生遵守法律的安全感和学习法律的获得感。在实践教学，开展"以案释法"大学生维权案例分析、"模拟法庭"情景剧等实践活动，提高行使权利和履行义务的实际能力。

➢ 知识图谱

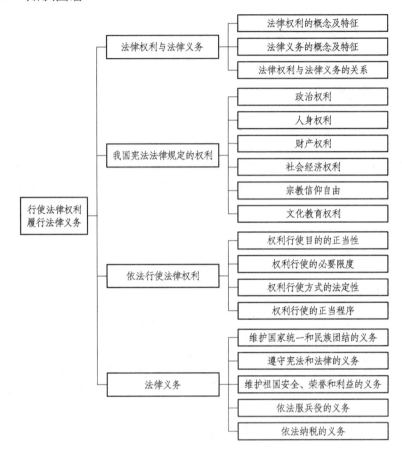

二、理论教学

➢ 教学目的

通过本专题的学习，学生能够理解法律权利和法律义务的概念，认识法律权利和法律义务的辩证统一关系，了解我国公民基本法律权利和义务，学会正确行使权利和履行义务，提升尊法学法守法用法的法治素养。

➢ 教学导入

2018 年 11 月 15 日，中南财经政法大学附近一酒店发布集赞换代金券免费吃大餐活动，集满 80 个赞就能领取价值 168 元自助晚餐券一张。该酒店在其公众号回复集赞活动没有名额限制。当天，中南财经政法大学许多学生在朋友圈转发该文章求赞。学生们集齐 80 个点赞后到酒店领取自助餐券时被告知"名额已满"，该活动是针对曾在酒店消费过的客人，不针对学生。面对临时反悔的商家，学生们积极维护自身权利。一位学生表示："我们在那个推文下面，已经明确地问过他们，是否有名额限制这一条，他们回复了两次，是没有名额限制的。他们那边相当于给我们发出了一个邀约，而我们这边也承诺了，那我们这边按照合同法，就应该有这样一份 168 元的晚餐。"在警方和消协的协调下，酒店最终向所有集齐 80 个点赞的一千多名学生发放了自助餐券。学生们有理有据维权的视频在网上发布后，网友纷纷点赞。

（《别惹法学生！酒店"集赞免费吃"又想反悔，400 名政法大学生决定……》，载中工网 2018 年 11 月 18 日，https://www.workercn.cn/32852/201811/18/181118152813701.shtml。）

总结：人民日报微博就此事发表评论指出，依法维权，这群学生好样的！酒店出尔反尔，毫无诚信，这样的营销是拙劣的，这样的自我聪明是危险的。学生维权，不卑不亢，既依法依规，又合情合理，堪称学以致用的生动案例。大学生自觉尊法学法守法用法，要落实到依法行使权利与履行义务上。什么是法律权利和法律义务？如何理解法律权利和法律义务的关系？如何依法行使法律权利和法律义务？这些是我们日常生活中经常遇到的法律问题。大学生应依法行使权利和履行义务，妥善处理学习、生活中遇到的法律问题和各种矛盾。

> ➤　教学重难点

【重点 1】法律权利和法律义务的概念及特征

　　法律权利是指反映一定的社会物质生活条件所制约的行为自由，是法律所允许的权利人为了满足自己的利益而采取的、由其他人的法律义务所保证的法律手段。法律权利具有以下四个方面的特征：一是法律权利的内容、种类和实现程度受社会物质生活条件的制约。二是法律权利的内容、分配和实现方式因社会制度和国家法律的不同而存在差异。三是法律权利不仅由法律规定或认可，而且受法律维护和保障，具有不可侵犯性。四是法律权利必须依法行使，不能不择手段地行使法律权利。

法律义务是指反映一定的社会物质生活条件所制约的社会责任，是保障法律所规定的义务人应该按照权利人要求从事一定行为或不从事一定行为以满足权利人利益的法律手段。法律义务具有以下四个特征：一是法律义务是历史的。法律义务的内容和履行方式随着经济社会的发展和人权保障的进步而不断调整和变化。二是法律义务源于现实需要。三是法律义务必须依法设定。四是法律义务可能发生变化。公民和社会组织承担的法律义务，在履行的过程中可能会因法定情形变更、消灭，或产生新的法律义务。

【重点2】宪法规定的公民基本权利和义务

我国宪法法律规定了公民享有一系列权利，主要包括政治权利、人身权利、财产权利、社会经济权利、宗教信仰及文化权利等。

政治权利，是公民参与国家政治活动的权利和自由的统称。它的行使主要表现为公民参与国家、社会组织与管理的活动。政治权利主要包括：一是选举权利，即选举权与被选举权。二是表达权。三是民主管理权。四是监督权。

人身权利，是指公民的人身不受非法侵犯的权利。人身权利主要包括：一是生命健康权，二是人身自由权，三是人格尊严权，四是住宅安全权也称住宅不受侵犯权，五是通信自由权。

财产权利，是指公民、法人或其他组织通过劳动或其他合法方式取得财产和占有、使用、收益、处分财产的权利。财产权主要包括：一是私有财产权，二是继承权。

社会经济权利，是指公民要求国家根据社会经济的发展状况，积极采取措施干预社会经济生活，加强社会建设，提供社会服务，以促进公民的自由和幸福，保障公民过上健康而有尊严的生活的权利。主要包括：一是劳动权，二是休息权，三是社会保障权，四是物质帮助权。

宗教信仰自由，是指公民依据内心的信念，自愿地信仰宗教的自由，具体内容包括信仰宗教的自由、从事宗教活动的自由、举行或参加宗教仪式的自由等。

文化教育权利，是指公民依照宪法的规定在文化和教育领域享有的权利，主要包括教育方面的权利和文化活动方面的权利。

我国宪法还规定了公民的基本义务。一是维护国家统一和全国各民族团结的义务；二是遵守宪法和法律的义务，包括保守国家秘密、爱护公共财产、遵守劳动纪律、遵守公共秩序、尊重社会公德；三是维护祖国安全、荣誉和利益的义务；四是依法服兵役的义务；五是依法纳税的义务。此外，公民还有劳动的义务和受教育的义务，父母有抚养教育未成年子女的义务，成年子女有赡养扶助父母的义务，等等。

【难点1】正确认识法律权利和法律义务的关系

法律权利与法律义务的关系，就像一枚硬币的两面，不可分割，相互依存。

法律权利与法律义务是统一的。首先，法律权利和法律义务是相互依存的关系，法律权利的实现必须以相应法律义务的履行为条件；同样，法律义务的设定和履行也必须以法律权利的行使为根据，不存在没有权利根据的法律义务。其次，法律权利与法律义务是目的与手段的关系。离开了法律权利，法律义务就失去了履行的价值和动力；离开了法律义务，法律权利也形同虚设。最后，有些法律权利和法律义务具有复合性的关系，即一个行为可以同时是权利行为和义务行为。

法律权利与法律义务是平等的。法律权利与法律义务平等，是现代法治的基本原则，是社会公平正义的重要方面。首先，法律权利与法律义务平等表现为法律面前人人平等被确立为基本原则。其次，在法律权利和法律义务的具体设定上要平等。最后，权利与义务的实现要体现平等。

法律权利和法律义务互利共赢。在社会生活中，每个人既是享受法律权利的主体，又是承担法律义务的主体。不存在只享受权利的主体，也不存在只承担义务的主体。在法律权利与法律义务相一致的情况下，一个人无论是行使权利还是履行义务，实际上都是对自己有利的。

【难点2】正确对待法律权利和法律义务

依法行使权利。公民行使权利时应严格依据法律进行，以法律的相关规定为界限，超出这个边界就可能侵犯到他人的权利或者损害到国家、社会的利益。公民在行使权利时，要注意四个方面：第一，权利行使的目的的正当性。公民在行使法律权利时，不仅要在形式上符合相关法律的规定，也要符合立法意图和精神，不得违反宪法法律确定的基本原则，保障权利行使的正当性。行使权利不得破坏公序良俗，妨碍法律的社会功能和法律价值的实现。第二，权利行使的必要限度。任何权利的行使都不是绝对的，都有其相应的限度，必须依照法律规定的限度来行使权利。我国宪法规定，公民在行使自由和权利的时候，不得损害国家的、社会的、集体的利益和其他公民的合法的自由和权利。第三，权利行使方式的法定性。权利行使的方式分为口头方式、书面方式和行为方式，有时口头方式和书面方式可以兼用。权利行使还可分为直接行使和间接行使，前者指权利主体直接行使权利，后者则指由其法定代理人或者委托代理人代为行使权利。第四，权利行使的正当程序。由于一个人行使权利的过程可能就是另一个人履行义务的过程，行使权利的程序要正当。通常情况下，行使权利的程序是法律规定的，公民应当严格依照法律规定的程序行使相关权利。

依法履行义务。只有承担法律义务的人履行法律义务，享有法律权利的人才能实现自己的合法权益。法律义务的履行表现为两种形式：一种是作为，是指义务人实施积极的行为，如子女通过经常看望和提供财物等行为履行赡养父母的义务等；另一种是不作为，是指义务人不得实施某种行为，如未经许可不得公开他人的隐私等。法律义务具有法定的强制性，违反法律义务必须承担法律责任。公民未能依法履行义务，根据情节轻重，应当承担相应的法律责任，主要包括民事责任、行政责任和刑事责任。

> 教学案例精选与点评

【案例1】禁止权利滥用，"典"亮美好生活

赵某与肖某是邻居。赵某房屋的北面与肖某老房子的南面共用一面墙。两家房屋的东面有一个宽5.8米的前坪兼通道，共墙房屋地基下有一条两家共用的排水沟。肖某在老房子西侧建造了新房，新房与老房子之间有一过道，新房的排污必须经过共用排污管的西端。后来，两家因邻里纠纷产生矛盾。赵某便在肖某新房排污管的必经之地砌筑多个水泥墩子。肖某被迫改变排污管方向，使排污管经过道延伸至前坪，污水流至共墙房屋的前坪。因赵某的房屋地势较低，污水直接流到赵某家门口。此种情形下，赵某便又在房屋共墙处砌筑一道水泥墩子，使污水淤积在前坪。矛盾双方经当地村委会等多次调解无果后，肖某把赵某告到法院，请求判令赵某拆除水泥墩子。随后，赵某也把肖某告到法院，请求判令肖某拆除安装在前坪上的排污管。

法院审理后认为，不动产的相邻权利人应当按照有利生产、方便生活、团结互助、公平合理的原则，正确处理相邻关系。赵某与肖某互为邻居，应当相

互珍惜邻里之情、和睦共处、守望相助，为对方用水、排水等提供便利。赵某无正当理由，砌筑多个水泥墩子阻止肖某排污。肖某将排污改道管铺设在过道和前坪，使污水直接排到赵某门口，其行为妨害了赵某一家的出行和生活。在双方已经产生纠纷的情况下，赵某砌筑水泥墩子和肖某改道排污管的行为均具有妨害对方居住生活、损害对方合法权益的不当目的，不受法律保护，于是判决赵某和肖某分别拆除砌筑的水泥墩子和改造的排污管。

（陶环、李敏、杨杰：《禁止权利滥用　"典"亮美好生活》，载《人民法院报》2022 年 9 月 17 日，第 3 版。）

思考讨论：

这则案例对你有何启发与影响？

案例点评：

《中华人民共和国民法典》第一百三十二条规定："民事主体不得滥用民事权利损害国家利益、社会公共利益或者他人合法权益。"这一条文体现了禁止权利滥用原则。《中华人民共和国民法典》还规定不动产的权利人应当为相邻权利人用水、排水提供必要便利；不动产权利人因通行、建造、修缮建筑物以及铺设电线、电缆、水管、暖气和燃气管线等必须利用相邻人土地的，相邻人应当提供必要便利，相邻关系当事人负有必要的容忍义务，以平衡当事人之间的利益，维护权利人之间的和睦关系。同时，《中华人民共和国民法典》又规定权利人在行使权利时不能超出合理边界，应当尽量避免对相邻的不动产权利人造成损害。本案中，赵某与肖某互为邻居，并紧邻建房，互相负有为对方污水排放提供必要便利的容忍义务。但赵某砌筑水泥墩子阻止排污，肖某改造排污管时故意将污水引流至赵某门口，双方行使不动产权利的行为不仅没有为相邻对方提供便利，反而以妨害对方居住生活为目的，属于对自身不动产权利的滥用，应予否定性评价。法院判令双方各自拆除所砌筑的水泥墩子和改造的排污管，消除双方物理上的障碍，引导双方规范正当地行使权利，正确处理邻里关系。

【案例 2】自愿赡养老人继承遗产案：权利与义务相统一

高某启与李某分别系高某翔的祖父母，高某翔没有工作，专职照顾高某启与李某生活直至二人去世，高某启与李某后事由高某翔出资办理。高某启与李某去世前立下代书遗嘱，主要内容为因高某翔照顾老人，二人去世后将居住的回迁房屋送给高某翔。高甲、高乙、高丙为高某启与李某的子女，案涉回迁房屋系高某启、李某与高甲交换房产所得。高甲、高乙、高丙认为案涉代书遗嘱的代书人是高某翔的妻子，且没有见证人在场，遗嘱无效。高某翔以上述三人为被告提起诉讼，请求确认高某启、李某所立案涉遗嘱合法有效，以及确认其因继承取得案涉回迁房屋的所有权。

鞍山市中级人民法院认为，高某翔提供的代书遗嘱因代书人是高某翔的妻子，在代书遗嘱时双方是恋爱关系，这种特殊亲密的关系与高某翔取得遗产存在身份和利益上的利害关系，其代书行为不符合代书遗嘱的法定形式要求，应属无效。本案应当按照法定继承进行处理。高某翔虽然不是法定第一顺序继承人，但其自愿赡养高某启、李某并承担了丧葬费用，根据法律规定，继承人以外的对被继承人扶养较多的人，可以分配给他们适当的遗产，高某翔可以视为第一顺序继承人。

（《自愿赡养老人继承遗产案——高某翔诉高甲、高乙、高丙继承纠纷案》，载最高人民法院网 2020 年 5 月 13 日，https：//www.chinacourt.org/article/detail/2020/05/id/5214745.shtml。）

思考讨论：

这则案例对你有何启发与影响？

案例点评：

法律权利的行使，必须伴随着法律义务的履行。随着经济的发展和社会的进步，公民的权利意识不断增强，但也有一部分人的义务和责任意识相对淡薄，只重视自己的权利，漠视自己应承担的义务。《中华人民共和国民法典》第一百三十一条"民事主体行使权利时，应当履行法律规定的和当事人约定的义务"，专门就民事权利、义务和责任相统一原则作出规定。继承中权利义务一致的原则主要体现在确定继承人范围、继承顺序以及继承份额等，依据的不仅是血缘关系、亲属关系，还有权利义务关系。在本案中，高某翔虽没有赡养祖父母的法定义务，但其能专职侍奉生病的祖父母多年直至老人病故，使老人得以安享晚年，高某翔几乎尽到了对高某启、李某两位被继承人生养死葬的全部扶养行为。而本案其他继承人有能力扶养老人，但仅是在老人患病期间轮流护理，与高某翔之后数年对患病老人的照顾相比，高甲、高乙、高丙的行为不能认为尽到了扶养义务。据此，高某翔有权获得与其巨大付出相适应的回迁房屋的权利。

➢ 拓展学习

（1）《中华人民共和国宪法》，人民出版社 2018 年版。

（2）《中华人民共和国民法典》，人民出版社 2020 年版。

（3）《中华人民共和国劳动合同法（注释本）》，法律出版社 2022 年版。

（4）陈百顺、赵波、莫纪宏：《公民权利义务法律指南》，中国民主法制出版社 2017 年版。

➢ 习题演练

每位教师编写本章的学习试题，和在线考试的题库结合起来，以二维码的形式呈现，学生扫码练习。

三、实践活动

➢ 实践项目 1 "以案释法"大学生维权案例分析

【目标要求】

学生通过自主搜集、分析大学生依法维权典型案例，在具体、真实的案例中增强依法维权的意识和能力。

【活动方案】

（1）活动时间：课外时间 1 周+课内 2 学时。

（2）活动地点：思政课信息化智慧课室。

（3）活动方式：小组研讨+课内交流。

（4）活动流程：

① 教师通过线上教学平台推送法律学习网站，学生自主搜集大学生维权典型案例及相关法律法规；

② 在教师指导下，学生以小组为单位，分析研究搜集到的案例，讨论该案例对自身的启示意义，制作交流 PPT；

③ 学生将研讨 PPT 及相关情况上传线上教学平台，教师查阅学生完成情况；

④ 每个小组选派代表在课上是展示案例研讨成果；

⑤ 教师总结发言，引导学生从典型案例中学习相关法律法规，增强维权意识和用法能力；

⑥教师整理学生搜集的案例，发布在线上教学平台，便于学生课后系统学习。

【活动评价】

计分表

评分项目	分值	得分
搜集案例	20	
分析研讨	50	
课堂展示	30	
总分	100	

【实践成果】

活动结束后，学生以小组为单位提交小组研讨笔记、展示 PPT、活动过程视频和照片、汇编案例等。

> 实践项目 2 "模拟法庭"情景剧

【目标要求】

学生通过扮演现实法庭中的法官、原告、被告、委托代理人、证人等角色，沉浸式体验法庭现场，了解司法审判程序，感知法律知识在实际生活中的运用。

【活动方案】

（1）活动时间：课外排演 2 周+课内展示 2 学时。

（2）活动地点：思政课信息化智慧课室。

（3）活动方式：模拟法庭情景剧表演。

（4）活动流程：

①教师通过线上教学平台发布典型案例及法庭庭审程序，学生自主学习；

②教师指导学生根据各自特点确定模拟角色，撰写模拟法庭剧本；

③教师组织学生课内展示模拟法庭情景剧；

④模拟法庭各角色扮演者、观众分享活动感想和收获；

⑤教师总结本次活动学生表现，讲解司法审判流程和模拟法庭涉及的法律知识。

【活动评价】

计分表

评分项目	分值	得分
参与活动	30	
完成情况	50	
收获提升	20	
总分	100	

【实践成果】

活动结束后，学生提交模拟法庭剧本、心得体会、模拟法庭现场视频或照片等。

参考文献

[1] 曹群，胡金凤. "思想道德修养与法律基础"课导学[M]. 北京：高等教育出版社，2013.

[2] 教育部社会科学司组编. 普通高校思想政治理论课文献选编（1949—2008）[Z]. 北京：中国人民大学出版社，2008.

[3] 毛泽东文集：第6卷[M]. 北京：人民出版社，1999.

[4] 马克思恩格斯文集：第1卷[M]. 北京：人民出版社，2009.

[5] 中共中央宣传部理论局. "六个为什么"——对几个重大问题的回答[M]. 北京：学习出版社，2009.

[6] 黑格尔. 逻辑学：上卷[M]. 杨一之，译. 北京：商务印书馆，1982.

[7] 顾明远. 教育大辞典（增订合编本）[M]. 上海：上海教育出版社，1998.

[8] 王学利. 高职思想政治理论课专题化教学新论——以新疆高职院校为对象的研究[M]. 北京：光明日报出版社，2013.

[9] 邹宏秋. 高职院校思想政治理论课教学模式研究[M]. 北京：中国金融出版社，2016.

[10] 聂彩林，马秋林，胥长寿，等. 高职院校马克思主义理论教学改革研究[M]. 成都：四川人民出版社，2013.

[11] 蒋家胜，范华亮，李丹，等. 高职院校思想政治理论课教学设计新论[M]. 成都：西南交通大学出版社. 2021.

[12] 周向军，刘欣堂. 高校思想政治理论课专题教学设计精选[M]. 济南：山东人民出版社，2013.

[13] 马振清. 思想政治教育前沿问题研究[M]. 北京：国家行政学院出版社，2014.

[14] 魏启晋. 基于"能力本位"的高职思想政治理论课教学创新研究[M]. 北京：北京时代华文书局，2015.

[15] 靳玉军，周琪. 思想政治教育学原理[M]. 重庆：西南师范大学出版社，2015.

[16] 孙迎光. 思想政治教育新论[M]. 上海：上海三联书社，2014.

[17] 韩志伟，王文博. 高职教育教学策略[M]. 北京：中国轻工出版社，2012.

[18] 加涅，韦杰，戈勒斯. 教学设计原理[M]. 王小明，庞维国，陈保华，等，译. 上海：华东师范大学出版社，2007.

[19] 中共中央宣传部. 习近平总书记系列重要讲话读本[M]. 北京：学习出版社，人民出版社，2016.

[20] 中共中央文献研究室. 习近平总书记重要讲话文章选编[M]. 北京：中央文献出版社，党建出版社，2016.

[21] 中共中央宣传部. 习近平新时代中国特色社会主义思想三十讲[M]. 北京：学习出版社，2018.

[22] 赖格卢斯. 教学设计的理论与模型——教学理论的新范式[M]. 裴新宁，郑太年，赵健，译. 北京：教育科学出版社，2011.

[23] 首都师范大学思想政治教育学科. 思想政治教育：反思与构建[M]. 北京：中央编译出版社，2014.

[24] 贝克. 职业教育教与学过程[M]. 徐国庆，译. 北京：外语教学与研究出版社. 2011.

[25] 梁紫君，马云天. 高校思想政治教育"三全育人"机制构建的依据、面临困境与实现路径[J]. 教育观察，2019（35）.

[26] 李莉. 大数据背景下高校教学案例资源库建设体系研究[J]. 吉林农业科技学院学报，2022（1）.

[27] 李木柳. 对高职思政课实践教学内涵及路径的探析[J]. 职教论坛，2012（23）.

[28] 叶莉英. 合作学习在大班额思想政治理论课教学的探究与运用[J]. 湖北第二师范学院学报，2009（12）.

[29] 刘承功. 高校"三全育人"的核心要求、目标任务和实现路径[J]. 思想理论教育，2019（11）.

[30] 吴立全. 高校创新创业教育融入人才培养全过程的路径探究[J]. 中国成人

教育，2018（6）.

[31] 李淑娟. 高校思想政治教育与创业教育协同育人路径探索[J]. 学校党建与思想教育，2019（1）.

[32] 冯刚，史宏月. 思想价值引领在国家治理现代化中的功能研究[J]. 思想理论教育，2020（2）.

[33] 陈红，米丽艳. 高校思想政治理论课专题教学设计的六大要素[J]. 思想理论教育导刊，2019（9）.

[34] 陈慧女. 移动互联网技术应用于高校思想政治理论课教学设计的探索与思考[J]. 思想理论教育导刊，2019（12）.

[35] 李志厚. 国外教学设计研究现状与发展趋势[J]. 外国教育研究，1998（1）.

[36] 曾狄，黄齐. 论高校思想政治理论课的基本性质[J]. 思想政治教育研究，2015（4）.

[37] 谢曼. 论高校思想政治理论课的性质[J]. 学理论，2018（2）.

[38] 罗建平，胡继冬. 建国以来普通高校思想政治理论课课程设置的历史沿革[J]. 唐山师范学院学报，2007（3）.

[39] 张耀灿. 高校思想政治理论课教学测评发展新趋势[J]. 思想政治教育研究，2010（6）.

[40] 赵甲明，赵义良. 关于实现高校思政课功能的思考[J]. 清华大学学报（哲学社会科学版），2005（2）.

[41] 徐东. 对教育学逻辑起点的一种新思考[J]. 中国大学教学，2011（1）.

[42] 景天魁. 历史唯物论的逻辑起点[J]. 哲学研究，1980（8）.

[43] 姚书志，张文鳄. 论思想是思想政治教育学的逻辑起点[J]. 思想教育研究，2016（1）.

[44] 李坤，王秀阁. 论思想政治教育学的逻辑起点[J]. 学校党建与思想教育，2015（2）.

[45] 曹艳芬，唐亚阳. 5G 时代高校思想政治理论课智慧课堂建设的理念与原则[J]. 学校党建与思想教育，2020（2）.

[46] 吴满意，王丽鸽. 从精准到智慧：思想政治教育创新发展的根本态势分析[J]. 马克思主义与现实，2019（4）.

[47] 陈冬颖，高校思政课应用智慧课堂存在的问题及对策[J]. 当代教育与文化，2021（5）.

[48] 朱凌云, 张元. 基于"互联网+"智慧教育的思政课教学供给侧改革研究[J]. 社科纵横, 2019（11）.

[49] 李永进, 论 5G 时代高校思想政治理论课的创新建设[J]. 思想理论教育导刊, 2020（7）.

[50] 曹群. 信息化智慧课堂研究[J]. 深圳信息职业技术学院学报, 2019（6）.

[51] 叶秀球, 方同义. 两课性质功能和改革发展的理论思考[J]. 宁波大学学报（教育科学版）, 2002（8）.

[52] 陈春莲. 关于高职院校"基础课"改革与建设若干问题的思考[J]. 思想理论教育导刊, 2010（4）.

[53] 付艳, 徐建军. 网络思想政治教育学的逻辑起点[J]. 思想教育研究, 2017（8）.

[54] 张旸. 从需要的视角反思教育——论"教育需要"的内涵及其研究的意义[J]. 教育科学研究, 2011（8）.

[55] 徐志远. 思想与行为: 思想政治教育学的逻辑起点[J]. 中国青年政治学院学报, 2004（2）.

[56] 赵勇, 王金情. 思想政治教育的逻辑起点新探[J]. 思想政治教育研究, 2010（5）.

[57] 戚洪娜, 杨洁. 新时代高职院校思想政治理论课教师队伍建设研究[J]. 湖北开放职业学院学报, 2022（23）.

[58] 刘志峰. 高职院校内部质量保证体系诊改工作: 本质、意义和内容[J]. 职业技术教育, 2016（18）.